中华人民共和国广告法
互联网广告管理办法
医疗广告管理办法
医疗广告监管工作指南

大字本

中国法治出版社

目　　录

中华人民共和国广告法 …………………………（1）

互联网广告管理办法………………………………（36）

医疗广告管理办法…………………………………（53）

医疗广告监管工作指南……………………………（61）

中华人民共和国广告法

（1994年10月27日第八届全国人民代表大会常务委员会第十次会议通过　2015年4月24日第十二届全国人民代表大会常务委员会第十四次会议修订　根据2018年10月26日第十三届全国人民代表大会常务委员会第六次会议《关于修改〈中华人民共和国野生动物保护法〉等十五部法律的决定》第一次修正　根据2021年4月29日第十三届全国人民代表大会常务委员会第二十八次会议《关于修改〈中华人民共和国道路交通安全法〉等八部法律的决定》第二次修正）

目 录

第一章 总 则
第二章 广告内容准则
第三章 广告行为规范
第四章 监督管理
第五章 法律责任
第六章 附 则

第一章 总 则

第一条 为了规范广告活动,保护消费者的合法权益,促进广告业的健康发展,维护社会经济秩序,制定本法。

第二条 在中华人民共和国境内,商品经营者或者服务提供者通过一定媒介和形式直接或者间接地介绍自己所推销的商品或者服务的商业广告活动,适用本法。

本法所称广告主，是指为推销商品或者服务，自行或者委托他人设计、制作、发布广告的自然人、法人或者其他组织。

本法所称广告经营者，是指接受委托提供广告设计、制作、代理服务的自然人、法人或者其他组织。

本法所称广告发布者，是指为广告主或者广告主委托的广告经营者发布广告的自然人、法人或者其他组织。

本法所称广告代言人，是指广告主以外的，在广告中以自己的名义或者形象对商品、服务作推荐、证明的自然人、法人或者其他组织。

第三条　广告应当真实、合法，以健康的表现形式表达广告内容，符合社会主义精神文明建设和弘扬中华民族优秀传统文化的要求。

第四条　广告不得含有虚假或者引人误解的内容，不得欺骗、误导消费者。

广告主应当对广告内容的真实性负责。

第五条　广告主、广告经营者、广告发布者从事广告活动，应当遵守法律、法规，诚实信用，公平竞争。

第六条　国务院市场监督管理部门主管全国的广告监督管理工作，国务院有关部门在各自的职责范围内负责广告管理相关工作。

县级以上地方市场监督管理部门主管本行政区域的广告监督管理工作，县级以上地方人民政府有关部门在各自的职责范围内负责广告管理相关工作。

第七条　广告行业组织依照法律、法规和章程的规定，制定行业规范，加强行业自律，促进行业发展，引导会员依法从事广告活动，推动广告行业诚信建设。

第二章　广告内容准则

第八条　广告中对商品的性能、功能、产地、用途、质量、成分、价格、生产者、有效期限、允诺等或者对服务的内容、提供者、形式、质量、价格、允诺等有表示的,应当准确、清楚、明白。

广告中表明推销的商品或者服务附带赠送的,应当明示所附带赠送商品或者服务的品种、规格、数量、期限和方式。

法律、行政法规规定广告中应当明示的内容,应当显著、清晰表示。

第九条 广告不得有下列情形:

(一)使用或者变相使用中华人民共和国的国旗、国歌、国徽,军旗、军歌、军徽;

(二)使用或者变相使用国家机关、国家机关工作人员的名义或者形象;

(三)使用"国家级"、"最高级"、"最佳"等用语;

(四)损害国家的尊严或者利益,泄露国家秘密;

(五)妨碍社会安定,损害社会公共利益;

(六)危害人身、财产安全,泄露个人隐私;

(七)妨碍社会公共秩序或者违背社会良好风尚;

（八）含有淫秽、色情、赌博、迷信、恐怖、暴力的内容；

（九）含有民族、种族、宗教、性别歧视的内容；

（十）妨碍环境、自然资源或者文化遗产保护；

（十一）法律、行政法规规定禁止的其他情形。

第十条　广告不得损害未成年人和残疾人的身心健康。

第十一条　广告内容涉及的事项需要取得行政许可的，应当与许可的内容相符合。

广告使用数据、统计资料、调查结果、文摘、引用语等引证内容的，应当真实、准确，并表明出处。引证内容有适用范围和有效期限的，应当明确表示。

第十二条　广告中涉及专利产品或者专利方法的，应当标明专利号和专利种类。

未取得专利权的，不得在广告中谎称取得专利权。

禁止使用未授予专利权的专利申请和已经终止、

撤销、无效的专利作广告。

第十三条 广告不得贬低其他生产经营者的商品或者服务。

第十四条 广告应当具有可识别性，能够使消费者辨明其为广告。

大众传播媒介不得以新闻报道形式变相发布广告。通过大众传播媒介发布的广告应当显著标明"广告"，与其他非广告信息相区别，不得使消费者产生误解。

广播电台、电视台发布广告，应当遵守国务院有关部门关于时长、方式的规定，并应当对广告时长作出明显提示。

第十五条 麻醉药品、精神药品、医疗用毒性药品、放射性药品等特殊药品，药品类易制毒化学品，以及戒毒治疗的药品、医疗器械和治疗方法，不得作广告。

前款规定以外的处方药，只能在国务院卫生行政部门和国务院药品监督管理部门共同指定的医学、药学专业刊物上作广告。

第十六条 医疗、药品、医疗器械广告不得含有下列内容：

（一）表示功效、安全性的断言或者保证；

（二）说明治愈率或者有效率；

（三）与其他药品、医疗器械的功效和安全性或者其他医疗机构比较；

（四）利用广告代言人作推荐、证明；

（五）法律、行政法规规定禁止的其他内容。

药品广告的内容不得与国务院药品监督管理部门批准的说明书不一致，并应当显著标明禁忌、不良反应。处方药广告应当显著标明"本广告仅供医学药学专业人士阅读"，非处方药广告应当显著标明"请按药品说明书或者在药师指导下购买和使用"。

推荐给个人自用的医疗器械的广告，应当显著标明"请仔细阅读产品说明书或者在医务人员的指导下购买和使用"。医疗器械产品注册证明文件中有禁忌内容、注意事项的，广告中应当显著标明"禁忌内容或者注意事项详见说明书"。

第十七条 除医疗、药品、医疗器械广告外，禁止其他任何广告涉及疾病治疗功能，并不得使用医疗用语或者易使推销的商品与药品、医疗器械相混淆的用语。

第十八条 保健食品广告不得含有下列内容：

（一）表示功效、安全性的断言或者保证；

（二）涉及疾病预防、治疗功能；

（三）声称或者暗示广告商品为保障健康所必需；

（四）与药品、其他保健食品进行比较；

（五）利用广告代言人作推荐、证明；

（六）法律、行政法规规定禁止的其他内容。

保健食品广告应当显著标明"本品不能代替药物"。

第十九条 广播电台、电视台、报刊音像出版单位、互联网信息服务提供者不得以介绍健康、养生知识等形式变相发布医疗、药品、医疗器械、保健食品广告。

第二十条　禁止在大众传播媒介或者公共场所发布声称全部或者部分替代母乳的婴儿乳制品、饮料和其他食品广告。

第二十一条　农药、兽药、饲料和饲料添加剂广告不得含有下列内容：

（一）表示功效、安全性的断言或者保证；

（二）利用科研单位、学术机构、技术推广机构、行业协会或者专业人士、用户的名义或者形象作推荐、证明；

（三）说明有效率；

（四）违反安全使用规程的文字、语言或者画面；

（五）法律、行政法规规定禁止的其他内容。

第二十二条　禁止在大众传播媒介或者公共场所、公共交通工具、户外发布烟草广告。禁止向未成年人发送任何形式的烟草广告。

禁止利用其他商品或者服务的广告、公益广告，宣传烟草制品名称、商标、包装、装潢以及类似内容。

烟草制品生产者或者销售者发布的迁址、更名、招聘等启事中，不得含有烟草制品名称、商标、包装、装潢以及类似内容。

第二十三条 酒类广告不得含有下列内容：

（一）诱导、怂恿饮酒或者宣传无节制饮酒；

（二）出现饮酒的动作；

（三）表现驾驶车、船、飞机等活动；

（四）明示或者暗示饮酒有消除紧张和焦虑、增加体力等功效。

第二十四条 教育、培训广告不得含有下列内容：

（一）对升学、通过考试、获得学位学历或者合格证书，或者对教育、培训的效果作出明示或者暗示的保证性承诺；

（二）明示或者暗示有相关考试机构或者其工作人员、考试命题人员参与教育、培训；

（三）利用科研单位、学术机构、教育机构、行业协会、专业人士、受益者的名义或者形象作推荐、证明。

第二十五条 招商等有投资回报预期的商品或者服务广告，应当对可能存在的风险以及风险责任承担有合理提示或者警示，并不得含有下列内容：

（一）对未来效果、收益或者与其相关的情况作出保证性承诺，明示或者暗示保本、无风险或者保收益等，国家另有规定的除外；

（二）利用学术机构、行业协会、专业人士、受益者的名义或者形象作推荐、证明。

第二十六条 房地产广告，房源信息应当真实，面积应当表明为建筑面积或者套内建筑面积，并不得含有下列内容：

（一）升值或者投资回报的承诺；

（二）以项目到达某一具体参照物的所需时间表示项目位置；

（三）违反国家有关价格管理的规定；

（四）对规划或者建设中的交通、商业、文化教育设施以及其他市政条件作误导宣传。

第二十七条 农作物种子、林木种子、草种子、种畜禽、水产苗种和种养殖广告关于品种名称、生产性能、生长量或者产量、品质、抗性、特殊使用价值、经济价值、适宜种植或者养殖的范围和条件等方面的表述应当真实、清楚、明白，并不得含有下列内容：

（一）作科学上无法验证的断言；

（二）表示功效的断言或者保证；

（三）对经济效益进行分析、预测或者作保证性承诺；

（四）利用科研单位、学术机构、技术推广机构、行业协会或者专业人士、用户的名义或者形象作推荐、证明。

第二十八条 广告以虚假或者引人误解的内容欺骗、误导消费者的，构成虚假广告。

广告有下列情形之一的，为虚假广告：

（一）商品或者服务不存在的；

（二）商品的性能、功能、产地、用途、质量、规格、成分、价格、生产者、有效期限、销售状况、曾获荣誉等信息，或者服务的内容、提供者、形式、质量、价格、销售状况、曾获荣誉等信息，以及与商品或者服务有关的允诺等信息与实际情况不符，对购买行为有实质性影响的；

（三）使用虚构、伪造或者无法验证的科研成果、统计资料、调查结果、文摘、引用语等信息作证明材料的；

（四）虚构使用商品或者接受服务的效果的；

（五）以虚假或者引人误解的内容欺骗、误导消费者的其他情形。

第三章　广告行为规范

第二十九条　广播电台、电视台、报刊出版单位从事广告发布业务的，应当设有专门从事广告业务的机构，配备必要的人员，具有与发布广告相适应的场所、设备。

第三十条　广告主、广告经营者、广告发布者之间在广告活动中应当依法订立书面合同。

第三十一条　广告主、广告经营者、广告发布者不得在广告活动中进行任何形式的不正当竞争。

第三十二条　广告主委托设计、制作、发布广告，应当委托具有合法经营资格的广告经营者、广告发布者。

第三十三条　广告主或者广告经营者在广告中使用他人名义或者形象的，应当事先取得其书面同意；使用无民事行为能力人、限制民事行为能力人的名义或者形象的，应当事先取得其监护人的书面同意。

第三十四条　广告经营者、广告发布者应当按照国家有关规定，建立、健全广告业务的承接登记、审核、档案管理制度。

广告经营者、广告发布者依据法律、行政法规查验有关证明文件，核对广告内容。对内容不符或者证明文件不全的广告，广告经营者不得提供设计、制作、代理服务，广告发布者不得发布。

第三十五条 广告经营者、广告发布者应当公布其收费标准和收费办法。

第三十六条 广告发布者向广告主、广告经营者提供的覆盖率、收视率、点击率、发行量等资料应当真实。

第三十七条 法律、行政法规规定禁止生产、销售的产品或者提供的服务,以及禁止发布广告的商品或者服务,任何单位或者个人不得设计、制作、代理、发布广告。

第三十八条 广告代言人在广告中对商品、服务作推荐、证明,应当依据事实,符合本法和有关法律、行政法规规定,并不得为其未使用过的商品或者未接受过的服务作推荐、证明。

不得利用不满十周岁的未成年人作为广告代言人。

对在虚假广告中作推荐、证明受到行政处罚未满三年的自然人、法人或者其他组织,不得利用其作为广告代言人。

第三十九条 不得在中小学校、幼儿园内开展广告活动，不得利用中小学生和幼儿的教材、教辅材料、练习册、文具、教具、校服、校车等发布或者变相发布广告，但公益广告除外。

第四十条 在针对未成年人的大众传播媒介上不得发布医疗、药品、保健食品、医疗器械、化妆品、酒类、美容广告，以及不利于未成年人身心健康的网络游戏广告。

针对不满十四周岁的未成年人的商品或者服务的广告不得含有下列内容：

（一）劝诱其要求家长购买广告商品或者服务；

（二）可能引发其模仿不安全行为。

第四十一条 县级以上地方人民政府应当组织有关部门加强对利用户外场所、空间、设施等发布户外广告的监督管理，制定户外广告设置规划和安全要求。

户外广告的管理办法，由地方性法规、地方政府规章规定。

第四十二条 有下列情形之一的，不得设置户外广告：

（一）利用交通安全设施、交通标志的；

（二）影响市政公共设施、交通安全设施、交通标志、消防设施、消防安全标志使用的；

（三）妨碍生产或者人民生活，损害市容市貌的；

（四）在国家机关、文物保护单位、风景名胜区等的建筑控制地带，或者县级以上地方人民政府禁止设置户外广告的区域设置的。

第四十三条 任何单位或者个人未经当事人同意或者请求，不得向其住宅、交通工具等发送广告，也不得以电子信息方式向其发送广告。

以电子信息方式发送广告的，应当明示发送者的真实身份和联系方式，并向接收者提供拒绝继续接收的方式。

第四十四条 利用互联网从事广告活动，适用本法的各项规定。

利用互联网发布、发送广告，不得影响用户正常使用网络。在互联网页面以弹出等形式发布的广告，应当显著标明关闭标志，确保一键关闭。

第四十五条　公共场所的管理者或者电信业务经营者、互联网信息服务提供者对其明知或者应知的利用其场所或者信息传输、发布平台发送、发布违法广告的，应当予以制止。

第四章　监督管理

第四十六条　发布医疗、药品、医疗器械、农药、兽药和保健食品广告，以及法律、行政法规规定应当进行审查的其他广告，应当在发布前由有关部门（以下称广告审查机关）对广告内容进行审查；未经审查，不得发布。

第四十七条　广告主申请广告审查，应当依照法律、行政法规向广告审查机关提交有关证明文件。

广告审查机关应当依照法律、行政法规规定作出审查决定，并应当将审查批准文件抄送同级市场监督管理部门。广告审查机关应当及时向社会公布批准的广告。

第四十八条 任何单位或者个人不得伪造、变造或者转让广告审查批准文件。

第四十九条 市场监督管理部门履行广告监督管理职责，可以行使下列职权：

（一）对涉嫌从事违法广告活动的场所实施现场检查；

（二）询问涉嫌违法当事人或者其法定代表人、主要负责人和其他有关人员，对有关单位或者个人进行调查；

（三）要求涉嫌违法当事人限期提供有关证明文件；

（四）查阅、复制与涉嫌违法广告有关的合同、票据、账簿、广告作品和其他有关资料；

（五）查封、扣押与涉嫌违法广告直接相关的广告物品、经营工具、设备等财物；

（六）责令暂停发布可能造成严重后果的涉嫌违法广告；

（七）法律、行政法规规定的其他职权。

市场监督管理部门应当建立健全广告监测制度，完善监测措施，及时发现和依法查处违法广告行为。

第五十条 国务院市场监督管理部门会同国务院有关部门，制定大众传播媒介广告发布行为规范。

第五十一条 市场监督管理部门依照本法规定行使职权，当事人应当协助、配合，不得拒绝、阻挠。

第五十二条 市场监督管理部门和有关部门及其工作人员对其在广告监督管理活动中知悉的商业秘密负有保密义务。

第五十三条 任何单位或者个人有权向市场监督管理部门和有关部门投诉、举报违反本法的行为。市场监督管理部门和有关部门应当向社会公开受理投诉、举报的电话、信箱或者电子邮件地址，接到投诉、举报的部门应当自收到投诉之日起七个工作日内，予以处理并告知投诉、举报人。

市场监督管理部门和有关部门不依法履行职责的，任何单位或者个人有权向其上级机关或者监察机关举报。接到举报的机关应当依法作出处理,并将处理结果及时告知举报人。

有关部门应当为投诉、举报人保密。

第五十四条 消费者协会和其他消费者组织对违反本法规定,发布虚假广告侵害消费者合法权益,以及其他损害社会公共利益的行为,依法进行社会监督。

第五章 法律责任

第五十五条 违反本法规定,发布虚假广告的,由市场监督管理部门责令停止发布广告,责令广告主在相应范围内消除影响,处广告费用三倍以上五倍以下的罚款,广告费用无法计算或者明显偏低的,处二十万元以上一百万元以下的罚款;两年内有三次以上违法行为或者有其他严重情节的,处广告费用五倍以上十倍以下的罚款,广告费用无法计算或者明显偏低的,处一百万元以上二百万元以下的罚款，可以吊销营业执照，并由广告审查机关撤销广告审查批准文件、一年内不受理其广告审查申请。

医疗机构有前款规定违法行为，情节严重的，除由市场监督管理部门依照本法处罚外，卫生行政部门可以吊销诊疗科目或者吊销医疗机构执业许可证。

广告经营者、广告发布者明知或者应知广告虚假仍设计、制作、代理、发布的，由市场监督管理部门没收广告费用，并处广告费用三倍以上五倍以下的罚款，广告费用无法计算或者明显偏低的，处二十万元以上一百万元以下的罚款；两年内有三次以上违法行为或者有其他严重情节的，处广告费用五倍以上十倍以下的罚款，广告费用无法计算或者明显偏低的，处一百万元以上二百万元以下的罚款，并可以由有关部门暂停广告发布业务、吊销营业执照。

广告主、广告经营者、广告发布者有本条第一款、第三款规定行为，构成犯罪的，依法追究刑事责任。

第五十六条　违反本法规定,发布虚假广告,欺骗、误导消费者,使购买商品或者接受服务的消费者的合法权益受到损害的,由广告主依法承担民事责任。广告经营者、广告发布者不能提供广告主的真实名称、地址和有效联系方式的,消费者可以要求广告经营者、广告发布者先行赔偿。

关系消费者生命健康的商品或者服务的虚假广告,造成消费者损害的,其广告经营者、广告发布者、广告代言人应当与广告主承担连带责任。

前款规定以外的商品或者服务的虚假广告,造成消费者损害的,其广告经营者、广告发布者、广告代言人,明知或者应知广告虚假仍设计、制作、代理、发布或者作推荐、证明的,应当与广告主承担连带责任。

第五十七条　有下列行为之一的,由市场监督管理部门责令停止发布广告,对广告主处二十万元以上一百万元以下的罚款,情节严重的,并可以吊销营业执照,由广告审查机关撤销广告审查批准文件、一年内不受理其广告审查申请；对广告经营者、广告发布者，由市场监督管理部门没收广告费用，处二十万元以上一百万元以下的罚款，情节严重的，并可以吊销营业执照：

（一）发布有本法第九条、第十条规定的禁止情形的广告的；

（二）违反本法第十五条规定发布处方药广告、药品类易制毒化学品广告、戒毒治疗的医疗器械和治疗方法广告的；

（三）违反本法第二十条规定，发布声称全部或者部分替代母乳的婴儿乳制品、饮料和其他食品广告的；

（四）违反本法第二十二条规定发布烟草广告的；

（五）违反本法第三十七条规定，利用广告推销禁止生产、销售的产品或者提供的服务，或者禁止发布广告的商品或者服务的；

（六）违反本法第四十条第一款规定，在针对未成年人的大众传播媒介上发布医疗、药品、保健食品、医疗器械、化妆品、酒类、美容广告,以及不利于未成年人身心健康的网络游戏广告的。

第五十八条 有下列行为之一的,由市场监督管理部门责令停止发布广告,责令广告主在相应范围内消除影响,处广告费用一倍以上三倍以下的罚款,广告费用无法计算或者明显偏低的,处十万元以上二十万元以下的罚款;情节严重的,处广告费用三倍以上五倍以下的罚款,广告费用无法计算或者明显偏低的,处二十万元以上一百万元以下的罚款,可以吊销营业执照,并由广告审查机关撤销广告审查批准文件、一年内不受理其广告审查申请:

(一)违反本法第十六条规定发布医疗、药品、医疗器械广告的;

(二)违反本法第十七条规定,在广告中涉及疾病治疗功能,以及使用医疗用语或者易使推销的商品与药品、医疗器械相混淆的用语的;

(三)违反本法第十八条规定发布保健食品广告的;

（四）违反本法第二十一条规定发布农药、兽药、饲料和饲料添加剂广告的；

（五）违反本法第二十三条规定发布酒类广告的；

（六）违反本法第二十四条规定发布教育、培训广告的；

（七）违反本法第二十五条规定发布招商等有投资回报预期的商品或者服务广告的；

（八）违反本法第二十六条规定发布房地产广告的；

（九）违反本法第二十七条规定发布农作物种子、林木种子、草种子、种畜禽、水产苗种和种养殖广告的；

（十）违反本法第三十八条第二款规定，利用不满十周岁的未成年人作为广告代言人的；

（十一）违反本法第三十八条第三款规定，利用自然人、法人或者其他组织作为广告代言人的；

（十二）违反本法第三十九条规定，在中小学校、幼儿园内或者利用与中小学生、幼儿有关的物品发布广告的；

（十三）违反本法第四十条第二款规定，发布针对不满十四周岁的未成年人的商品或者服务的广告的；

（十四）违反本法第四十六条规定，未经审查发布广告的。

医疗机构有前款规定违法行为，情节严重的，除由市场监督管理部门依照本法处罚外，卫生行政部门可以吊销诊疗科目或者吊销医疗机构执业许可证。

广告经营者、广告发布者明知或者应知有本条第一款规定违法行为仍设计、制作、代理、发布的，由市场监督管理部门没收广告费用，并处广告费用一倍以上三倍以下的罚款，广告费用无法计算或者明显偏低的，处十万元以上二十万元以下的罚款；情节严重的，处广告费用三倍以上五倍以下的罚款，广告费用无法计算或者明显偏低的，处二十万元以上一百万元以下的罚款，并可以由有关部门暂停广告发布业务、吊销营业执照。

第五十九条 有下列行为之一的，由市场监督管理部门责令停止发布广告，对广告主处十万元以下的罚款：

（一）广告内容违反本法第八条规定的；

（二）广告引证内容违反本法第十一条规定的；

（三）涉及专利的广告违反本法第十二条规定的；

（四）违反本法第十三条规定，广告贬低其他生产经营者的商品或者服务的。

广告经营者、广告发布者明知或者应知有前款规定违法行为仍设计、制作、代理、发布的，由市场监督管理部门处十万元以下的罚款。

广告违反本法第十四条规定，不具有可识别性的，或者违反本法第十九条规定，变相发布医疗、药品、医疗器械、保健食品广告的，由市场监督管理部门责令改正，对广告发布者处十万元以下的罚款。

第六十条 违反本法第三十四条规定，广告经营者、广告发布者未按照国家有关规定建立、健全广告业务管理制度的，或者未对广告内容进行核对的，由市场监督管理部门责令改正，可以处五万元以下的罚款。

违反本法第三十五条规定，广告经营者、广告发布者未公布其收费标准和收费办法的，由价格主管部门责令改正，可以处五万元以下的罚款。

第六十一条　广告代言人有下列情形之一的，由市场监督管理部门没收违法所得，并处违法所得一倍以上二倍以下的罚款：

（一）违反本法第十六条第一款第四项规定，在医疗、药品、医疗器械广告中作推荐、证明的；

（二）违反本法第十八条第一款第五项规定，在保健食品广告中作推荐、证明的；

（三）违反本法第三十八条第一款规定，为其未使用过的商品或者未接受过的服务作推荐、证明的；

（四）明知或者应知广告虚假仍在广告中对商品、服务作推荐、证明的。

第六十二条　违反本法第四十三条规定发送广

告的,由有关部门责令停止违法行为,对广告主处五千元以上三万元以下的罚款。

违反本法第四十四条第二款规定,利用互联网发布广告,未显著标明关闭标志,确保一键关闭的,由市场监督管理部门责令改正,对广告主处五千元以上三万元以下的罚款。

第六十三条 违反本法第四十五条规定,公共场所的管理者和电信业务经营者、互联网信息服务提供者,明知或者应知广告活动违法不予制止的,由市场监督管理部门没收违法所得,违法所得五万元以上的,并处违法所得一倍以上三倍以下的罚款,违法所得不足五万元的,并处一万元以上五万元以下的罚款;情节严重的,由有关部门依法停止相关业务。

第六十四条 违反本法规定,隐瞒真实情况或者提供虚假材料申请广告审查的,广告审查机关不予受理或者不予批准,予以警告,一年内不受理该申请人的广告审查申请;以欺骗、贿赂等不正当手段取得广告审查批准的，广告审查机关予以撤销，处十万元以上二十万元以下的罚款，三年内不受理该申请人的广告审查申请。

第六十五条　违反本法规定，伪造、变造或者转让广告审查批准文件的，由市场监督管理部门没收违法所得，并处一万元以上十万元以下的罚款。

第六十六条　有本法规定的违法行为的，由市场监督管理部门记入信用档案，并依照有关法律、行政法规规定予以公示。

第六十七条　广播电台、电视台、报刊音像出版单位发布违法广告，或者以新闻报道形式变相发布广告，或者以介绍健康、养生知识等形式变相发布医疗、药品、医疗器械、保健食品广告，市场监督管理部门依照本法给予处罚的，应当通报新闻出版、广播电视主管部门以及其他有关部门。新闻出版、广播电视主管部门以及其他有关部门应当依法对负有责任的主管人员和直接责任人员给予处分；情节严重的，并可以暂停媒体的广告发布业务。

新闻出版、广播电视主管部门以及其他有关部门未依照前款规定对广播电台、电视台、报刊音像出版单位进行处理的，对负有责任的主管人员和直接责任人员，依法给予处分。

第六十八条　广告主、广告经营者、广告发布者违反本法规定，有下列侵权行为之一的，依法承担民事责任：

（一）在广告中损害未成年人或者残疾人的身心健康的；

（二）假冒他人专利的；

（三）贬低其他生产经营者的商品、服务的；

（四）在广告中未经同意使用他人名义或者形象的；

（五）其他侵犯他人合法民事权益的。

第六十九条　因发布虚假广告，或者有其他本法规定的违法行为，被吊销营业执照的公司、企业的法定代表人，对违法行为负有个人责任的，自该公司、企业被吊销营业执照之日起三年内不得担任公司、企业的董事、监事、高级管理人员。

第七十条 违反本法规定,拒绝、阻挠市场监督管理部门监督检查,或者有其他构成违反治安管理行为的,依法给予治安管理处罚;构成犯罪的,依法追究刑事责任。

第七十一条 广告审查机关对违法的广告内容作出审查批准决定的,对负有责任的主管人员和直接责任人员,由任免机关或者监察机关依法给予处分;构成犯罪的,依法追究刑事责任。

第七十二条 市场监督管理部门对在履行广告监测职责中发现的违法广告行为或者对经投诉、举报的违法广告行为,不依法予以查处的,对负有责任的主管人员和直接责任人员,依法给予处分。

市场监督管理部门和负责广告管理相关工作的有关部门的工作人员玩忽职守、滥用职权、徇私舞弊的,依法给予处分。

有前两款行为,构成犯罪的,依法追究刑事责任。

第六章 附 则

第七十三条 国家鼓励、支持开展公益广告宣传活动，传播社会主义核心价值观，倡导文明风尚。

大众传播媒介有义务发布公益广告。广播电台、电视台、报刊出版单位应当按照规定的版面、时段、时长发布公益广告。公益广告的管理办法，由国务院市场监督管理部门会同有关部门制定。

第七十四条 本法自2015年9月1日起施行。

互联网广告管理办法

（2023年2月25日国家市场监督管理总局令第72号公布 自2023年5月1日起施行）

第一条 为了规范互联网广告活动，保护消费者的合法权益，促进互联网广告业健康发展，维护公平竞争的市场经济秩序，根据《中华人民共和国广告法》（以下简称广告法）《中华人民共和国电子商务法》（以下简称电子商务法）等法律、行政法规，制定本办法。

第二条 在中华人民共和国境内，利用网站、网页、互联网应用程序等互联网媒介，以文字、图片、音频、视频或者其他形式，直接或者间接地推销商品或者服务的商业广告活动，适用广告法和本办法的规定。

法律、行政法规、部门规章、强制性国家标准以及国家其他有关规定要求应当展示、标示、告知的信息，依照其规定。

第三条 互联网广告应当真实、合法，坚持正确导向，以健康的表现形式表达广告内容，符合社会主义精神文明建设和弘扬中华优秀传统文化的要求。

利用互联网从事广告活动，应当遵守法律、法规，诚实信用，公平竞争。

国家鼓励、支持开展互联网公益广告宣传活动，传播社会主义核心价值观和中华优秀传统文化，倡导文明风尚。

第四条 利用互联网为广告主或者广告主委托的广告经营者发布广告的自然人、法人或者其他组织，适用广告法和本办法关于广告发布者的规定。

利用互联网提供信息服务的自然人、法人或者其他组织，适用广告法和本办法关于互联网信息服务提供者的规定；从事互联网广告设计、制作、代理、发布等活动的，应当适用广告法和本办法关于广告经营者、广告发布者等主体的规定。

第五条 广告行业组织依照法律、法规、部门规章和章程的规定，制定行业规范、自律公约和团体标准，加强行业自律，引导会员主动践行社会主义核心价值观、依法从事互联网广告活动，推动诚信建设，促进行业健康发展。

第六条 法律、行政法规规定禁止生产、销售的产品或者提供的服务，以及禁止发布广告的商品或者服务，任何单位或者个人不得利用互联网设计、制作、代理、发布广告。

禁止利用互联网发布烟草（含电子烟）广告。

禁止利用互联网发布处方药广告，法律、行政法规另有规定的，依照其规定。

第七条 发布医疗、药品、医疗器械、农药、兽药、保健食品、特殊医学用途配方食品广告等法律、行政法规规定应当进行审查的广告，应当在发布前由广告审查机关对广告内容进行审查；未经审查，不得发布。

对须经审查的互联网广告，应当严格按照审查通过的内容发布，不得剪辑、拼接、修改。已经审查通过的广告内容需要改动的，应当重新申请广告审查。

第八条 禁止以介绍健康、养生知识等形式，变相发布医疗、药品、医疗器械、保健食品、特殊医学用途配方食品广告。

介绍健康、养生知识的，不得在同一页面或者同时出现相关医疗、药品、医疗器械、保健食品、特殊医学用途配方食品的商品经营者或者服务提供者地址、联系方式、购物链接等内容。

第九条 互联网广告应当具有可识别性，能够使消费者辨明其为广告。

对于竞价排名的商品或者服务，广告发布者应当显著标明"广告"，与自然搜索结果明显区分。

除法律、行政法规禁止发布或者变相发布广告的情形外，通过知识介绍、体验分享、消费测评等形式推销商品或者服务，并附加购物链接等购买方式的，广告发布者应当显著标明"广告"。

第十条 以弹出等形式发布互联网广告，广告主、广告发布者应当显著标明关闭标志，确保一键关闭，不得有下列情形：

（一）没有关闭标志或者计时结束才能关闭广告；

（二）关闭标志虚假、不可清晰辨识或者难以定位等，为关闭广告设置障碍；

（三）关闭广告须经两次以上点击；

（四）在浏览同一页面、同一文档过程中，关闭后继续弹出广告，影响用户正常使用网络；

（五）其他影响一键关闭的行为。

启动互联网应用程序时展示、发布的开屏广告适用前款规定。

第十一条 不得以下列方式欺骗、误导用户点击、浏览广告：

（一）虚假的系统或者软件更新、报错、清理、通知等提示；

（二）虚假的播放、开始、暂停、停止、返回等标志；

（三）虚假的奖励承诺；

（四）其他欺骗、误导用户点击、浏览广告的方式。

第十二条 在针对未成年人的网站、网页、互联网应用程序、公众号等互联网媒介上不得发布医疗、药品、保健食品、特殊医学用途配方食品、医疗器械、化妆品、酒类、美容广告，以及不利于未成年人身心健康的网络游戏广告。

第十三条 广告主应当对互联网广告内容的真实性负责。

广告主发布互联网广告的，主体资格、行政许可、引证内容等应当符合法律法规的要求，相关证明文件应当真实、合法、有效。

广告主可以通过自建网站，以及自有的客户端、互联网应用程序、公众号、网络店铺页面等互联网媒介自行发布广告，也可以委托广告经营者、广告发布者发布广告。

广告主自行发布互联网广告的，广告发布行为应当符合法律法规的要求，建立广告档案并及时更新。相关档案保存时间自广告发布行为终了之日起不少于三年。

广告主委托发布互联网广告，修改广告内容时应当以书面形式或者其他可以被确认的方式，及时通知为其提供服务的广告经营者、广告发布者。

第十四条 广告经营者、广告发布者应当按照下列规定，建立、健全和实施互联网广告业务的承接登记、审核、档案管理制度：

（一）查验并登记广告主的真实身份、地址和有效联系方式等信息，建立广告档案并定期查验更新，记录、保存广告活动的有关电子数据；相关档案保存时间自广告发布行为终了之日起不少于三年；

（二）查验有关证明文件，核对广告内容，对内容不符或者证明文件不全的广告，广告经营者不得提供设计、制作、代理服务，广告发布者不得发布；

（三）配备熟悉广告法律法规的广告审核人员或者设立广告审核机构。

本办法所称身份信息包括名称（姓名）、统一社会信用代码（身份证件号码）等。

广告经营者、广告发布者应当依法配合市场监督管理部门开展的互联网广告行业调查，及时提供真实、准确、完整的资料。

第十五条　利用算法推荐等方式发布互联网广告的，应当将其算法推荐服务相关规则、广告投放记录等记入广告档案。

第十六条　互联网平台经营者在提供互联网信息服务过程中应当采取措施防范、制止违法广告，并遵守下列规定：

（一）记录、保存利用其信息服务发布广告的用户真实身份信息，信息记录保存时间自信息服务提供行为终了之日起不少于三年；

（二）对利用其信息服务发布的广告内容进行监

测、排查，发现违法广告的，应当采取通知改正、删除、屏蔽、断开发布链接等必要措施予以制止，并保留相关记录；

（三）建立有效的投诉、举报受理和处置机制，设置便捷的投诉举报入口或者公布投诉举报方式，及时受理和处理投诉举报；

（四）不得以技术手段或者其他手段阻挠、妨碍市场监督管理部门开展广告监测；

（五）配合市场监督管理部门调查互联网广告违法行为，并根据市场监督管理部门的要求，及时采取技术手段保存涉嫌违法广告的证据材料，如实提供相关广告发布者的真实身份信息、广告修改记录以及相关商品或者服务的交易信息等；

（六）依据服务协议和平台规则对利用其信息服务发布违法广告的用户采取警示、暂停或者终止服务等措施。

第十七条 利用互联网发布、发送广告，不得影响用户正常使用网络，不得在搜索政务服务网站、网页、互联网应用程序、公众号等的结果中插入竞价排名广告。

未经用户同意、请求或者用户明确表示拒绝的,不得向其交通工具、导航设备、智能家电等发送互联网广告,不得在用户发送的电子邮件或者互联网即时通讯信息中附加广告或者广告链接。

第十八条 发布含有链接的互联网广告,广告主、广告经营者和广告发布者应当核对下一级链接中与前端广告相关的广告内容。

第十九条 商品销售者或者服务提供者通过互联网直播方式推销商品或者服务,构成商业广告的,应当依法承担广告主的责任和义务。

直播间运营者接受委托提供广告设计、制作、代理、发布服务的,应当依法承担广告经营者、广告发布者的责任和义务。

直播营销人员接受委托提供广告设计、制作、代理、发布服务的,应当依法承担广告经营者、广告发布者的责任和义务。

直播营销人员以自己的名义或者形象对商品、服务作推荐、证明，构成广告代言的，应当依法承担广告代言人的责任和义务。

第二十条　对违法互联网广告实施行政处罚，由广告发布者所在地市场监督管理部门管辖。广告发布者所在地市场监督管理部门管辖异地广告主、广告经营者、广告代言人以及互联网信息服务提供者有困难的，可以将违法情况移送其所在地市场监督管理部门处理。广告代言人为自然人的，为广告代言人提供经纪服务的机构所在地、广告代言人户籍地或者经常居住地为其所在地。

广告主所在地、广告经营者所在地市场监督管理部门先行发现违法线索或者收到投诉、举报的，也可以进行管辖。

对广告主自行发布违法广告的行为实施行政处罚，由广告主所在地市场监督管理部门管辖。

第二十一条　市场监督管理部门在查处违法互联网广告时，可以依法行使下列职权：

（一）对涉嫌从事违法广告活动的场所实施现场检查；

（二）询问涉嫌违法当事人或者其法定代表人、主要负责人和其他有关人员，对有关单位或者个人进行调查；

（三）要求涉嫌违法当事人限期提供有关证明文件；

（四）查阅、复制与涉嫌违法广告有关的合同、票据、账簿、广告作品和互联网广告相关数据，包括采用截屏、录屏、网页留存、拍照、录音、录像等方式保存互联网广告内容；

（五）查封、扣押与涉嫌违法广告直接相关的广告物品、经营工具、设备等财物；

（六）责令暂停发布可能造成严重后果的涉嫌违法广告；

（七）法律、行政法规规定的其他职权。

市场监督管理部门依法行使前款规定的职权时，当事人应当协助、配合，不得拒绝、阻挠或者隐瞒真实情况。

第二十二条 市场监督管理部门对互联网广告的技术监测记录资料，可以作为对违法广告实施行政处罚或者采取行政措施的证据。

第二十三条 违反本办法第六条、第十二条规定的，依照广告法第五十七条规定予以处罚。

第二十四条 违反本办法第七条规定，未经审查或者未按广告审查通过的内容发布互联网广告的，依照广告法第五十八条规定予以处罚。

第二十五条 违反本办法第八条、第九条规定，变相发布医疗、药品、医疗器械、保健食品、特殊医学用途配方食品广告，或者互联网广告不具有可识别性的，依照广告法第五十九条第三款规定予以处罚。

第二十六条 违反本办法第十条规定，以弹出等形式发布互联网广告，未显著标明关闭标志，确保一键关闭的，依照广告法第六十二条第二款规定予以处罚。

广告发布者实施前款规定行为的,由县级以上市场监督管理部门责令改正,拒不改正的,处五千元以上三万元以下的罚款。

第二十七条 违反本办法第十一条规定,欺骗、误导用户点击、浏览广告的,法律、行政法规有规定的,依照其规定;法律、行政法规没有规定的,由县级以上市场监督管理部门责令改正,对广告主、广告经营者、广告发布者处五千元以上三万元以下的罚款。

第二十八条 违反本办法第十四条第一款、第十五条、第十八条规定,广告经营者、广告发布者未按规定建立、健全广告业务管理制度的,或者未对广告内容进行核对的,依据广告法第六十条第一款规定予以处罚。

违反本办法第十三条第四款、第十五条、第十八条规定,广告主未按规定建立广告档案,或者未对广告内容进行核对的,由县级以上市场监督管理部门责令改正,可以处五万元以下的罚款。

广告主、广告经营者、广告发布者能够证明其已履行相关责任、采取措施防止链接的广告内容被篡改,并提供违法广告活动主体的真实名称、地址和有效联系方式的,可以依法从轻、减轻或者不予行政处罚。

违反本办法第十四条第三款,广告经营者、广告发布者拒不配合市场监督管理部门开展的互联网广告行业调查,或者提供虚假资料的,由县级以上市场监督管理部门责令改正,可以处一万元以上三万元以下的罚款。

第二十九条 互联网平台经营者违反本办法第十六条第一项、第三项至第五项规定,法律、行政法规有规定的,依照其规定;法律、行政法规没有规定的,由县级以上市场监督管理部门责令改正,处一万元以上五万元以下的罚款。

互联网平台经营者违反本办法第十六条第二项规定,明知或者应知互联网广告活动违法不予制止的,依照广告法第六十三条规定予以处罚。

第三十条　违反本办法第十七条第一款规定，法律、行政法规有规定的，依照其规定；法律、行政法规没有规定的，由县级以上市场监督管理部门责令改正，对广告主、广告经营者、广告发布者处五千元以上三万元以下的罚款。

违反本办法第十七条第二款规定，未经用户同意、请求或者用户明确表示拒绝，向其交通工具、导航设备、智能家电等发送互联网广告的，依照广告法第六十二条第一款规定予以处罚；在用户发送的电子邮件或者互联网即时通讯信息中附加广告或者广告链接的，由县级以上市场监督管理部门责令改正，处五千元以上三万元以下的罚款。

第三十一条　市场监督管理部门依照广告法和本办法规定所作出的行政处罚决定，应当依法通过国家企业信用信息公示系统向社会公示；性质恶劣、情节严重、社会危害较大的，按照《市场监督管理严重违法失信名单管理办法》的有关规定列入严重违法失信名单。

第三十二条 本办法自 2023 年 5 月 1 日起施行。2016 年 7 月 4 日原国家工商行政管理总局令第 87 号公布的《互联网广告管理暂行办法》同时废止。

医疗广告管理办法

(2006年11月10日国家工商行政管理总局、卫生部令第26号公布 自2007年1月1日起施行)

第一条 为加强医疗广告管理，保障人民身体健康，根据《广告法》、《医疗机构管理条例》、《中医药条例》等法律法规的规定，制定本办法。

第二条 本办法所称医疗广告，是指利用各种媒介或者形式直接或间接介绍医疗机构或医疗服务的广告。

第三条 医疗机构发布医疗广告，应当在发布前申请医疗广告审查。未取得《医疗广告审查证明》，不得发布医疗广告。

第四条 工商行政管理机关负责医疗广告的监

督管理。

卫生行政部门、中医药管理部门负责医疗广告的审查，并对医疗机构进行监督管理。

第五条 非医疗机构不得发布医疗广告，医疗机构不得以内部科室名义发布医疗广告。

第六条 医疗广告内容仅限于以下项目：

（一）医疗机构第一名称；

（二）医疗机构地址；

（三）所有制形式；

（四）医疗机构类别；

（五）诊疗科目；

（六）床位数；

（七）接诊时间；

（八）联系电话。

（一）至（六）项发布的内容必须与卫生行政部门、中医药管理部门核发的《医疗机构执业许可证》或其副本载明的内容一致。

第七条 医疗广告的表现形式不得含有以下情形：

（一）涉及医疗技术、诊疗方法、疾病名称、药物的；

（二）保证治愈或者隐含保证治愈的；

（三）宣传治愈率、有效率等诊疗效果的；

（四）淫秽、迷信、荒诞的；

（五）贬低他人的；

（六）利用患者、卫生技术人员、医学教育科研机构及人员以及其他社会社团、组织的名义、形象作证明的；

（七）使用解放军和武警部队名义的；

（八）法律、行政法规规定禁止的其他情形。

第八条 医疗机构发布医疗广告，应当向其所在地省级卫生行政部门申请，并提交以下材料：

（一）《医疗广告审查申请表》；

（二）《医疗机构执业许可证》副本原件和复印件，复印件应当加盖核发其《医疗机构执业许可证》的卫生行政部门公章；

（三）医疗广告成品样件。电视、广播广告可以先提交镜头脚本和广播文稿。

中医、中西医结合、民族医医疗机构发布医疗广告，应当向其所在地省级中医药管理部门申请。

第九条 省级卫生行政部门、中医药管理部门应当自受理之日起20日内对医疗广告成品样件内容进行审查。卫生行政部门、中医药管理部门需要请有关专家进行审查的，可延长10日。

对审查合格的医疗广告，省级卫生行政部门、中医药管理部门发给《医疗广告审查证明》，并将通过审查的医疗广告样件和核发的《医疗广告审查证明》予以公示；对审查不合格的医疗广告，应当书面通知医疗机构并告知理由。

第十条 省级卫生行政部门、中医药管理部门应对已审查的医疗广告成品样件和审查意见予以备案保存，保存时间自《医疗广告审查证明》生效之日起至少两年。

第十一条 《医疗广告审查申请表》、《医疗广告审查证明》的格式由卫生部、国家中医药管理局规定。

第十二条 省级卫生行政部门、中医药管理部门应在核发《医疗广告审查证明》之日起五个工作日内,将《医疗广告审查证明》抄送本地同级工商行政管理机关。

第十三条 《医疗广告审查证明》的有效期为一年。到期后仍需继续发布医疗广告的,应重新提出审查申请。

第十四条 发布医疗广告应当标注医疗机构第一名称和《医疗广告审查证明》文号。

第十五条 医疗机构发布户外医疗广告,应在取得《医疗广告审查证明》后,按照《户外广告登记管理规定》办理登记。

医疗机构在其法定控制地带标示仅含有医疗机构名称的户外广告,无需申请医疗广告审查和户外广告登记。

第十六条 禁止利用新闻形式、医疗资讯服务类专题节(栏)目发布或变相发布医疗广告。

有关医疗机构的人物专访、专题报道等宣传内容，可以出现医疗机构名称，但不得出现有关医疗机构的地址、联系方式等医疗广告内容；不得在同一媒介的同一时间段或者版面发布该医疗机构的广告。

第十七条 医疗机构应当按照《医疗广告审查证明》核准的广告成品样件内容与媒体类别发布医疗广告。

医疗广告内容需要改动或者医疗机构的执业情况发生变化，与经审查的医疗广告成品样件内容不符的，医疗机构应当重新提出审查申请。

第十八条 广告经营者、广告发布者发布医疗广告，应当由其广告审查员查验《医疗广告审查证明》，核实广告内容。

第十九条 有下列情况之一的，省级卫生行政部门、中医药管理部门应当收回《医疗广告审查证明》，并告知有关医疗机构：

（一）医疗机构受到停业整顿、吊销《医疗机构执业许可证》的；

（二）医疗机构停业、歇业或被注销的；

（三）其他应当收回《医疗广告审查证明》的情形。

第二十条　医疗机构违反本办法规定发布医疗广告，县级以上地方卫生行政部门、中医药管理部门应责令其限期改正，给予警告；情节严重的，核发《医疗机构执业许可证》的卫生行政部门、中医药管理部门可以责令其停业整顿、吊销有关诊疗科目，直至吊销《医疗机构执业许可证》。

未取得《医疗机构执业许可证》发布医疗广告的，按非法行医处罚。

第二十一条　医疗机构篡改《医疗广告审查证明》内容发布医疗广告的，省级卫生行政部门、中医药管理部门应当撤销《医疗广告审查证明》，并在一年内不受理该医疗机构的广告审查申请。

省级卫生行政部门、中医药管理部门撤销《医疗广告审查证明》后，应当自作出行政处理决定之日起5个工作日内通知同级工商行政管理机关,工商行政管理机关应当依法予以查处。

第二十二条 工商行政管理机关对违反本办法规定的广告主、广告经营者、广告发布者依据《广告法》、《反不正当竞争法》予以处罚,对情节严重,造成严重后果的,可以并处一至六个月暂停发布医疗广告、直至取消广告经营者、广告发布者的医疗广告经营和发布资格的处罚。法律法规没有规定的,工商行政管理机关应当对负有责任的广告主、广告经营者、广告发布者给予警告或者处以一万元以上三万元以下的罚款;医疗广告内容涉嫌虚假的,工商行政管理机关可根据需要会同卫生行政部门、中医药管理部门作出认定。

第二十三条 本办法自2007年1月1日起施行。

医疗广告监管工作指南

(国家市场监督管理总局2025年5月9日公告发布)

一、为进一步规范市场监督管理部门医疗广告监管工作，维护医疗广告市场秩序，促进医疗行业健康有序发展，依据《中华人民共和国广告法》（以下简称《广告法》）、《中华人民共和国行政处罚法》（以下简称《行政处罚法》）、《互联网广告管理办法》、《医疗广告管理办法》等法律法规，制定本指南。

二、除依法设立的医疗机构外，任何单位和个人不得自行或者委托他人发布医疗广告。

三、市场监督管理部门查处医疗广告违法案件，应当综合研判医疗广告违法行为的事实、性质、情节以及社会危害程度，做到过罚相当。

四、未经广告审查发布医疗广告，但广告内容仅限于医疗机构第一名称、地址、所有制形式、医疗机构类别、诊疗科目、床位数、接诊时间、联系电话，且与医疗机构执业许可（备案）事项一致，可以依据《行政处罚法》有关规定，对相关当事人作出不予行政处罚的决定；与医疗机构执业许可（备案）事项不符，且会对消费者、患者就医选择造成实质性误导的，依据《广告法》有关规定，对相关当事人进行查处。

广告中宣传的医疗机构名称与医疗机构第一名称不一致，且涉嫌仿冒有一定影响的医院的，依据相关法律法规查处。

五、医疗广告审查证明文件有效期届满后，未停止发布或者再次发布医疗广告，且医疗广告与广告审查证明文件、医疗机构实际情况一致的，可以依据《行政处罚法》有关规定，对相关当事人作出不予行政处罚的决定。

六、医疗广告内容与核准的广告成品样件内容不完全一致，且仅存在下列情形的，一般不认定为"与经审查的医疗广告样件内容不符"：

（一）调整了广告背景颜色；

（二）改变了广告字体或者颜色；

（三）调整了广告图片长宽比；

（四）减少了广告内容，且不会造成误解；

（五）增加或者更改了医疗机构的联系电话、地址、官方网站网址，且真实无误。

七、医疗广告内容未超出卫生健康行政部门规定的医疗机构应当主动公开的信息范畴（以下简称主动公开信息范畴），且均有具有法律效力文件予以证明的，可以依据《行政处罚法》有关规定，对相关当事人作出不予行政处罚的决定。

八、医疗广告存在下列情形的，可以依据《行政处罚法》有关规定，对相关当事人作出从轻、减轻或者不予行政处罚的决定：

（一）宣传同一医疗联合体的名称或者联合体内的其他医疗机构第一名称、地址、联系电话，且相关信息与实际情况相符的；

（二）展示医疗机构实景图片，且相关图片与实际情况相符的；

（三）以图片或者文字形式标明医疗机构具体位置，且真实准确的；

（四）以规范准确的医学术语对医疗机构取得核准登记或者备案的诊疗科目以及与该科目相关的诊疗范围等进行介绍的；

（五）依据具有法律效力的文件，对超出主动公开信息范畴的医疗机构有关情况作介绍，且不涉及诊疗效果或者诊疗技术、方法的。

九、市场监督管理部门对当事人作出不予行政处罚决定的，应当依据《行政处罚法》有关规定，对当事人进行教育引导。

十、利用代言人对医疗机构或者医疗服务作推荐、证明的，依据《广告法》第五十八条规定查处。

在医疗广告中以虚构、冒用的患者、医生、医疗机构或者科研院所名义、形象进行推荐、证明的，可以根据实际情况认定为虚假广告，依据《广告法》第五十五条规定查处；涉嫌构成犯罪的，依法移送公安机关。

十一、在医疗广告中对功效、安全性作断言或者保证，或者说明治愈率、有效率的，依据《广告法》第五十八条规定查处；有关内容涉及治疗癌症、青少年近视防控或者其他重大疑难疾病的，依法从重处罚。

通过虚构或者歪曲科学理论、科研数据等方式对功效、安全性作断言或者保证，或者治愈率、有效率缺乏事实依据的，可以根据实际情况认定为虚假广告，依据《广告法》第五十五条规定查处；涉嫌构成犯罪的，依法移送公安机关。

十二、在医疗广告中虚构事实，对医疗机构隶属关系、医疗机构评级、中医师承、关键性诊疗技术等影响消费者、患者就医选择的重要信息作虚假或者引人误解表述的，可以根据实际情况认定为虚假广告，依据《广告法》第五十五条规定查处；涉嫌构成犯罪的，依法移送公安机关。

十三、在针对未成年人的大众传播媒介上发布医疗广告的，依据《广告法》第五十七条规定查处。

十四、在医疗美容广告中含有制造容貌焦虑内容的，属于违反《广告法》第九条第（七）项规定的情形，依据《广告法》第五十七条规定查处。

医疗美容广告通过针对未成年人的大众传播媒介之外的其他媒介，以未成年人为对象，推介不以疾病治疗功能为目的的医疗美容项目的，属于违反《广告法》第十条规定的情形，依据《广告法》第五十七条规定查处。

十五、在医疗广告中出现绝对化用语的，按照《广告绝对化用语执法指南》等有关规定执行。

十六、在同一医疗广告中存在本指南规定的两个以上（含两个）违法情形，构成同一违法行为的，不得给予两次以上罚款的行政处罚；构成多个违法行为的，应当视情况进行合并处罚。

十七、非医疗机构、无行医资质人员在广告中宣称其可以从事医疗服务的，涉嫌构成无证行医，依法移送卫生健康行政部门。

十八、互联网平台企业应当加强平台企业内部管理，落实对经营医疗服务项目的平台内经营者以及从事医疗服务信息内容生产的自媒体的核验义务。

互联网平台企业未履行前款规定的核验义务，为依法设立的医疗机构以外的其他单位或者个人发布的医疗广告提供互联网信息服务的，依据《广告法》第六十三条规定对互联网平台企业进行查处；情节严重的，依法停止或者提请有关部门停止互联网平台企业相关业务。

图书在版编目（CIP）数据

中华人民共和国广告法　互联网广告管理办法　医疗广告管理办法　医疗广告监管工作指南：大字本／中国法治出版社编. -- 北京：中国法治出版社，2025.7.
ISBN 978-7-5216-5369-4

Ⅰ. D922.294

中国国家版本馆CIP数据核字第2025TR0983号

中华人民共和国广告法　互联网广告管理办法　医疗广告管理办法　医疗广告监管工作指南：大字本
ZHONGHUA RENMIN GONGHEGUO GUANGGAOFA　HULIANWANG GUANGGAO GUANLI BANFA　YILIAO GUANGGAO GUANLI BANFA　YILIAO GUANGGAO JIANGUAN GONGZUO ZHINAN：DAZIBEN

经销/新华书店
印刷/保定市中画美凯印刷有限公司
开本/880毫米×1230毫米　32开　　　　　　　　　印张/2.25　字数/24千
版次/2025年7月第1版　　　　　　　　　　　　　2025年7月第1次印刷

中国法治出版社出版
书号 ISBN 978-7-5216-5369-4　　　　　　　　　　　　定价：8.00元

北京市西城区西便门西里甲16号西便门办公区
邮政编码：100053　　　　　　　　　　　　　　传真：010-63141600
网址：http://www.zgfzs.com　　　　　　　　编辑部电话：010-63141799
市场营销部电话：010-63141612　　　　　　　印务部电话：010-63141606

（如有印装质量问题，请与本社印务部联系。）

书山有路勤为径,优质资源伴你行
注册世纪波学院会员,享精品图书增值服务

客户成功

减少流失、增加复购的秘密

尼克·梅塔（Nick Mehta）
[美] 丹·斯坦曼（Dan Steinman） 著
林肯·墨菲（Lincoln Murphy）

高成资本 译

马成功 张善勇 审校

电子工业出版社
Publishing House of Electronics Industry
北京·BEIJING

Customer Success: How Innovative Companies Are Reducing Churn and Growing Recurring Revenue
by Nick Mehta, Dan Steinman, Lincoln Murphy and Maria Martinez
ISBN: 9781119167969 / 1119167965
Copyright © 2016 by John Wiley & Sons, Inc.
Simplified Chinese translation edition copyright © 2023 by Publishing House of Electronics Industry Co., Ltd
All Rights Reserved. This translation published under license with the original publisher John Wiley & Sons, Inc.
Copies of this book sold without a Wiley sticker on the cover are unauthorized and illegal.

本书简体中文字版经由John Wiley & Sons, Inc.授权电子工业出版社独家出版发行。未经书面许可，不得以任何方式抄袭、复制或节录本书中的任何内容。

本书封底贴有Wiley防伪标签，无标签者不得销售。

版权贸易合同登记号　图字：01-2022-5940

图书在版编目（CIP）数据

客户成功：减少流失、增加复购的秘密 /（美）尼克·梅塔（Nick Mehta），（美）丹·斯坦曼（Dan Steinman），（美）林肯·墨菲（Lincoln Murphy）著；高成资本译. —北京：电子工业出版社，2023.8
书名原文：Customer Success: How Innovative Companies Are Reducing Churn and Growing Recurring Revenue
ISBN 978-7-121-45876-7

Ⅰ.①客… Ⅱ.①尼…②丹…③林…④高… Ⅲ.①销售管理 Ⅳ.① F713.3

中国国家版本馆 CIP 数据核字（2023）第 133454 号

责任编辑：袁桂春
印　　刷：三河市鑫金马印装有限公司
装　　订：三河市鑫金马印装有限公司
出版发行：电子工业出版社
　　　　　北京市海淀区万寿路173信箱　邮编100036
开　　本：720×1000　1/16　印张：14.5　字数：208千字
版　　次：2023年8月第1版
印　　次：2023年8月第1次印刷
定　　价：72.00元

凡所购买电子工业出版社图书有缺损问题，请向购买书店调换。若书店售缺，请与本社发行部联系，联系及邮购电话：（010）88254888，88258888。
质量投诉请发邮件至zlts@phei.com.cn，盗版侵权举报请发邮件至dbqq@phei.com.cn。
本书咨询联系方式：（010）88254199，sjb@phei.com.cn。

赞 誉

在Bessemer Venture Partners，我们已经投资了100多家云计算公司，并有幸与行业巨头合作，包括LinkedIn、Twilio、Pinterest、Yelp、Shopify和Box。我所看到的每个成功的订阅制公司都有一个反复出现的主题，那就是对客户成功的不懈关注。这可不是口头上说说而已，而是真正投入专注和热情。我很高兴终于看到这样一本关于客户成功的书，它不仅解释了客户成功的重要性，而且给出了实践指导。我也非常兴奋，这本书不只局限于云计算公司，还探讨了为什么客户成功对传统公司和B2C公司也至关重要。Gainsight的伙伴们真的做到了，我强烈推荐这本书给所有经营高绩效团队的管理人员。了解了客户成功，公司就会成功。

——拜伦·迪特　Bessemer Venture Partners合伙人

在Infor，我们大部分业务都和企业软件相关，我特别高兴地发现，这本书并没有仅仅把客户成功与云计算公司或边缘应用相关联，而是解释了为什么它对所有软件公司都如此关键。我们赖以生存的客户经济正在告诉我们：无论你从事哪种业务，都需要重新聚焦客户。Gainsight的团队非常了解这一点。这本书汇集了将使我们所有人受益的观点。

——玛丽·特里克　Infor首席客户官

客户成功现在是一个常见的商业术语，但在几年前还不是这样的。在过去的10年里，客户成功经历了戏剧化的演变。我亲身经历了这种激动人心的演变，从最初的小型SaaS公司（SuccessFactors）到现在的大型企业软件公司（SAP）。客户成功的重要性与日俱增，因为公司认识到，持续成功和增长的基础建立在一个满意的和不断更新的客户群体之上。演变仍在继续，不过使其重要的核心主题一直没有改变，而丹、尼克和林肯在这本书中完美地抓住了这些要素。我特别高兴地看到，这本书超越了客户成功的原理层面，还深入每一位首席执行官和领导者需要了解的实践细节、日常行事原则。如果所有高管和董事会成员也能理解并支持客户成功，我们这些推动客户成功重要性和演变的人也会从中受益。

——玛丽·波彭　SAP SuccessFactors首席客户官

所有生意都需要考虑客户成功问题。毫无疑问，它能帮助Salesforce这样的公司脱颖而出，我亲眼看到了它的作用。在Hearsay Social，我们的第一个员工就是客户成功部门的。这是一项持续有产出的投资。祝贺尼克和他的团队为这个行业打上了印记，并创造了这本极有价值的指南，这将改变你的团队。

——克拉娅·史　Hearsay Social创始人兼首席执行官

中文版序言

客户成功的科学方法论

随着国民经济内生动力的加速释放，货币政策和财政政策发挥积极作用，中国经济开始复苏。数字中国的大战略也在引领着企业的发展方向，数字经济作为经济发展的新动力，对中国经济产生了深远的影响。数字经济的快速发展，加速了传统产业的数字化转型和产业升级，推动了产业的结构调整和创新发展。企业想要抓住契机、脱颖而出，就必须顺应新技术浪潮，积极主动地进行数智化转型，通过系统的内部数字化基础设施建设，提高经营效率，打造企业的持久竞争力。

作为研究型企业服务投资基金，我们深信企业经营既是一门艺术，也是一门科学。只有通过优秀的方法论，才能实现可积累、可复制、可优化、可持续的创新和增长。我们坚信，不断积累和优化方法论的组织才能实现持续进化。为此，高成资本坚持"ToB方法论丛书"的长期工程，并每年聚焦一个主题、推荐相关书籍及邀请专家，为中国创业企业在ToB方法论领域的快速学习及突破创新贡献一份力量。

2021年，高成资本推出该系列首本图书《销售加速公式》。以"**销售管理**"为切入点，为企业提供了一套科学、实用的销售加速策略，并通过成功案例和实践经验，帮助读者更好地理解如何应用销售加速公式。书中详细介绍了如何应用数据分析、技术工具和人员管理等方面的知识，打造高效的销售团队。《销售加速公式》中文版推出后广受好评，我们也聘请了作者马克作为高成资本的顾问，为高成资本的被投企业与伙伴企业提供经常性的交流和辅导。

2022年开始，我们聚焦"**客户成功**"主题。因为企业通过销售管理获得了客户，还远不能高枕无忧。客户要的不仅是产品和服务，还要解决自己的问题，达成自己的业务和管理目标。如何把客户服务好，把客户留住，实现续购、增购，是摆在ToB企业特别是SaaS企业面前的下一个难题。尤其在面对逆风环境的挑战时，企业和客户都必须重新审视市场和自己的业务模式，客户成功的出现恰恰是经济发生巨大变化的自然结果。以客户成功为中心的实践，核心是公司的业务是否能足够快地做出反应并生存下来。相信很多ToB企业随着规模的扩大、竞争的加剧，都深刻地感受到了"活下来"的压力。**ToB企业要想成功，必须首先确保客户成功。**

与传统被动式的"客户服务"不同，"**客户成功**"是以客户为中心展开的，帮助客户通过使用产品实现业务目标，继而达成对产品的续费、升级、增购、扩容，最终成为企业长期客户的一系列主动性服务。客户成功不仅是每家ToB企业应秉持的基本理念与指导原则，还应成为业务经营、组织建设及企业文化价值观的核心，每个部门、每个人都要对客户成功负责。为此，我们先后为大家推荐《客户成功：减少流失、增加复购的秘密》和《客户成功经济：为什么商业模式需要全方位转换》两本书。

《客户成功：减少流失、增加复购的秘密》（*Customer Success: How Innovative Companies Are Reducing Churn and Growing Recurring Revenue*），是最早系统性阐述和传播"客户成功"理念的书籍之一。这本书全面回溯了客户成功的缘起与演化，着重厘清了对客户成功的各种误解，提出了极具指导意义的"**客户成功十大法则**"，不仅在业界广受关注，而且推动了ToB企业注重客户成功管理的浪潮；同时提出了在"**以人为本**"的前提下如何获得客户成功。

《客户成功经济：为什么商业模式需要全方位转换》（*The Customer Success Economy: Why Every Aspect of Your Business Model Needs A Paradigm Shift*）这本书的最大亮点是，极为难得地提供了一整套实操性极强的落地方法，从明确责任，即"践行客户成功是一把手工程"，到前、中、后台各条线如何落地，再到具体的启动决策、实施步骤及行动计划，让客户成功不再是停留在理念层面的启发，而成为在实操层面的可落地、可复制、可优化的方法论。

当然，没有哪一套方法论适合所有企业，而且方法论本身也需要不断迭代、升级。打造方法论的前提是要对基本原则有深刻洞悉，要能够看透事物的第一性原理是什么，底层逻辑和要素有哪些。ToB创业道阻且长，需要创业者充满探索真理的渴望，以及专注的、耐心的实干精神。

作为企业，在实现自身商业价值的同时，也应该用实际行动承载更大层面的社会责任，赋予中国经济新的活力，使其更具未来发展潜力。高成资本致力于通过提供资金支持、行业见解和实用方法论等一系列方法帮助中国创业者打造世界级的企业服务公司，也给大家提供切实可行的方法论作为参考。

日拱一卒，功不唐捐。高成资本以此为训，与大家共勉。

洪婧

高成资本创始合伙人

推荐序一

客户成功不只是理念，而是指导
企业每日实践的行动策略

很高兴能作为《客户成功》一书的推荐人，我还清晰记得在2019年，电子工业出版社的付豫波老师问我："未来十年在中国的商业环境中，什么样的管理思想会更重要？"我毫不犹豫地脱口而出："客户成功"！这不仅是因为我的名字和客户成功有关系，而是我深刻感受到，在过去20年中国经济的高速成长中，在互联网技术的带领下，很多企业过分强调用资本的力量来扩充流量和拉新，离商业的本质越来越远！

商业的本质就是利润模式。一家公司如果没有利润就很难吸引资本，很难保留优秀的员工，时刻面临现金流断裂的倒闭风险。三年新冠疫情及中国追求高质量发展的经济路线，让企业家们越来越追求扎实的利润，而不是华而不实的收入规模，企业越来越务实和坚持长期主义，有了利润，企业就能够靠自己活下去。

企业的利润从哪里来？就是从客户购买的产品和服务中来。企业管理者最重要的一项能力，就是识别哪类客户在源源不断地贡献利润。拓展新客户其实很难获得利润，而获得利润的最好方式就是从老客户那里获得。《客户成功》一书给了我们清晰的路径：产品—销售—客户成功，老客户的续购就是商业的本质！SaaS公司把"复购"也称为"订阅模式"，其实都是指客户持续付费购买我们的产品和服务。本书就是围绕在全球客户成功领域进行卓越实践的公司Gainsight来展开，我认为本书绝对是在客户成功领域最值得反复深入阅读的书籍。

我近两年在陪伴辅导企业成长中发现：很多零售品牌客户的购买行为是冲

动消费，购买后往往也不再穿戴这些产品，可想而知，这一定会影响老客户的复购行为。一家公司的店员发现了这个问题，并大胆提出了改进方案——用"高接触"来提升触达购买客户的频率，她设计了一个持续三周的"无干扰短信"计划，为客户提供穿戴和保养产品的小贴士，其目的就是不断提醒和帮助客户使用产品。这项计划获得客户的好评，并带来了更多的口碑裂变和复购。

在本书开篇就提到了一个很重要的概念，他把客户的忠诚分为态度忠诚和行为忠诚。我不仅拍案叫绝，这种划分太关键了，我们不能认为客户在行为上忠诚就已经很好了，因为行为忠诚很多时候是因为不得不购买，客户是带着吐槽、抱怨和负面情绪来使用你的服务，随时都在寻找谁能够替代你。这需要我们从老客户那里了解他们的内在心声，和他们共创出让他们舍不得、离不开的服务和产品，只有这样，才能让客户产生态度忠诚。

我辅导过一家独角兽企业，通过对企业经营数据的分析，我发现公司花大量管理时间服务了1万多家"腿部客户"，却只产生了20%的利润（一年只复购一次），而20多家"腰部客户"却贡献了80%的利润（一年复购5次以上）。这家企业最近开始认识到这个问题，运用"客户成功"的方法激发重视"腰部客户"的新行动。所以说，客户成功不是一个概念，而是公司把所有人的时间、资源重新安排的管理行动决策。只要每天持续地采取正确的客户成功行动，就一定会把新客户慢慢变成老客户，老客户也会由行为忠诚慢慢转变为态度忠诚。

在本书中，不仅有理论和案例，还有"客户成功的十大法则"这样的工作指南，值得企业学习借鉴。比如，作者介绍了客户成功框架，并且特别说到这个框架不仅仅适用于客户，也适用于离客户最近的一线员工。这点我特别同意。因为今天的企业竞争，不仅仅是总部之间的战争，也是一线班长、一线员工之间的战争。我把一线员工分为两类，一类叫执行员工，一类叫战略员工。战略员工能够洞察客户的需求，帮助产品做优化。企业需要让更多的员工从懂执行变成懂战略、懂公司使命的有影响力的战略员工。"客户成功"的理念和工作方法会加速战略员工的大量涌现，从而帮助公司把战略从口号变成每日的行动，变成用户的口碑。

我反复阅读了两遍书稿，每读一遍都对客户成功有了新的认识。在阅读中我发现了很有趣的事情，当谈到客户成功时，很多人认为技术型、ToB、云服务和SaaS企业更适用客户成功，但作者在书中用大量的篇幅讲了苹果、星巴克这样以产品、ToC、零售门店为代表的实体公司的案例——用客户成功让老客户更加忠诚，让复购不断发生的故事。

"客户经济"时代已经到来，客户成功其实不只是理念和行动策略，它是新商业世界的"门票"，只有掌握了客户成功的方法，才能够让你的企业在新的商业竞争中始终领先！

马成功

原京东大学执行校长

小米生态链谷仓学院总顾问

第一合乐首席专家

推荐序二

从头理解客户成功

2016年,我曾经随团队拜访硅谷的十几家SaaS公司,其中就有本书作者尼克·梅塔创立的Gainsight。当时Gainsight就已经是客户成功SaaS产品中的翘楚。而这趟旅行最大的意义在于——我们第一次接触到了客户成功。

当然,"客户成功"这么重要而复杂的理念和方法论远不是一次拜访就能落地的。之后很长时间,我接触到的大部分国内SaaS公司仍无法分清"客户成功"与"客户服务"之间的差别。

从2018年开始,客户成功的概念逐渐在中国落地。记得那时候,我和SaaS圈的创始人及服务专家们开始写一些关于客户成功的文章;国内SaaS企业也开始成立"客户成功部",招募客户成功经理。很多服务岗位的管理者也经常去Gainsight的网站学习客户成功管理的资料。

到今天,一晃7年过去了,我们已经开始从理解客户成功、复制硅谷客户成功的套路,走向总结适合本土化的客户成功最佳实践。这时候再回过头去看看硅谷的客户成功鼻祖Gainsight是如何思考、如何落地客户成功的,非常有意义——知其然,也得知其所以然。

不仅如此,本书也展现了近10年硅谷ToB企业客户成功服务思路的变化,总结了客户成功十大法则,对国内客户成功实践提供了进一步的借鉴。

我逐字详读了本书的每个章节,做了不少笔记。纵观全书,我最为两点所折服:来自实践的深度思考,以及处处可见的严密逻辑。

我们常对工作中遇到的难题苦苦思索,但你有没有发现,当我们跳出日常,读一本相关高手的书，反而会获得新思路？相信所有客户成功从业者以及订阅制公司的管理者都能从这本书中获得新启发。

我经常在平台公司组织的工作坊或陪跑公司的决策会议上，介绍国内外SaaS公司的最佳实践。但每次讲完我都强调，我们并不能复制别人的成功；我们能做的是理解案例背后的逻辑，结合自身实际情况加以运用。

这本书结合实践的结构化思维方式，正好给予我们建立自身独立思想体系的大量关键养分。这里为大家解读几个有启发的观点。

例如，书中提到"附加收益"这一词语，指的是在A公司喜欢你的产品的员工（在中国更多是管理者），在离职加入B公司之后，在B公司再次购买了你的产品。这里能看到To B与To C的不同，也说明企业服务是一条慢但更长的赛道。这个认知我们以前也有，但毕竟时间不够，能得到先跑十几年的硅谷SaaS公司的验证，其说服力得到了加强。

再如，书中提到一个有趣的观点——新产品发布的决策权应该给谁呢？糟糕的版本发布出去，哪个部门承受的痛苦最多，哪个部门就应该被赋予这个决策的权利。

现实世界中，我在很多公司都看到这样的"惨剧"：某次新版本发布后，客户常用的一个功能竟然被突然关闭了，客服热线被打爆，客户成功经理被埋怨。那么产品新版本的审查是否应该邀请这些"痛苦"的部门参与？

2022年，有一条我写的金句被"得到头条"引用——"一个好的商业机制胜过一万遍日常管理"。SaaS公司依赖续费生存，这个机制会牵引我们不断加强以客户为中心的决策、以客户成功为目的的行动。所以，客户成功部门不仅需要参与产品决策，这本书甚至提到要"赋予客户成功副总裁对正在进行的交易的否决权"。虽然即便在硅谷，该条建议也尚未被普遍应用，但这条建议确实能提升客户续约率，其思路值得我们参考。

如果我们从投资回报率的财务视角看待这个问题，也能得到相同结论：如果一个客户的获客成本很高［在国内中大客户的获客成本往往能占到首年ARR（年度经常性收入）的60%~80%，甚至有不少公司的平均水平超过了100%］，而其中某些客户续费的概率并不大，那么应该有人对这样明摆着会赔钱且坏口碑的新订单说"不"。

此外，我特别喜欢这本书中的实操案例和实操工具。书里提供了"客户健康元素清单""业务成果指标""整个业务的健康评分""CEO是否真正专注于客户成功的5个问题"等简单易用的工具，

甚至还有不少实操的具体内容：在对比信息充分与信息缺乏的两种情况下，客户成功经理给客户打电话的不同内容；一个ARR为4000万美元的SaaS企业，如何为21位客户成功经理分组和分工；列出该企业为一个客户提供启动服务的90天日程安排及遇到具体问题时做出的调整变化……

在阅读一本书或一篇文章时，我特别喜欢看到这样具体的内容。抽象的系统框架很好，但请给出具象化的场景，否则对读者来说，既难吸收，也难信服。

中国To B企业的客户成功之路还处于早期，还很漫长。关于客户成功管理，我坚信两点：

第一，对于SaaS或其他类型的订阅制公司来说，客户成功管理具有巨大的价值。订阅制的机制引导SaaS公司必须把客户成功作为最重要的目标，这与我说的"SaaS的本质是续费"拥有相同的底层逻辑。

第二，客户成功部门是SaaS公司组织的中心。产研部门能在此获得最真实的付费客户反馈，市场部门能在此获得最有深度的案例，销售部门创造的价值则必须在此延续。今年，随着融资难度剧增，SaaS圈里有优先削减客户成功岗位的小浪潮。如果CEO希望由此来实现降本增效，我个人觉得这是非常短视的——SaaS公司里每个业务部门都很重要，但客户成功部门是整个公司高效运转的中心。

今年恰逢中国SaaS公司回顾商业本质、回归精细经营的第二年，未来对SaaS的投资肯定还会兴起，但经历了这个周期，我们不会再回到从前只追求当期销售额的野蛮增长时代。而能令每家SaaS公司穿越这个周期进入新时代的，只有一件事情，就是帮助客户解决问题，帮助客户成功。

特在此推荐这本书，期待它能帮助中国的创业团队挣扎着走上客户成功之路。

吴昊

SaaS创业顾问

英文版序言

客户成功一词已成为当今商业世界的热门词汇。客户自然会期待它，商家也都以实现它为目标。但谁来决定它何时实现呢？如果你是一家真正以客户为中心的公司，这个问题以及所有其他问题的答案应该显而易见——"最终由客户决定。"

正如这本书所说的，云计算时代必然导致向真正的客户至上模式转变，同时也证明了客户满意度并不等同于客户成功。在订阅模式下，你要持续地努力去赢取客户。正确的状态是，每天都坚持不懈地关注客户的成功，而不是你自己的成功。每位客户都应该从供应商家那里获得令人惊叹的体验和坚定不移的成功承诺。但是，成功不可能是标准化的，了解这一点的公司更有机会收获最大回报。

采用客户至上的理念最终意味着倾听你的客户，并帮助客户接近他们的客户——特别是通过拥抱云、移动、社交和分析技术等。当然，真正以客户为中心意味着对客户尚未被满足的需求有深入了解。一旦了解了需求，你将拥有一个好的起点，就可以在此基础上制定战略、组建团队和建立机制，从而推动你组织中的客户成功。

作为Salesforce销售和客户成功总裁，我有一个独特的视角来观察客户成功的变化。16年前，Salesforce开创了客户成功的概念。它是马克·贝尼奥夫（Marc Benioff）愿景的核心，这么多年过去了，尽管公司客户越来越多，我们对客户成功的承诺与我们只有几个客户时丝毫未变。这个承诺源于一个事实：客户成功推动我们的一切工作。它不仅仅是一个想法或一个部门；它是我们的核心价值观，是每个人的工作。

在我任职于Salesforce的6年中，我们通过转型成积极主动、数据驱动的组织，从而进一步推动客户使用、客户采用和客户成功，这个过程使客户成功更加严谨。我的团队由近4000名专家组成，他们致力于帮客户从我们的产品中获得全部价值，并最终改变他们的业务。在任职期间，我目睹了以客户为中心的文化所带来的变革力量。我也见证了我们的客户通过使用我们的平台，以创新的方式与他们的客户联系，从而达到令人难以置信的业绩高度，同样见证了我们自己的成功。

在Salesforce工作期间，我见识到供应商和客户之间的相互忠诚，这在我之前从事技术工作的30年中从未见过。我完全相信这是因为我们愿意投资于客户成功，而客户也愿意与我们深度合作。这就是"态度忠诚"，借用这本书中的一句话：客户成功不是一个放之四海而皆准的主张，它正在以与支撑它的技术相同的速度加速发展。要想获得成功，就必须不断深入了解客户的情况，并根据他们的需求调整产品和服务。在Salesforce，我们通过增加专业知识、创新和智能来重构我们的产品，使客户的独特愿景得以实现。事实上，今天我们使用数据科学技术，包括大数据分析和复杂的商业智能，以加速实现时间价值，并最终实现成功。

与其他组织一样，客户成功团队也必须适应不断变化的商业环境。在我们的案例中，多年来，客户关系管理（Customer Relationship Management，CRM）系统已经从简单的销售自动化演变为更类似于客户平台的东西，涵盖销售、服务、营销、分析、应用程序和物联网。随着CRM定义和范围的扩大，Salesforce也在不断发展，从单一场景部署发展到运行于客户的整个公司。这就要求我们的客户成功团队改变策略——从关注个人部署的小组转变为在董事会有一席之地的组织，从而协助业务转型。

我经常被问及如何证明在客户成功方面进行的投资是合理的。我坚信，如果做得好，客户成功的回报是根本不需要论证的。它保证了公司原有业务规模，同时为更多的机会打开了大门，并在客户中找到我们的终身拥护者。客户成功可能是最好的优化销售和营销的引擎。正如本书所述，客户成功不仅是正确的事情，还是必要的商业行为。出于这个原因，我的团队要对客户使用、客户采用和最终的收入负责。我们的成功与客户的成功直接联系在一起。

我非常高兴地看到我们在Gainsight的合作伙伴在这本书中介绍了客户成功的历史，并分享了他们对这一成长学科的见解。这本书是一本很好的指南，可以帮助组织在日常业务中开始客户成功实践，并不断发展进步。对于以客户为中心的公司来说，这是一个不可思议的时代；对于那些能够通过客户的视角展望未来的人来说，机会无限。事实上，未来已在眼前。

玛丽亚·马丁内兹（Maria Martinez）

Salesforce销售和客户成功总裁

目录

第一部分
客户成功：历史、组织和必要性

第一章　经常性收入海啸：为什么客户成功突然变得至关重要　/ 002

第二章　客户成功战略：新型组织与传统商业模式　/ 023

第三章　传统非经常性收入业务的客户成功　/ 042

第二部分
客户成功十大法则

第四章　客户成功实践　/ 060

第五章　法则1：向正确的客户销售　/ 063

第六章　法则2：客户和供应商的自然趋势是渐行渐远　/ 072

第七章　法则3：客户期望你能让他们获得巨大成功　/ 082

第八章　法则4：不断监测和管理客户健康　/ 093

第九章　法则5：不能再依赖个人关系建立忠诚度　/ 103

第十章　法则6：产品是唯一可扩展的差异化因素　/ 114

第十一章　法则7：坚持提高价值实现的时效　/ 126

第十二章　法则8：深入了解客户衡量指标　/ 136

第十三章　法则9：通过硬指标推动客户成功　/ 147

第十四章　法则10：全公司自上而下的承诺　/ 158

第三部分
首席客户官、科技和未来

第十五章　首席客户官的兴起　/ 168

第十六章　客户成功技术　/ 182

第十七章　我们该何去何从　/ 198

后记　/ 211

第一部分

客户成功：历史、组织和必要性

第一章

经常性收入海啸：为什么客户成功突然变得至关重要

起源

2005年春天，马克·贝尼奥夫（Marc Benioff）召集他的副手们，在加州半月湾这个宁静的海滨小镇举行了一次场外会议。当时总部位于旧金山的Salesforce状况甚佳，其发展速度即使在科技领域也属罕见。经过5年的快速发展，公司于2004年6月成功上市。2004年下半年更是好消息不断：订单量增长了88%，近20000家客户购买了该公司的CRM解决方案，而两年前客户数量只有不到6000家。2004年年末Salesforce的市值达到了5亿美元。公司所有分析图表的走向都是向上和向右的，这也正是公司员工和投资者所期待的。

场外会议是非常典型的庆功会，庆祝公司的成功，随着市场的不断扩大，计划继续保持高速增长，大致描绘了辉煌的未来。随后戴维·邓普西（David

Dempsey）走上讲台发表的演讲为他赢得了"末日博士"的绰号。

2005年，出生于爱尔兰的邓普西已经在Salesforce工作了5年。之前他在甲骨文公司工作了11年，在互联网泡沫破灭之际转行。2000年年初，他和另两名甲骨文公司前高管找到贝尼奥夫，建议将Salesforce引入欧洲市场。经过几个月的谈判，交易得以达成。如今，邓普西是公司的高级副总裁和全球续约主管，与所有经常性收入业务的目标一样，续约业务占Salesforce年度订单量的70%~80%。2015年该业务的金额接近50亿美元。

当承担这种责任时，你就会迅速明白如何利用各种业务杠杆获得成功。伟大的销售领导者和首席执行官通过了解市场和业务，在他们的可控范围内采取必要的措施，以保持业务增长，从而成就了他们的事业。这可能需要进行重大的产品变革，开拓新的市场，或者采取很多其他策略。虽然多年来一直遵循着同样的总体蓝图，但对邓普西来说，这次的挑战明显不同。从来没有人做过他想做的事情。因为没有其他订阅制B2B公司达到过Salesforce的规模和增长速度，这也意味着在他之前，没有人需要像他那样了解软件续约的种种现象和细微差别。

软件续约与维护合同续约不同，在维护合同中，硬件或软件已经付款，被安装在数据中心并运行于业务的核心部分。顺便说一句，这让客户以不同方式成为供应商的"囚徒"。束缚的因素之一是硬件维护成本。如果硬件对客户公司的基础设施至关重要，那么在预期会出现故障的情况下，客户公司基本上需要支付保险费用。维护费用就是保险费用。更糟糕的是，硬件供应商通常在维护市场上占有绝对主动权，因为其经常升级和更换专有的硬件组件。当然，随着时间的推移，也会出现一些第三方公司，但原供应商始终保留至少90%的业务，竞争只不过是象征性的。软件维护对供应商来说是一项比软件销售更好的业务，因为只有它们才能够为专有软件提供升级和错误修复。因此，硬件或软件维护合同的续约其实就是走形式化流程，客户并无其他选择，可谈判空间也极小。

遗憾的是，如果将硬件维护合同续约场景直接应用于邓普西和Salesforce所处的SaaS世界，那将是最大的误导。

邓普西所负责的续约工作是一场战斗，不可能唾手可得。对于大多数SaaS产品，客户有多项选择。即使有了20000个客户，Salesforce的产品对客户来说仍然经常是"有了挺好"，而不是"必须有"，在一个新兴市场中总是如此，就像当时的CRM。SaaS产品续约最大的不同是，客户可以选择不续约，而且事实上选择不再续约的比率比维护合同不再续约的比率高得多。这是因为他们总是有其他选择。市场上的其他供应商提供较低转换成本的产品和更低的价格。客户并不像维护合同那样被"绑架"。这还只是在经常性收入商业模式下将权力从供应商转移到客户的众多方式之一，2005年的Salesforce也不例外。客户有选择权，他们可以选择竞争对手的解决方案，或者干脆完全不使用CRM，他们也行使了这种选择权。天啊，他们确实如此做了。

邓普西认清了这一现实，因为身为Salesforce全球续约主管，他当时的理解是其他人无法企及的。他给Salesforce其他高管团队成员带来了坏消息：尽管在外界看来，Salesforce光鲜亮丽，实际上其正处于濒临死亡的漩涡中。在亮眼的业绩和惊人的增长率之下，Salesforce业务存在一个根本性的缺陷，继续下去会带来致命灾难。罪魁祸首被概括为一个简单的词——流失。客户决定不再继续当你的客户，是流失；客户在经常性收入业务中负担过重，也是流失。这个简单的概念完全在我们今天的思考范围内，但在2005年，没有其他这个量级的订阅制B2B公司解决了流失问题。

Salesforce的流失率是8%，听起来没那么糟糕，直到你加上时间范围——每个月！你可以这样计算：按照每个月8%的流失率，相当于每年的客户几乎都流失了。自此Salesforce开始学习其他所有订阅制公司后来学到的东西（感谢Salesforce）。当客户快速从漏斗底部流失时，无论你向漏斗顶部注入多少业务量都难以维系真正的增长。当然，你仍然可以展示获取新客户的漂亮数据，这是一件不错的事情。但像Salesforce这样的公司，其经常性收入业务的魅力和价值在于增加全部现有客户的整体价值。这需要新的客户获取、高留存率和主动追加销售成果（向现有客户销售更多产品）共同发挥作用。只有当这三个"齿轮"都在工作时，公司才有健康的业务引擎，投资者才会树立信心和获得回报。

邓普西的演讲唤醒了贝尼奥夫，并在全公司范围内启动了关注、衡量和减少客户流失率的举措。一场简单的、基于事实的演讲在正确的时间传递了给正确的听众，并开启了一项运动，在十年后的今天这次运动已然成为所有经常性收入业务的一项准则和经营要义。"末日博士"有效地催生了客户成功运动。

态度忠诚与行为忠诚

客户成功最终取决于忠诚度。每个公司都需要忠诚的客户。像Salesforce这样以经常性收入业务为主的公司更需要忠诚的客户。获客的成本很高，甚至可以说非常高。因此无论你的市场有多大，客户维护都是必要的。试图收购一个高流失率的公司是一场必败的战役。因此，如果公司业务依赖于客户忠诚度，那么理解这个词的含义至关重要。

关于忠诚度的不同种类已经有很多书籍进行过描述。一般的共识是，忠诚度分两种——态度忠诚和行为忠诚，它们有时也被称为情感忠诚和智力忠诚。尽管从社会科学层面解释起来可能相当复杂，但前提很简单，即有的客户不得不忠诚（行为/智力），而有的客户是因为喜欢某个品牌或产品而忠诚（态度/情感）。作为供应商或品牌，后者更受欢迎，原因有很多：客户愿意支付更高的价格，不容易受到竞争对手的影响，更有可能为"他们的"品牌进行宣传，等等。在汉克杂货店购物的家庭主妇在行为上是忠诚的，因为30英里（1英里≈1.6千米）内只有这一家卖面包和牛奶，在态度上可能也很忠诚（汉克也许是她的丈夫），但从根本上说她的忠诚是因为她没有选择。这是一个极端的例子，但我们可能都对某种产品有行为上的忠诚。我90%的时间都在同一家加油站加油，因为那儿很方便，而且根据我极少的市场调研，价格也不错。但他们每天早上七点把信用卡刷卡机关闭10分钟的事实令人讨厌，因为那正是我赶去上班的时间。他们并不知道这给我造成的困扰，只有一天我向收银员表达了我的沮丧，仅他一个人知道而已。这实际上挑战了我态度上的忠诚。这家加油站还算幸运，因为目前便利性仍然是其优势。可是，如果附近有另一家加油站，就会有很大影响。如果两家价格相仿，而另一家信用卡刷卡机的关闭时间是下午三点而不是早上七点，或者根本不关闭刷卡机。那我的忠诚度就要受到严重挑战了。

态度忠诚更难培养和维持，因为成本很高。制造客户喜爱的产品而不是他们简单拥有的产品，是很昂贵的。要创造一种愉悦的体验而不是不疼不痒的无感体验，是很昂贵的。当我的女儿从高中毕业时，她需要一台笔记本电脑，是什么原因导致她非要坚持买一台Mac，而不是戴尔呢？事实上戴尔在功能上与Mac相当，价格上却要低得多。我与她进行的逻辑性对话没让她有丝毫动摇。尽管她也举不出Mac在速度、功能或质量方面占优势的证据，但她的心意已定，万分坚决。我仍然不知道为什么（但她确实得到了Mac），也许是因为身边耍酷的孩子们都用Mac，也许是因为她喜欢她的iPod，也许是因为她只是喜欢牛仔裤和黑色高领毛衣。老实说，我不知道。但现在我知道该怎么称呼这种情况了——态度忠诚，或者对她来说更恰当的说法是情感忠诚。而这正是我们企业都渴望的客户忠诚度。

很多报纸、书籍、电影都对苹果公司做了各种介绍和宣传，我就不再对这家公司进行描述了。它在提升客户忠诚度方面的做法甚至看起来像在变魔术，但显然不是魔术。苹果公司的产品、包装、广告和演示的质量都有相当的水准，它不仅创造了购买，也创造了一种体验，它以某种方式触动了客户情感的弦。史蒂夫·乔布斯（Steve Jobs）了解如何培养态度忠诚，算得上"前无古人，后无来者"。这简直是无价之宝。苹果公司忠实客户的狂热，助其度过了一个非常黑暗的时期，当时的产品不是很好，业务在悬崖边缘徘徊。但之后苹果公司另辟蹊径，几乎所有的忠实粉丝（有些甚至不是客户）都还在，而当苹果的产品开始和这种狂热的喜爱相匹配时，公司就迅速达到了顶峰（最有价值的公司）。

那么这与客户成功有什么关系呢？客户成功是为了培养客户的态度忠诚。马克·贝尼奥夫和Salesforce的高管们想通了这一点，在过去10年里，他们在客户成功方面投入了大量的时间和金钱。Salesforce早期并没有将行为忠诚作为一个选项，因为Salesforce永远不会是市场上的唯一玩家，而且客户黏性也不高。因为转换成本太高，客户从情感或财务角度也并没有在整合和流程上做过多投入。可以说今天很多Salesforce的客户还只是行为忠诚，因为产品已经处于其业务核心，很难被替换掉。但事实上其中许多客户在态度上也是忠诚的，如果你不相信的话，可以去看看Dreamforce（Salesforce的年度会议），那里充分体现了态度忠诚和行为忠诚。

史蒂夫·乔布斯也知道态度忠诚是至关重要的，除了用优雅和漂亮的产品来培养态度忠诚，他还投资于客户成功。作为营销大师，他想出了一个与众不同的名字——"天才吧"。当苹果公司决定建立零售商店时，反对者声势浩大。历史不是已经证明了计算机的零售商店是行不通的吗？乔布斯正确地寄希望于零售商店，因为对于品牌，至少是一个拥有核心狂热追随者的品牌，零售商店是有用的。当然，这么做最终获得了成功。人们可能会说，在新款iPhone发布前三天，苹果商店外排起的长队所带来的宣传值得所有商店的投资。但乔布斯更进一步。他没有满足于让商店只展示和销售苹果产品，每家苹果商店都安排了很多乐于助人的销售人员。他还为商店配备了客户成功经理。我们将在本书后面详细探讨客户成功经理的含义，对于其角色的简单定义是：帮助客户从产品中获得最大价值的人。这显然是苹果商店的"天才"（技术顾问）们所要做的。对苹果公司来说，每家商店配备10~20个技术顾问的成本并不低。正如我们所说，态度忠诚从来不便宜。但它改变了商家和客户之间关系的性质，使其变得个性化并延伸到购买之外。这是B2C公司或零售公司很少能够做到的。也许Zappos和Nordstrom通过强调客户服务做到了，也许亚马逊通过加入会员服务的方式做到了。但这不多见，我打赌你也想不到更多了。有趣的是，我们都知道苹果商店的一些"天才"根本就不是真正的天才。我们许多人甚至有着有令人沮丧的和"天才"沟通的经历。事实上，他们的存在是为了接触和帮助真正的客户，哪怕建立最微小的关系，也能推动客户的态度忠诚。这就是客户成功的艺术。大多数供应商并不像苹果公司那样从狂热和忠诚开始（顺便说一句，这是一把双刃剑），但我们迫切希望我们的客户成为拥护者，而不仅仅是客户。我们需要态度忠诚，而不仅仅是行为忠诚。客户成功是实现这一目标的手段。

因为要减少客户流失，马克·贝尼奥夫创造了客户成功。史蒂夫·乔布斯创造客户成功是出于他的直觉，即客户成功可以提高客户对苹果产品的态度忠诚。今天我们很幸运，可以追随两位偶像的脚步，他们证明了无论你是哪种商业模式，客户成功都是可行的。在经常性收入业务中，它可能看起来更明显，也更有必要，但在传统的消费者业务中，它的价值亦不容小觑。

左霆是Salesforce的第11位员工，他在半月湾的会议室里参加了"末日博士"的演讲，这并非巧合。他目前是Zuora的首席执行官，他在那里创造了订阅经济这个词语，用来描述传统业务转向经常性收入业务的颠覆性变化。尽管他可能不是第一个提出"在传统企业中，客户关系随着购买而结束，但在订阅业务中，客户关系从购买开始"说法的人。这是本质的区别，贝尼奥夫和乔布斯都意识到了这一点，并在这方面进行了大量的投资。贝尼奥夫创建了历史上最成功的订阅制软件公司。而乔布斯则率先将订阅思维和态度带入非订阅的业务中。在未来几年，许多其他传统公司将选择同样的道路，而对于经常性收入业务来说则别无选择。

订阅海啸

客户成功听起来像营销团队琢磨出来的一个响亮口号，或者公关公司为首席执行官设计的口头禅，让人觉得他真的很关心客户，对吧？但是，在今天的经常性收入业务中，客户成功不仅仅是一个响亮的口号或一次漂亮的营销活动。正如贝尼奥夫先生和Salesforce所证明的那样，它是所有订阅业务的必要组成部分，它的执行需要投资、关注和领导力。这不是"把客户放在第一位"或"客户就是上帝"的口惠而实不至。这些话听起来不错，但类似活动往往开始时轰轰烈烈，然后很快就烟消云散了，除非它们是由一个充满激情和有魅力的领导者或由商业需求来驱动的。正如我们将在本书中讨论的那样，客户成功完全属于后一种类型。一个充满激情或有魅力的领导者对客户成功有所帮助，但不是必需的，因为在订阅经济中，客户成功对于商家来说才是生死攸关的决定性因素。

真正的商业组织变革是罕见的。想想我们今天的组织结构——销售、营销、产品开发、财务和服务。几百年来，尽管商业世界发生了天翻地覆的变化，构成企业的基本部分仍然还是这些部门。有人可能争辩说人力资源是新事物，但现实是人力资源一直在运行，只是没有成为独立部门。就基本组织架构而言，信息技术（Information Technology，IT）可能是过去70年里唯一真正的新发明，显然是由于技术在我们工作中无处不在。客户成功正在成为下一个重大的组织变革。与IT一样，客户成功正在成为一种独立事物，这是由于商业模式变化造成的。订阅是大势所趋，从软件、音乐、电影到饮食节目全都在采取这种模式。要赢得投资人青睐，赢得市场，就要形成大量客户的月度经常性付费业务。华尔街和投资界喜欢的，首席执行官们就会喜欢。如果一项业务是不可订阅的，那么它就可能成为现收现付业务，会具备现收现付业务的特点和要求。订阅已经不是新事物，但现有业务从非订阅模式向订阅模式的转变肯定是新事物。每个人都在自身商业模式中寻求经常性收入业务，而且整个业务都是订阅制的当然好过只有部分业务是订阅制的。这场运动始于软件界，已经有15年的历史，但这块巨石引起的轰动已经波及了几乎所有其他行业。

因此，本书呼之欲出：订阅海啸飞速发展，对软件界产生了巨大的影响。客户成功运动就是订阅海啸带来的次生浪潮之一。但是，客户成功不仅是一个新的部门，也是一种理念，它席卷了非软件、非技术和非B2B公司。虽然直到最近才被明确定义而称为客户成功，但是实际上早已随处可见，正如苹果公司的故事所见证的那样，客户成功由技术和信息的可用性（互联网）驱动。无论你从事哪种业务，现在是时候了解如何应对这一浪潮了。让我们从探索B2B软件中客户成功的起源开始,因为这就是一切开始的地方。

《软件正在吞噬整个世界》,当马克·安德森(Marc Andreesen)在2011年首次写下这篇著名的文章时,人们对此还稍有争议。为什么软件正在吞噬世界?他的观念从最初被认为是大胆而超前的,到如今已经无可争议了。如果这是真的,那么至关重要的是,每位企业管理者都要了解硅谷现状。在过去的15年里,软件业经历了一场戏剧性的转型,而客户是这场转型的中心。这种变化是由互联网的普及和云的出现所推动的。事实上,我们走得越远,就越能清晰辨别上云前(Before Cloud,BC)和上云后(After Cloud,AC)的工作方式之间的区别。这种变化几乎改变了软件公司工作方式的方方面面,但通过客户的角度来理解是最合适的。特别是B2B软件上云前后的客户有以下两个主要区别:

- 购买软件的途径。
- 生命周期价值(Lifetime Value,LTV)的实现方式。

这两点密切相关。事实上,第一点是第二点的原因。更准确地说,购买过程中的主要区别不在于客户如何购买软件产品,而在于他们购买的是软件产品。上云前的时代与今天不同,那时的购买交易就是所有权的转移,即永久许可,在交易时将使用软件的所有权从商家转移给客户。由于这种交易只发生一次,商家需要在这唯一一次交易中将其货币价值最大化,以使其商业模式得以运作。结果是,首次购买软件的成本相对来说非常高,更不用说相关硬件成本了。对于软件公司,特别是B2B公司,这是唯一的盈利途径(是的,曾经有一段时间这很重要)。

音乐

用一个消费者场景来描述变化之巨大,可能会勾起你们中一些人的回忆。16岁的时候,我爱上了广播中听到的一首歌,皇后乐队的《波西米亚狂想曲》。这首歌很神奇,也很复杂,值得反复听(尽管我母亲可能不同意最后一点)。当时要想反复听歌，唯一途径是购买专辑（专辑名称《歌剧之夜》，如果你想了解的话）。于是我去了最近的音乐商店，花了16.99美元买了这个八轨磁带（如果你不知道，可以查一下）。对于当时的一个16岁孩子来说，这是一笔不小的花销。算下来，我为这首歌支付了17美元，为了听歌我还得配一套昂贵的立体声音响。你知道吧，就是3英尺（1英尺≈0.30米）高的扬声器，可以当作酒吧凳子的那种。这就是当时的情形——需要1000美元的立体声音响和17美元的专辑来听一首歌。这基本上是50年来消费者消费音乐的体验。除了格式和Napster外，我们消费音乐的方式的最重大变化要归功于苹果——可以在iTunes上以99美分购买一首歌。这对音乐行业来说是革命性的（它真正拉开了革命的序幕）。事实上，它从根本上永久地改变了行业面貌，但对标流媒体音乐服务，软件世界的革命性变化在Pandora和Spotify出现后才得以完成。听歌不用买专辑，可以租。而且可以看你一共要听多少首歌，总量大的话，每首歌的成本能降到几分钱甚至更少。我可以用电脑听无数次《波西米亚狂想曲》（电脑还是因其他原因买的）而只花几块钱。值得庆幸的是，伴随着耳机和便宜的小型随身听（PMP）的出现，父母们可以不用被迫跟着我们一起听音乐了。是什么推动了购买（或租赁）音乐的方式变化？答案就是技术和互联网，同样，这也是推动公司购买CRM系统的方式发生变化的原因。表1.1比较了音乐消费上云前后的变化。

表1.1 音乐消费上云前后的变化

比较项	上云前	上云后
所有权	专辑	无——租赁/订阅
价格	每首歌1美元	每首歌0.01美元
数量	15首	无数首
硬件	大型立体声音响	随身听/手机/电脑/耳机
硬件价格	大于1000美元	随身听50美元，如果已有设备，则为0美元
应用场所	家里/车上	任何场所

软件——Siebel与Salesforce的比较

在上云前,像Siebel这样的软件供应商做到数百万美元的订单是很常见的。供应商通过初始交易就从客户那里获得占整个生命周期价值50%以上的付款也是很正常的。最初,在软件维护费用独立结算之前,这一比例甚至可能超过80%或90%。将其与Salesforce的例子(上云后)进行对比,你就可以理解第二点——在更长的周期内从每个客户那里实现生命周期价值,表1.2比较了软件消费上云前后的变化。

表1.2 软件消费上云前后的变化

比较项	上云前	上云后
所有权	应用	无——租赁/订阅
价格	200万美元	2000~20000美元/每月
硬件	服务器 网络 存储器	包含在订阅中
硬件价格	200万美元	包含在订阅中
安装周期	9~24个月	0~6个月
使用者	多	少
应用场所	办公室	任何场所

不难理解发生了什么以及为什么。假设我是一家软件公司的首席执行官,我把我的解决方案以300万美元卖给你。这时候我很清楚,在整个客户生命周期内能继续从你那里赚到的钱最多也就50万美元了。鉴于这一现实,当你的300万美元进入我的银行账户时,你对我的价值就会急剧降低。这并不是说我和所有首席执行官都不关心客户。我们都知道,客户的价值超出了他们付给我们的费用——推荐、案例研究、口碑等都可以算作价值。但这些额外的价值,即使把未来购买更多产品、许可和维护费所带来的货币价值算进来,也不会改变我业务的根本生存能力。我仍然可以生存,甚至茁壮成长,完全基于我以同样的价格继续获取新客户的能力。我可能非常关心我的客户的成功,但如果他们是否获得价值甚至使用我的解决方案对利润并不重要,那我就不大可能为确保他们成功而进行大量投

资。正是这一现实导致了"冷板凳软件"一词的诞生，只是用厚脸皮的方式描述没有被客户使用的软件，这种情况今天依然存在。SaaS其实没有从根本上解决采用问题，只是重要性比以前高了。尽管很多B2B软件仍然被以旧的方式售卖，但潮流已经永远改变了。今天，绝大多数软件公司都使用新模式，在新模式下，软件实质上从未被购买，而是一直被租赁。有了SaaS这种新模式，客户并不拥有软件；他们以订阅的方式支付使用费，并有时限。很多软件公司以月为单位出租软件，也有一些公司以年或更长的时间为单位签订合同。但所有情况下，订阅都有一个结束日期，这就涉及续约。这就是订阅经济。客户不再预先一次性支付大笔的费用；相反，软件是以短期承诺的方式租赁的。另一波浪潮将订阅的概念向前推进了一步，变成现收现付模式。谷歌AdWords和亚马逊网络服务（AWS）就是现收现付的例子。在这两种模式中，客户都已经变得非常重要，因为他们的生命周期价值事关重大，而不仅仅是他们在最初交易中支付的费用。这就形成了组织的需求——客户成功。

简单地说，客户成功是旨在推动客户取得成功的部门或理念。这听起来非常明显，但正如我们前面提到的，曾经有一段时间，追求客户成功还不具备商业必要性。现在已经不是这样了，今天成功的经常性收入客户做了两件非常重要的事情：

- 他们仍然是你的客户。
- 他们从你那里购买更多的东西。

对今天的首席执行官来说，一个基本的现实是，如果他们的客户没有采取这两种行动，他们的企业就没有成功的机会，经济上也是行不通的。这就是为什么客户成功已成为当务之急。在我们简单了解了订阅经济的起源之后，我们再次回到这里。了解历史很重要，因为所有经常性收入公司都在追随最早的那些SaaS公司的脚步。

SaaS的诞生

1995年秋天,约翰·麦卡斯基(John McCaskey)走进加州帕洛阿尔托的斯坦福书店,买了几本书,其中包括《用HTML和CGI进行万维网编程的基础》《HTML和CGI的释放》《Perl编程》。当时,麦卡斯基是一位营销总监,为一家名为Silicon Graphics(SGI)的公司工作。尽管他有营销总监的头衔,但麦卡斯基骨子里是一名工程师,新书收藏不仅仅是一种爱好,他有更大的意图,即重新编写一个内部应用程序——SGI的营销社区用的比较少的叫作MYOB(Mine Your Own Business,挖掘自己的业务)的应用程序。MYOB是一个商业智能(Business Intelligence,BI)工具,目的是为营销人员提供有关其产品销售的精准分析。随着麦卡斯基的版本开始成形,它被称为MYOB Lite。

就在同一年,在城市的另一边,保罗·格雷厄姆(Paul Graham),自称是黑客和未来的硅谷偶像,和他的朋友罗伯特·莫里斯(Robert Morris)、特雷弗·布莱克威尔(Trevor Blackwell)正在创办一家名为Viaweb的公司。Viaweb也是他们的应用程序的名称,最初被称为Webgen,它允许用户在没有什么技术专业知识的情况下也能建立和托管自己的网上商店。

MYOB Lite和Viaweb都获得了巨大的成功。MYOB Lite因其易于访问和使用而在SGI火了起来,并迅速有500多名营销人员和管理人员使用。另一方面,Viaweb也获得了商业上的成功。到1996年年底,有70多家商店上线,到1997年年底,这个数字已经增加到500多。1998年7月,格雷厄姆和公司以5000万美元的雅虎股票作为对价出售了Viaweb,也就是后来的雅虎商店。他接着组建了Y Combinator,是一个非常成功的技术孵化器,从这里走出了许多伟大的公司,包括Dropbox和Airbnb。

除了在现实世界中都很成功并成就了其发明者,Viaweb和MYOB Lite还有一个非常重要的共同点,用户界面(User Interface,UI)仅由一个现成的网络浏览器组成。保罗·格雷厄姆将Viaweb称为应用服务提供商,而约翰·麦卡斯基的应用只是相当于轻量版的Business Objects（商务智能软件公司的产品套件）。换句话说，Viaweb和MYOB Lite是历史上第一批SaaS应用中的两个。SaaS是今天的术语，指的是不需要任何客户端软件的应用，用户端只需要网络浏览器就可以运行了。今天，有数以千计的SaaS应用，我们每天都在使用的Facebook、Dropbox、Amazon、eBay、Match.com、Salesforce.com，以及在过去五年中出现的几乎所有其他软件应用。但是，在1995年，这个概念是革命性的，并在软件行业引起了翻天覆地的变化。

SaaS真正改变了一切。软件的购买者现在不仅可以用租赁代替购买，还可以投入更少的资金（见表1.2）。此外，他们不再需要购买昂贵的硬件来运行软件，也不需要昂贵的数据中心来安装这些硬件。还记得我们之前讨论的那个昂贵的立体声音响吗？音乐领域的立体声音响就相当于软件领域的数据中心。他们也不需要支付昂贵的雇用员工的成本来运行这些数据中心和管理新软件。应用程序仍然在服务器上运行，但这些服务器现在由商家而不是客户拥有和维护，客户通过网络浏览器和URL就可以进行访问和操作。今天，提供托管和安全维护的几家公司已经整合了大多数这类数据中心，并根据需要提供扩展基础设施等便捷服务，所以软件供应商通常甚至不用再托管它们自己的软件了。这一关键任务通常被外包给亚马逊网络服务（AWS）和Rackspace等公司。

SaaS→订阅→客户成功

SaaS作为软件交付的新方式，直接导致了最核心的变化——基于订阅的许可。这在某种意义上说得通，如果客户不再需要购买硬件来运行应用程序，他们也不再必须购买软件。在过去，硬件、数据中心、安全和运行这一切所需的人员的所有成本都由客户承担。但是现在，供应商提供的整体解决方案中包含了所有这些元素，配合软件一并提供，这就为供应商的定价模式铺平了道路。在云计算之前，软件也一直由客户购买并拥有，即前面提到的"永久许可"。但是，互联网和SaaS交付模式的兴起提供了一个新选项，也就是仅租赁软件，现在对很多人来说已经是唯一的选项。今天，我们经常把这些订阅称为"软件订阅"，但实际上，客户通常按月或按年租赁的不仅是软件，还有运行软件所需的整个基础设施的组成部分。

这两个变化几乎同时发生，而且密不可分，但还是应该做出区分。SaaS只是一种交付模式，它允许应用程序通过网络浏览器运行，而不是以CD或数字方式交付给客户，让其在自己的电脑上运行。而订阅只是一种支付方式。这两个概念常常紧密地联系在一起，以至于今天提到SaaS几乎总是指交付模式和支付方式。

要描述这场变革的规模和它对软件业的影响之大，以及它在软件业之外产生的影响，怎么强调都不为过。SaaS（包含交付和支付两个概念）已经改变了从华尔街到梅因街的每个人对软件的看法。以金融业为例，SaaS需要重新考虑几乎所有关于公司财务报表的保存和报告方式。单纯的收入不再是重中之重，取而代之的是年度经常性收入（Annual Recurring Revenue，ARR）。在SaaS领域，公司成立后的头几年里，期望获得盈利已不再可行，因为获取并落地一个新客户所产生的前期成本非常高，而相应获得每月支付的费用却相对较少。但是，华尔街已经认识到这种不断增长的客户群的长期价值，即为使用软件月复一月、年复一年地支付费用。看看Salesforce、HubSpot和Box等上市SaaS公司的市值，并将它们与曾经是股票投资者衡量公司价值的主要指标——每股收益（Earnings Per Share，EPS）进行比较。刚才提到的那些公司的EPS大多不存在，因为还没有盈利。而这些公司的估值却从20亿美元到500亿美元不等，为什么？这是因为它们都有一批不断增长的客户群，这些客户从未停止过为软件支付费用，而且它们每年都在获得更多的利润。等一下，还记得我们在本书开头提到的Salesforce的故事吗？我们无法保证永远不会停止付款的客户群的不断增长。这就体现了客户成功的意义所在。

也许所有这些（SaaS作为交付模式和订阅作为支付方式）的最重要的影响

是，使B2B交易中的大部分权力从供应商转移到了客户。想一想吧，客户不再需要购买硬件或软件，建立和运行数据中心，或者雇用昂贵的人员来管理所有这些。他们只需从供应商那里整体打包租赁。这也意味着，他们几乎可以在任何时候停止使用软件和支付费用。对于客户来说，这极大地减少了前期成本并降低了应用新解决方案的风险，因为这些成本和风险都转移到了供应商身上。诚然，在更换SaaS解决方案时，通常还是有一些转换成本，但肯定没有像过去使用永久许可软件那么高。在极端情况下，用B2C来比喻，这就像从亚马逊转到巴诺（都是SaaS解决方案）去买一本书。如果你是亚马逊的客户，你可能已经给了它你的信用卡信息、你快递书籍需要的地址，加上你已经了解了如何浏览网站（产品）来寻找和购买你想要的东西，甚至到了可以一键购买和通过Prime"免费"送货的程度。这意味着决定在巴诺买书确实会给你带来一些痛苦。你必须弄清楚如何找到你想要的书，把它放在你的购物车里，然后通过结账程序，提供你的信用卡信息和送货地址。这可能不是非常痛苦，但也不会特别轻松。转换B2B软件解决方案的复杂性和成本要比个人消费的例子高得多，但是，正如我们前面所说的，比起以前，在企业服务领域的转换还是更容易操作的（也更有可能）。这种风险现在几乎完全由软件供应商承担。

互联网的兴起，以及对世界上几乎所有信息的便捷获取，是"罪魁祸首"。让我们拿购买新车的过程作为消费领域的另一个例子。过去，大部分买车的过程是由汽车公司，特别是销售人员控制的。我们从他那里了解到关于汽车的大部分情况。通过与他交谈，我们了解了汽车的特点和配置，以及哪些配置适用于哪种套餐。我们通过与他（和他的老板）交谈，才能谈妥最终价格。简言之，整个过程的控制权在很大程度上掌握在销售人员手中。现在快进到2015年，我们对意向汽车的研究是在互联网上完成的。如果愿意，我们甚至可以得到这款车的全部材料清单，我们可以对比各个经销商的价格，这款汽车的价值在第一年或第二年会折旧多少，经销商会从制造商那里得到多少佣金，甚至可能包括销售人员都不知道的信息，比如我们的10个Facebook朋友都喜欢这款车。当我们决定去停车场进行试驾时，我们比销售人员更了解这款车。互联网已经将权力从经销商和销售人员手中转移到我们手中。这是颠覆性的、革命性的。

购买B2B软件的过程也以同样的方式被不可逆转地改变了。前期费用更低了，资源需求减少了，承诺水平降低了，而且转换成本也比过去低得多。此外，你也不乏机会接触到其他已经购买和使用该解决方案的人，其中许多人你可能已经认识。再次强调，权力以一种戏剧性的方式从卖方转移到买方。

这难道不是世界应有的运行方式吗？难道买方不应该比卖方更有控制权吗？解决方案不就应该为客户工作，从而促使客户继续为其付费吗？如果你选择转换到你认为更好的解决方案，难道不应该相对容易吗？难道供应商不应该持续努力去赢得你的生意吗？当然，当然，当然。这就是零售世界一直以来的运作方式。如果你不喜欢在梅西百货的购物体验，或者你认为在那里花的钱不值得，那么你可以选择不再光顾。你不会因为三年前签了合同并支付了32000美元而被锁定在从梅西百货购买所有的衣服。你完全可以直接走到科尔士百货试一下。你的梅西百货的信用卡在那里无法使用，比起更好的解决方案或更好的体验，信用卡问题就是不值一提的小事儿了。

让我们稍作停歇，快速学习一下SaaS的数据教程，因为它与本书的其他内容息息相关。我们在前面提到，ARR是衡量SaaS公司业务的主要标准。ARR指年度经常性收入。它也经常被称为年度合同价值（Annual Contract Value，ACV）。无论哪种称呼，都是客户愿意为软件经常性支付的年化金额。如果一家公司有20个客户，每个客户每月都支付1000美元，那么该公司的ARR就是24（20×1000×12）万美元。如果一家公司有6个客户，每个客户的两年合同价值为200万美元，该公司的ARR为600（6×200÷2）万美元。公司的总ARR或ACV是对现有客户的年化价值的评估。许多公司按月而不是按年看这些数据，这被称为月度经常性收入（Monthly Recurring Revenue，MRR）。

这并不是要给你上SaaS经济的MBA课，但有必要告诉你一件事，因为它促成了本书，那就是现有客户群的价值变化。在完全可预测的情况下，还用我们之前的例子，假设公司的20个或6个客户继续维持客户身份，每年支付12000美元或100万美元。现在这是完全可预测的，但这种预测并不绝对完美。在完美预测的情况下，这些客户实际上每年都会付给你更多的钱，要么是因为价格上涨，折扣下降，扩大了购买规模，要么因为他们又向你购买了其他产品。这就解释了为什么一家拥有原本600万美元ARR的公司可以不用向新客户推销，就能成为一家拥有800万美元ARR的公司。这是订阅制公司的一个重要且基本的成功元素——提高现有客户的价值。

遗憾的是，与生活中的大多数事情一样，这也是把双刃剑。现有客户的价值也有缩减的可能。客户可以决定他们不再继续当你的客户（Salesforce的故事），他们可以在续签合同时争取更多的折扣；或者客户可能继续当你的客户，但会取消部分产品或账号的订阅。所有这些行为都会减少你公司的ARR。这些被统称为流失。流失以美元为单位来衡量，曾经是ARR的一部分，但现在不是了。流失也经常用来描述丢掉的客户。从广义上讲，ARR减少通常是指金额的流失。

那么，我们终于接近了问题的核心——管理现有客户。提高经常性收入，并减少流失。世界上没有天上掉馅饼的好事儿，如果双方都不采取任何行动，客户和供应商往往会渐行渐远。它们就像湖中央并排的两只船，在没有人控制的情况下，两只船不可能保持并排，最终一定会分道扬镳。要想让两只船尽量靠近，至少要有人在其中一只船上控制船桨，最好是两只船上都有人。在SaaS世界里，以及所有经常性收入业务中，这不再仅仅是一个好的想法和提议，而是当务之急。

对于供应商来说，SaaS最显著的优势也许是它会为你的产品扩展市场。由于前期成本大幅降低和价值实现周期大大缩短，越来越多的公司成为目标市场的一部分。没什么事情比扩大市场更能给公司带来增值的了。再以Salesforce为例，我们已经谈到了成本部分，那么价值实现周期的公式呢？2002年，Siebel的实施很可能需要18个月或更长时间。建立数据中心、安装硬件都需要很长时间，更不要说那些复杂的安装、配置和应用程序定制，这些都是落地实施的一部分。能在18个月内完成这些已经非常幸运了。但Salesforce可不用这么久，你可以登录Salesforce的网站，刷信用卡，拿到登录账号，在不到一小时内搞定账户设置、联系人和商机录入系统。部署CRM系统只需60分钟？这在SaaS之前是无法想象的。Salesforce把这个想法发挥到了极致，甚至把"无软件"的概念纳入了其商标之中（见图1.1）。

图1.1　无软件标志

包括NetSuite在内的其他较早进入SaaS模式的公司，它们也站在保罗·格雷厄姆的肩膀上，在自己的公司里运行这种新模式。尽管同时期还有其他SaaS公司不断涌现，Salesforce的成功和独特风格更能引起了人们的注意，毫无疑问，2004年Salesforce的首次公开募股充分证明了软件商业模式已经彻底改变。投资者认可Salesforce，并不是因为SaaS的想法标新立异，而是因为这个模式运行起来是有效的。但是，正如我们讨论过的，要使它真正发挥作用，必须控制客户流失，而控制客户流失的工具被称为客户成功。当SaaS最成功的公司建立了一个客户成功团队并开始公开谈论它时，这等于允许所有其他订阅制公司也这样做。客户成功运动也就此拉开序幕。

正如我们前面提到的，在SaaS和订阅制风靡之前的日子里，B2B软件是以永久许可为基础进行销售的，这意味着大额预付款。有了SaaS，这个模式就被颠覆了。客户给SaaS公司的首次付款金额低于该客户生命周期价值的10%，这种情况并不少见。在按月订阅业务的情况下，这个数字甚至可能低于1%。让我们看看一个以年度合同提供软件服务的供应商，比如一个客户预付了第一年的费用，金额为25000美元，现在假设该客户保持8年的客户身份。这意味着双方会续签7次为期一年的合同，如果供应商通过涨价或销售其他产品和许可实现了7%的年增长率，你会发现该客户的生命周期价值将超过首次付款的10倍。这就是我们一直在讨论的生命周期价值的定义。生命周期价值是客户在与供应商关系存续期间支付的总金额（或预计总金额）。生命周期价值是SaaS公司成功与否的另一个关键指标。

对于大多数软件公司来说，新客的获取成本是非常高的。取得线索，然后将线索转交给成本较高的销售团队并完成潜在客户向真正客户的转化，在此过程中支付的所有营销费用都要算进来。此外，若要客户上线并运行全套配置的解决方案，相应的费用可能会更高，而且显然这类费用的前端权重更大。在大多数情况下，需要24个月或更久时间的订阅收入才能收回获客和上线的成本。如果是按年订阅的，通常情况下，客户需要与供应商续约至少两次，才能使供应商达到收支平衡并开始盈利。客户流失大大加剧了这一挑战。而且由于上线和调试的复杂性，大多数流失发生在前两年，降低客户流失率变得迫在眉睫。SaaS公司的首席执行官们很快就了解到，"客户为王"，需要真正的投入帮助客户成功，才能长期留住客户。这是所有经常性收入业务的迫切的财务需求，也是客户成功的推动力。

客户成功实际上是三个不同但密切相关的概念。

- 部门。
- 学科。
- 理念。

就其本质而言，客户成功是一个专注于客户体验的部门，其目标是最大限度地提高客户留存率和生命周期价值。只有有效地做到这一点，订阅制公司才能生存，而市场主导权只属于那些在这方面做得非常好的公司。

客户成功也已经成为一门新的学科。就像其他学科一样——销售、产品管理或客户支持——大家开始组织一些团体、论坛、最佳实践讨论和会议，以支持和培养这一新职业及其从业人员，使其与成功公司中的其他重要角色一同发挥作用。从事客户成功学科实践的人通常被称为客户成功经理（Customer Success Manager，CSM），它还有其他各种头衔，包括客户经理、客户关系经理、客户代言人和客户专家等。在本书中，我们通常用客户成功经理统称所有这些头衔。

最后，客户成功也是一种理念，需要在整个公司普及的理念。任何组织或职能都不可能建立在真空中，客户成功可能是最好的例子。需要自上而下的、整个公司层面的投入才能真正取得世界级水平的客户成功。

这也是本书的剩余内容会继续关注的三个概念。

第二章

客户成功战略：新型组织与传统商业模式

为什么客户成功很重要

在深入探讨客户成功的组织方面之前，我们先谈谈推动投入的预期结果。这一点之所以重要，是因为你组织客户成功的方式往往会由你主要动机所驱动。实施客户成功有三个基本好处。

- 减少/管理流失。
- 促使现有客户的合同价值增加。
- 改善客户体验和客户满意度。

减少/管理流失。正如我们在第一章所探讨的，以Salesforce的早期发展为例，客户流失可能是经常性收入业务的致命杀手。如果客户流失率太高，投资客户成功可以成为一个有效的解决办法。重要的是要明白，投资客户成功不能弥补公司其他方面的根本性缺陷。如果你的产品不够好，或者你的实施过程无法满足客户的要求，或者你的销售团队不断地设置不合理的预期，那么无论你的客户成功工作的质量如何，你都会失败。这里说的是，在所有竞争条件相同的情况下，对提供客户成功的人员、流程和技术的投资将有效降低流失率（如果流失率太高），并减少对流失管理的投入（如果流失率达到或接近可接受的和可持续的水平）。具体的经济效益将取决于你现有已安装产品的总用户基础规模。

客户流失的负面影响不仅仅是财务结果。公司是由人组成的，当客户出现流失时，人也会受到影响。这些人认识其他人，负面信息会迅速传播。如果你的产品涉及很多人，或者被很多人使用，那么负面影响甚至可能像病毒一样传播。还有一种很大的可能性，流失的客户会去你的竞争对手那里购买产品。这意味着你被扣了两次分。这就像在宾夕法尼亚州的比赛中输给要追分的球队一样：你们输了一场，他们赢了一场。这是一个双重打击，在竞争激烈的市场中令人非常痛苦，当这个前客户成为你竞争对手的客户（他们会不惜一切代价来实现这一目标）时，情况会进一步恶化。这些都是负面的附加效应。我们会很快谈及积极的附加效应。

推动现有客户的合同价值增加。这通常被称为向上销售和交叉销售，但这些术语对不同人来说可能会有不同的意义，所以我尽可能避免使用。简单地说，这意味着向你的现有客户销售更多的东西（经常性收入类产品）。有些公司没有流失的问题，因为它们的产品本身就很有黏性，或者因为运行这些产品需要非常高的费用并消耗很多精力。Workday可以说是后一种情况的一个典型案例。其客户中很少有流失的。但这并不意味着客户成功是不必要的或不重要的。Workday在客户成功方面也进行了大量投资，以确保避免任何可能的客户流失，更具体地说，是为了从现有客户的基础上为公司获取更多的订单/收入。假设一家公司，其客户的支出或合同价值平均增长率为每年30%。这是一个非常积极的指标，但它也引发了对那些增长率只有10%的客户的有趣看法。这些客户没有流失，事实上，这些客户的净留存率也达到了110%。即便是这个平均值，许多公司也要非常努力才能达到。然而，对于这家公司和这个客户来说，与平均水平相比，显然还有可观的收入可以去争取。因为事实证明，普通客户（不仅仅是优秀的客户）的增长率都达到了30%，所以我们有理由认为，针对那些低于平均水平的客户采用客户成功方法，会使他们更接近平均水平。在这样的情况下，你基本上要把那20%的差额当作流失率，并积极地寻求补救措施。如果你现有的客户群足够大，将整体净留存率从130%提高到137%，就将产生重大的利润贡献。将客户的净留存率从110%提高到130%将产生确切的影响，并可能很容易验证增加客户成功投资的合理性。同样重要的是要明白，在这个例子中所获得的额外收入会比获取新客户的成本低得多，因为没有相关的营销费用，销售费用也必定会相应减少。

改善客户体验和客户满意度。亚当·米勒（Adam Miller）是Cornerstone OnDemand的首席执行官，这是一家非常成功的经常性收入公司。他最近告诉我，他并不试图从财务上证明自己在客户成功方面的重大投资是合理的。他热衷于兑现公司对客户的价值承诺，客户成功正是他实现这一目标的工具，因此他只是将客户成功团队的成本纳入毛利率模型管理。几乎可以肯定的是，客户成功方面的投资给Cornerstone OnDemand带来了财务回报，虽然亚当·米勒最初并不是为了追求财务回报而进行客户成功方面的投资的。

还有一个附加收益的概念，它通常源于客户留存和客户满意度。大多数公司没有在它们的财务模型中衡量和核算这一点，只是简单体现为额外的销售额。但这是客户成功的直接结果。Adobe Echosign的前首席执行官杰森·莱姆金（Jason Lemkin）创造了附加收益这一词语，并将客户多达50%~100%生命周期增量归因于此。这个理论简单且合乎逻辑。

- 约翰喜欢你的产品，他离开A公司之后加入了B公司，在B公司再次购买了你的产品。
- 约翰喜欢你的产品，并告诉了三个朋友，其中一些人最终也购买了你的产品。

这两种情况实际上比较容易量化，应该努力去衡量。除此以外，还有很多其他方式可以对建立态度忠诚产生积极影响——推荐、正面评价、口碑等。真正的客户满意可以像病毒一样传播。

客户成功是根本性的组织变革

正如第一章所提到的，企业最高层发生真正的组织变革实际上是非常罕见的。虽然重组已经成了很多商务人士津津乐道的生活方式，但实际上，企业的基本组织结构多年来并没有发生太大变化：

- 产品设计。
- 产品制造。
- 产品需求创造。
- 产品销售。
- 安装/维修保养。
- 财务。

在过去40年里，这个标准的组织结构只发生了一个重大变化——增加了IT部门。今天，没有一家企业的运营不需要深度依赖技术，而这种对技术的依赖就需要单独成立一个部门来管理。这意味着今天大多数企业的组织结构图看起来是这样的（见图2.1）。

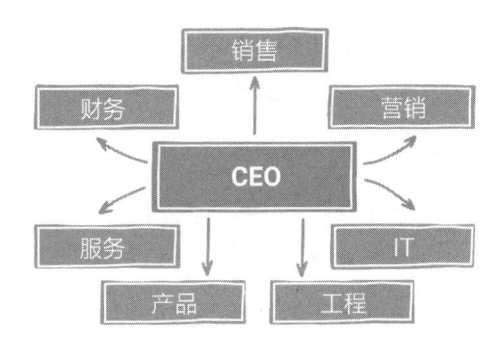

图2.1 企业组织结构

基于在第一章中已经探讨过的所有原因，客户成功现在已经进入了我们的视野。这绝对不是"换汤不换药",给同样的工作扣一顶不同的帽子,虽然这种事情时有发生。但是,要成立新的部门是另一回事,只有当一些关键的驱动因素聚集在一起时,新的部门才会成立,而且通常这些驱动因素中的一个或多个是影响许多甚至所有公司的外部力量。成立IT部门以支持蓬勃发展的技术爆炸就是一个完美的例子。现在,同样的事情也发生在客户成功身上。三个关键的驱动因素必须存在:

- 业务依赖性。
- 新技能。
- 行为和衡量标准。

业务依赖性。 我们在第一章中概述了客户成功如何发展到对业务至关重要的地步。当你依靠客户的生命周期价值,而不仅仅是一次性的销售活动,来实现长期的业务成功时,它就改变了一切。人员、技术、投资和注意力都集中在这部分业务,其结果之一就是成立一个新的部门。

新技能。 与IT一样,客户成功需要一套新的技能。你不能随便把一个聪明的工程师放到首席信息官的位子上,并期望她自然而然地就可以管理企业的所有技术、必要流程和安全,进而提供必要的商业价值。显然不可能这么简单,客户成功也一样。如果不存在管理客户健康的业务需求,企业就不会有人分析可用的数据以区分健康和非健康客户,也不会有人有动力积极对接那些看起来需要帮助或有潜力的客户,甚至可能没有人知道如何衡量客户流失率、留存率、客户增长率或客户满意度,需要关注哪些更无从谈起。企业必须拥有处理以上情况的能力,但仅仅有能力还不够,这些能力需要被转换为具体的技能才可以真正发挥效用。

活动和衡量标准。 定义新部门的一个重要方面应该包括规范活动内容以及建立评估体系。客户成功两者都需要,缺一不可。必须决定关键衡量标准是什么,以评估最终结果成功与否:

- 总续订率。
- 净留存率。

- 适用率。
- 客户健康度。
- 客户流失率。
- 向上销售。
- 向下销售。
- 净推荐值（Net Promoter Score，NPS）。

然后是为达到如上标准的具体活动：

- 健康检查。
- 季度业务复盘。
- 主动外拓。
- 教育/培训。
- 健康评分。
- 风险缓释流程。

其中一些活动之前可能在某些重要节点曾经实施过，但通常是一次性的。整体来说，除了少数成熟的SaaS公司，这些活动还没有协调统一，没有明确的成功衡量标准。扩大的组织结构如图2.2所示。

图2.2 扩大的组织结构

当然，仅仅在组织结构图上创建一个新的方框是不够的，即便你安排非常聪明的人在相应的职位上，并给他们提供衡量标准和活动建议，也是不够的。因为没有一个部门可以孤立存在，所以让我们讨论一下使这个新部门在整个企业中发挥作用的关键。

我们首先要在术语方面达成共识。客户成功是我们在本书中使用的术语，因为它是行业中的流行语。但是，我们要知道它并不是用来描述关注客户续约的唯一术语。关于客户成功的含义，各公司之间甚至没有一致的说法。正如我们在第一章提到的，客户成功是一种理念，也是一个特定的部门。作为一种理念，它通常会形成图2.3所示的结构。

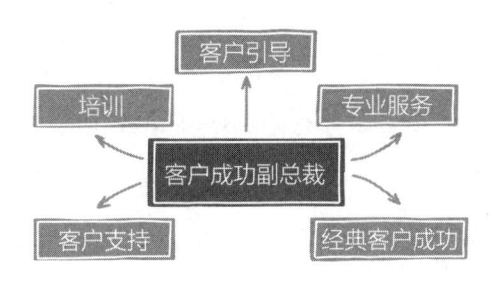

图2.3 以客户成功为理念指导进行部门工作

在这个例子中你可以看到，客户成功是用来描述整个售后世界的总括性词语。这是一个响亮的、有意义的术语，因为大多数公司的目标确实是帮助客户获取成功。用它来为整个部门命名，明确体现出组织的核心目标和价值取向，同时为客户和员工设定正确的期望。首席执行官和董事会大都追求或者表现出来要以客户为中心，这样一来，他们会倾向于支持这一部门。

你可能也注意到了客户成功组织架构中有一个方框，标有"经典客户成功"字样。我使用这个词语是为了将客户成功的理念与组织中拥有该头衔的人区分开来，这些人为了推动客户成功脚踏实地地做着艰苦的工作。我使用"经典"这个词是因为Salesforce公司和许多其他公司最初使用客户成功这个词，是为了描述一项非常具体的工作，以及由从事这项工作的人员组成的部门。

客户成功不是什么

正如我所提到的，还有一些其他的术语用来描述企业内部关注客户续约的部门或工作，它们也关注客户，旨在改善客户的体验，增加客户从供应商那里获得的价值。在大多数情况下，这些术语与客户成功并不相同，但在某些方面可能会有重叠，因此，如果你要想了解客户成功，就必须了解其他术语。正是因为客户成功是热议的话题，相应的部门或工作的存在感也大大提升了，难免会造成一些理解上的混淆。

客户体验（Customer Experience，CE）。客户体验通常是指对客户生命周期中的整体体验的评估和管理。这包括了解和管理客户在与供应商的每个接触点上的体验，包含销售、客户引导、开具发票、客户支持、续约等，而这些行为通常由调查结果来驱动或衡量。许多公司，如Satmetrix，已经成功地围绕客户体验建立了整个业务。客户体验是一门学科，它包含技术解决方案、最佳实践和会议。因为客户满意度调查通常是衡量整体客户健康状况的一部分，所以客户成功和客户体验之间会有些许重叠。

客户关系管理（Customer Relationship Management，CRM）。CRM被广泛用于描述解决方案的市场空间，如Salesforce、Microsoft Dynamics、Oracle CRM（Siebel Systems）等。事实上，Salesforce的股票代码就是CRM。这是一个主要用于描述市场的术语，而不是特定的角色或学科，但它无处不在，通常被视为包含了客户成功管理，或者说客户成功管理只是CRM的一个分支。如果没被用作定义别的事物，CRM用来表述客户成功管理倒是非常精准的。但在今天的情况下，二者的概念肯定不是一回事了。

客户宣传（Customer Advocacy）。客户宣传最常被用来描述满意和成功的客户起到的关键作用，如通过推荐、案例研究、正面评价和用户群参与等行为来推动供应商的商业进程。Influitive等行业、科学和技术解决方案正是围绕着客户宣传的理念而建立的，客户宣传与客户成功是平行和互补的。如果客户成功被定义为管理客户健康，那么客户宣传就是评估客户健康的某个方面的相关数据的来源。客户宣传也可能是那些拥有高健康分数的客户的输出。可以由此推断，客户成功和客户宣传很有可能相互作用而形成一个良性循环。

客户成功不是客户支持

还有一个与客户成功有关但存在区别的关键部门，值得我们花几分钟讨论一下，就是客户支持。客户支持是一个已经存在了很长时间的部门。对客户支持工作的描述几乎总是以"故障/修复"为中心的。当产品运行出了问题或与你的预期有较大差距时，你可以通过电话、聊天窗口、电子邮件寻求支持。这个接触点对于客户的整体体验至关重要。你是否经常听到有客户抱怨等待时间过长或最终交涉的人丝毫不起作用？对于我们的许多客户，特别是消费者，这是与供应商的主要接触点。正因为如此，客户体验人员将大量注意力放在客户支持上。而在讨论客户成功时，客户支持会特别容易和客户成功混淆，原因有很多。其中一个原因是它们听起来很相似，不仅仅是单词和缩写，引申含义也类似。客户成功不就是客户支持的新时代说法吗？虽然很容易就会得到这种错误的结论，但实际上答案是否定的。

技能上的重叠也是造成混淆的原因之一。客户期望支持人员是产品专家，对客户成功经理的期望也是如此。这两种角色都需要良好的待客技能（个性、耐心、助人欲望、脸皮厚等）。同时，两者也同样需要拥有解决问题这一有效技能。

造成混淆的另一个原因是一个简单的逻辑："如果我们已经有一个了解我们产品并在客户需要时提供帮助的团队，为什么我们还需要第二个具有这些技能的团队，去做基本同样的事情？"

要组建一个成功的客户成功团队，需要明确划分其与客户支持团队之间的责任界限。表2.1中的几个标准可以帮助区分这两个团队。

表2.1 客户成功团队与客户支持团队的区别

标准	客户成功团队	客户支持团队
财务	收入驱动	成本中心
行为	主动	被动
指标体系	成功导向	效率导向
模型	分析型	人员密集型
目标	预测性	响应性

这两个团队并非同一主题的不同变体，实际上两者在很多重要的方面都是相互矛盾的。

通常来说，由于这些相似之处，客户成功团队最初是在客户支持团队内部形成的。但由于前面列出的这些显著的区别，这条路基本不会成功。常见的结果是，客户成功成为一种高端的支持服务。强化支持服务是一件非常好的事情，但这并不是客户成功。它们通常为客户提供积极的支持元素，如改进服务水平协议、增加支持时间、进行多维度支持、指定联系点、直接访问二级支持等。这些都是非常好的事情，客户应该而且也确实为此付出了额外的费用，但它们仍然不是客户成功。它们主要是对客户提出的问题的回应，最终将由效率（结案/天/坐席代表的数量）驱动。相反，客户成功则先行一步，通过使用数据来主动预测和避免客户的这些问题，客户成功可通过留存率来衡量。

对一家公司来说，这两个团队缺一不可。这里的忠告只是为了强调，它们不是为了完成相同的目标而设置的，两个团队相对独立会比混在一起更好。当然，这两个团队应该紧密配合，并在很多客户场景下积极协作，但至少在最初，分开是很有必要的，需要将客户成功相关的原则和流程正规化，而不是被动地受客户支持团队的影响。

客户成功是什么

现在我们已经解决了一些潜在的困惑，是时候超越简单的组织结构，谈谈如何使以客户成功为中心的企业真正成功了。我们首先要详细说明前面提到的区分客户成功与客户支持的标准。这有助于你了解需要什么样的人去领导这个团队，以及团队中每个角色的具体特点。

客户成功的标准

收入驱动——管理经常性收入业务的客户群意味着对公司财务表现负主要责

任，客户成功团队会以两种方式推动收入增长。

1.续约（或避免流失）。续约是一项销售交易，无论它是明确的（签署合同）还是隐含的（自动续约或不选择退出）。作为消费者，我们同我们的手机供应商所处的是同一个世界。在任何时候选择退出都是我们的一种选择。如果我们签订了两年的合同，中途退出可能会有罚款，但这仍然是一个备选项。如果我们没有签订任何形式的合同，那么我们可以在任何时候选择退出，而不会受到惩罚。在这两种情况下，只要我们不更换供应商，事实上每个月都会有隐含的销售发生。负责确保我们不选择退出的团队就是我们在本书中通常所说的客户成功团队，也是许多B2B公司所说的客户成功。美国电话电报公司（AT&T）或威瑞森通信公司（Verizon）可能不称其为客户成功，但这些组织中肯定有一些团队分析数据并试图避免或减小他们在特定客户或整个客户群中发现的风险。

2.向上销售。向上销售是指从供应商处购买更多产品的行为。以手机为例，当你购买更昂贵的套餐时，如无限制的国际电话业务或无限制的短信业务，就属于接受了向上销售。向上销售增加了你与供应商之间的合同的价值。同类销售也发生在B2B世界中。

在很多情况下，客户成功团队可能不会实际执行销售交易，无论是续约还是向上销售。通常会有专门的销售团队负责合同谈判和最终的合同签署。但是，即便销售交易不是由客户成功团队执行的，也是由他们促成的。重复我们以前说过的话，成功的客户做两件事：（1）留存（续约或不选择退出）；（2）从你那里购买更多的产品。因为客户成功工作是确保客户从你的产品中获得成功，所以客户成功团队是一个增收的团队。这意味着团队成员即使没有直接的销售经验，至少也要是精通销售的人。

主动——这与客户支持有很大的不同，在客户支持中，无论是电话、聊天请求、电子邮件还是推特，大都是对收到的客户请求做出反应。客户成功团队则是通过数据和分析了解客户状态，如果他们看上去可能有风险，或者可能有向上销售的机会，又或者有像季度业务会议这种定期活动，那就可以根据这些信息来确定要联系哪些客户。主动地、小心地把那些整个生命周期都在被动应对的人带入客户成功。这一转变是可以实现的，但过程艰难。

成功导向——成功导向的指标推动公司财务营收（预订量或收入）。新业务销售显然是一个成功指标。在客户成功的世界里，关键指标永远是续订率、向上销售率、客户总体增长率。效率指标则大不相同：其重点在于降低成本而不是增加收入。将新车的装配时间缩短1天就是一个典型的效率指标。如果汽车公司产量很高，缩短单位车辆装配时间对公司有巨大的价值，但这并不会直接提高产品销量。效率专家并不一定会在增收和获客方面同样成功。

分析型——大多数企业和组织是由分析驱动的，但客户成功是由前瞻性、预测性分析驱动的。这里的销售分析是帮助你识别销售漏斗中的最佳机会，并以此为依据采取行动。分析同样通过预测客户流失或向上销售等结果来推动客户成功，促使团队时间消耗更加优化。专家花在满足客户需求上的时间通常会产生好的结果，表现为更高的客户满意度和更多的推荐。但这可能比不上花在挣扎去留的客户身上的时间更有价值，因为后者更有助于确保留住客户。以正确的预测数据为核心的分析，对于推动形成有效的客户成功团队至关重要。

预测性——预测性应当成为客户成功的重点，不仅是分析方法和分析实操的重点，也应当是团队人员的重点。请记住，相反的角度是机械响应。提高你的响应能力是一件好事情，特别是当涉及客户时。他们会很感激，而且这使得双方有更好的整体体验。但是，预测性使这一做法更进一步——在客户给你电话寻求帮助之前，你已经就弄清楚该和谁谈谈了。

客户成功的跨职能影响

通过新团队的运行来创造良好的整体组织健康，首先需要认识到的是，客户成功不仅仅是理论概念。它必须成为一种理念，渗透到整个公司和文化的各个方面。比起其他部门，客户成功部门与职能部门的联系更加密切。无论你是否经营经常性收入业务，如果你真正致力于将客户成功作为业务的主要支柱，那么公司的每个部门都必须致力于此，激励机制也要以此为基础建立。

让我们来考虑一下激励机制。确保公司所有部门真正致力于客户成功的一个方法是采用适当的激励机制。大多数公司都有高管奖金计划，很多公司也都有针对大多数员工（可能不是全部）的奖金计划。在这两种情况下，奖金可能与公司的整体成功挂钩。这意味着有人，可能是首席执行官，经由董事会批准，来确定衡量公司成功的标准，进一步确定适当的奖金金额。有的公司可能以销售增长为标准；有的公司可能以盈利能力为标准；在某些以客户成功为导向的公司，这类标准也包括续约指标。一个极为有效的计划应该含有两个因素：总营业收入/业务（销售）增长和留存。如果每个员工，尤其是高管，都被留存和销售所激励，这发出了一个非常强烈的信号，即公司认为这两方面都很重要，那么薪酬/奖金计划的激励目标——行为导向，实现的概率就会更大。

另一个有效策略是，明确制定客户成功指标的负责人，由他专门负责跟进续订率、净留存率或客户满意度评分。不管具体指标是哪些，都需要明确具体责任人来负责跟进。有一句古老的商业谚语值得借鉴："如果很多人同时拥有某样东西，就等于没有人真正拥有。"你肯定不想看到经营企业时没有确定的人对销售数字负责，对吗？如果你致力于将客户成功作为与销售同等重要的公司长期成功的支柱，难道你不需要对留存做同样的投入么？当然需要。把它分配给某个人，并给他与你的销售副总裁一样的权力，让他创造佳绩。这个权力要大到有足够影响力，可以推动其他部门，争取资源，以及做出战略性的商业决策，或者以上所有的事情。一定要有责任人，他知道自己的工作就是竭尽全力来提高业绩。人们可以很容易了解到，客户成功团队负责人的主要工作是确保所有其他团队都在始终如一地考虑留住客户这一问题。

将这两个想法结合在一起，推动企业健康发展，具体方法如下。乔是Acme公司的销售副总裁。Acme是一家健康的、处于上升期的公司，在市场上已经存在了一段时间。乔的团队现有45名销售代表、15名解决方案顾问，还有5名员工负责管理订单和团队使用的工具，同时为团队提供总体支持。乔今年的业绩指标是7300万美元。显然，乔要向首席执行官直接汇报工作。

办公室的另一边是雪莉。雪莉是客户成功副总裁。她的团队有29名客户成功经理、7名续约及向上销售代表，3名客户成功运营专员配合支持她和整个团队。她负责管理Acme公司的全部2200名客户。她今年的业绩指标是1.45亿美元。其中包括1.32亿美元的续约指标和10%的向上销售指标，总体净留存率目标为110%。她也直接向首席执行官汇报工作。

我相信你肯定注意到一件事，客户成功副总裁雪莉的业绩指标数字比销售副总裁乔的还要大，大得多。这种情况发生在经常性收入业务中，而且通常用不了很久就会发生——对于一家健康的、成长中的公司来说，通常需要4~5年的时间，如果营收开始下降，则只需要更短的时间。试想一家三年前成立的公司，在这三年里分别完成了100万美元、400万美元和1000万美元的订单。我们再假设到目前为止的净留存率为100%，这意味着目前年度经常性收入为1500万美元。现在让我们假设下一年的销售增长目标是50%。这已经是一个不错的、比较常见的公司发展速度，也是一个合理的积极增长战略。这也意味着，假设预期未来的净留存率是110%，无论谁负责留存，他的业绩指标数字将比销售副总裁更大：下一年的留存目标是1650万美元，销售目标是1500万美元。随着时间的推移，这一差距将迅速扩大。如果两人这一年都达到了他们的预期业绩指标，并且再下一年保持相同的增长目标，那么这个数字将分别为3465万美元和2250万美元。图2.4描述了新客户贡献和老客户贡献的对比。

回到我们的故事。乔每周都会拜访开发副总裁比尔的办公室几次，围绕着需要开发部怎样配合才能帮助乔完成今年的业绩指标这个主题展开讨论。一个周一早上，乔像往常一样，又来拜访比尔："竞争太激烈了，几个功能的缺失会害死我们的，和WhatBit的整合将给我们带来竞争优势，我可以很好地将其包装成卖点。另外，我需要在演示上加点儿黑科技，工作量不会超过2~3天，但效果绝对震撼。" 临走的时候乔强调说，"如果搞不定这些，我们很难完成业绩指标，咱们作为股东就都死定了。"这种对话一直在发生，而且多年来一直如此。

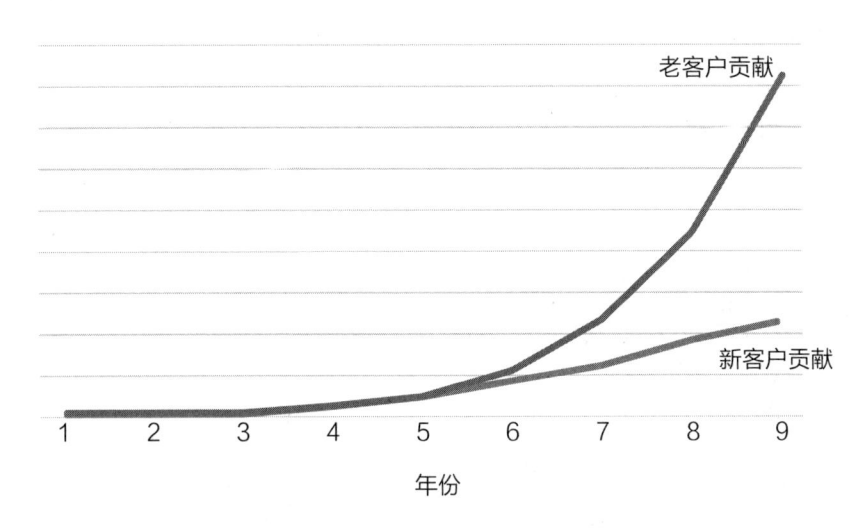

图2.4　新客户贡献与老客户贡献的对比

同一天晚些时候，雪莉也走进了比尔的办公室。他们的对话实际上听起来和乔的非常相似，当然，是带着雪莉式修饰的："最近的整体业绩表现确实不尽如人意，几个重要客户的续约对我们有很大的压力。另外，还有一份报告，我知道在演示中看起来很难看，但我们的客户都在为它尖叫。对了，还有一件事——Blart功能真的很酷，我需要把它独立出来，这样我们就可以把它作为升级版单独出售，而不只是作为标准版打包销售。如果能做到这些，我想我应该有机会达到业绩指标，我们都会成为更开心的股东。"

问题很清楚，对吗？不同的需求相互竞争资源。虽然两个人的提案对公司发展都有好处，但还是出现了紧张局面。紧张关系在公司发展中并不新鲜。如果管理得当，紧张关系是推动公司前进的动力。这就是为什么你希望开发副总裁比尔在与乔和雪莉分别的谈话中既受到激励又受到影响。作为首席执行官，你需要创造这种局面。乔和雪莉各自承担对业务至关重要的业绩指标。你希望他们在公司范围内拥有同等的权力，使他们各自的业务蓬勃发展。你也希望比尔能被激励为双方提供服务。雪莉的谈话和乔的谈话一样，对比尔同样重要。这就是正在发生在大多数公司的权力转移。一直以来都是销售被最优先考虑，销售为王，而且这被认为是理所当然的。当营收增长是唯一真正重要的事情时，推动这些结果的人拥有权力是必然的。但是，当你把公司转型为以客户成功为中心时，特别是对于经常性收入业务，一些权力将转移到负责客户留存的人身上。随着时间的推移，当现有客户贡献变得比新业务订单更有价值时，权力的转移也会相应地持续发生。

对销售的影响

现在，让我们仔细看看公司内的每个主要部门，并关注客户成功将如何改变它们的运作方式。因为我们已经在这条路上了，让我们从销售开始。

实际上，我打算把销售和营销放在一起，因为两者目标一致。为了这次讨论的目的，我将把营销的范围缩小到需求产生——为销售团队提供线索的人员和流程，以推动新客户的获取。公司刚刚转型到专注于客户成功和客户留存时会面临怎样的变化？下面几个变化将或早或晚出现。

- 聚焦于能用你的产品获得成功的长期客户。
- 不过度强调初始交易最大化，不以牺牲生命周期价值为代价。
- 对续约的总体认识。
- 优化客户的期望值。
- 更加关注知识转移和售后准备，以确保客户顺畅使用产品并成功续约。
- 围绕续约和/或生命周期价值制定激励机制。

这些都是团队思维的重大且根本的转变。正如第一章所讨论的，与首席执行官类似，销售代表希望客户能够获得长期的成功。大多数人不会为了自己赚钱而牺牲公司其他人的利益。但是，我们再次强调，人们的动机和短期思维惯性往往会造成阻碍。为了使公司获得长期成功，对于需求产生和销售的思考方式，以及相应的激励方式可能需要发生巨大变化。

在极端情况下，你甚至可能把对销售交易的最终否决权交给负责续约的人。这听起来像一个危险的提议，事实确实如此。只有谨慎使用，不靠听故事和直觉做决定，而是以真实数据作为行动依据，这样的否决权转交才是正确的选择。归根结底，如果这项权力没有交给客户成功副总裁或首席客户官，它在首席执行官自己手上，他就要面临选择的痛苦：选择否决销售，还是选择为实现本季度业绩目标而承受向错误的客户销售，甚至长期来看可能最终失去该客户的痛苦。

随着时间的推移，会积累下大量数据以备分析，决策应该是由信息驱动的，甚至可以帮助需求生成团队重新聚焦，只关注那些有可能终生成功的客户。

对产品的影响

现在，让我们来谈谈你的产品团队。刚刚我们以乔、雪莉和比尔的故事为例，主要讨论了客户成功对产品管理和工程/开发/制造的影响。由于客户不再被巨大的前期投资和切换成本所束缚，你的产品思维也必须从单纯的销售导向转向关注留存。简单地说，你的产品必须像吸引潜在客户一样为现有客户提供服务。事实上，我听过关于客户成功的一个定义是"兑现销售承诺"。请记住，这里的转变不仅是关心客户那么简单，还要明白现有客户的生命周期价值对你的公司来说是至关重要的，关乎公司的生死存亡。产品团队需要强调留住客户的思维，具体表现为：

- 在产品体系中建立投资回报率（Return On Investment，ROI）衡量标准。
- 简化产品操作流程。
- 以简单易用为设计核心，而不单纯强调功能性。
- 黏性比功能更重要。
- 实用性能比演示质量更有价值。
- 创建可以向上销售的模块，而不是将所有功能打包在一起。

- 让客户独立操作更容易实现。

上面有一些点是优秀的产品团队本来就会考虑的，但以客户成功为中心的公司将严格执行，而不是将其看作可有可无的事情。

好消息是，在组织设置合理、以客户为中心的公司中，负责客户留存或客户满意度的人将不断推动上述必要考量。公司的每个人无须提醒也都知道获取新客户是多么重要。但是，对于公司的大部分人来说，将留存和生命周期价值作为同一重量级别考量是一种新思维，对客户成功副总裁来说则不然，其基因里就有这一点。不需要有人提醒她客户有多么重要。她的报酬和任务完成都将取决于此，如果她工作做得好，她将不断地把整个公司的重点朝着这个方向调整。

对服务的影响

对于服务团队来说，思维的转变要更微妙一些。对他们来说，更多是关于紧迫性的，而不是我们前面列出的具体项目。我喜欢把它归结为一句话："在经常性收入业务中，不存在售后这回事儿。每项活动都是售前行为。"

对比一下软件实施对以下两个客户的紧迫性的不同：一个是签订了季度合同的客户，另一个是购买了永久许可的客户。对于后者来说，两到三天甚至一个星期的项目延误可能并不重要。但是对于一个在90天内（60个工作日）要决定是否继续使用你产品的客户来说，两到三天的时间可能会产生巨大的差异。

服务团队都必须有这样一种心态：接听客户支持电话的人需要把解决问题看作一种售前活动。销售代表和方案顾问将与客户的每次互动看得至关重要，因为时间正在流逝，他们需要在期限内完成这笔交易。客户支持代表需要意识到同样的紧迫性。尽快解决客户的问题是燃眉之急，客户的问题不解决，接下来的交易也会悬而未决。当然，这个即将到来的交易可能是续约或流失的机会，又或者在现收现付的业务中是创造对产品更多需求的良机。

一个优秀的客户成功经理的工作之一就是要经常问："为什么这个客户在

此刻需要我的帮助？我们可以做什么？或者我们的前置服务做出怎样的调整客户才不会出现这样的问题？"这种思考的结果往往是给服务型企业的其他部门带来压力：

- 客户支持团队没有充分解决问题。
- 客户支持团队迟迟无法解决一个重要个案。
- 客户在接受培训后，仍然不知道如何编制他们想要的报告。
- 客户引导团队所做的配置并没有解决客户要解决的问题。

在所有这些情况下，客户成功（客户成功经理或者他的上司）的工作不仅是帮助客户渡过难关，还要找到源头并施加压力，确保下一个客户不会出现同样的情况。这意味着要回到客户支持或引导培训中去，迫使团队成员提高自己的水平。显然，最好的客户体验不是在客户出现问题的时候有人能提供帮助，而是更少和更低频地需要这种帮助。

公平地讲，当非服务部门导致了客户失败时，客户成功同样需要担责：

- 销售人员对产品功能设定了错误的期望。
- 产品没有实现承诺的功能。

但是，让客户成功团队为客户带来真正成功的组织影响力，其中很大一部分来源于服务团队内部。这就是为什么服务团队应对每项任务和挑战的紧迫性是至关重要的。他们必须开始把自己当作售前人员，而不是售后人员。

这也是为什么客户成功副总裁必须拥有有效的授权并具备真正的领导能力。因为她为推动公司发展所做的大部分工作，都会影响不在她手下工作的人。她需要有足够的威信、动力和技巧来与销售副总裁、开发副总裁或其他任何团队的负责人进行交锋。在许多方面，优秀的客户成功负责人在技能方面与销售副总裁有着惊人的相似之处，但在意识上，客户成功负责人需要多一点服务导向意识，而不是封闭思维。

第三章

传统非经常性收入业务的客户成功

今天，客户成功主要集中在B2B和SaaS公司的世界中。正如我们所讨论的，是订阅模式所产生的紧迫性推动了对客户成功的需求，并将其置于商业意识中。它同样也适用于其他业务类型么？

答案是肯定的。客户成功，无论使用哪个名称，都正在被许多B2C公司和非技术公司关注，或是被再次关注，原因包括：

1. 大多数公司正在考虑如何成为一家订阅制公司，或者至少创造一些基于订阅的产品。

2. 创造良好的客户体验，并确保客户从产品中获得真正的商业价值。即使在非订阅业务中，可复制业务也是关键。如果你生活的世界就是如此，那就考虑一下客户成功对你有何帮助。

记住，客户成功只是建立忠诚的另一种说法，尤其是态度忠诚。有的公司已有独立的客户成功团队，他们的存在是为了提高忠诚度，因为忠诚的结果是客户留存和收入增长。忠诚的客户留在你身边，并从你那里购买更多的产品——每家公司都希望它们的客户能做到这两点。订阅已经成为实现这一点的第一步，这就是为什么在技术的帮助下，订阅制正在爆炸性地进入每个市场。但订阅并不是万能的"圣杯"，而只是一个起点。不断的订阅带来的现实是，我们把大部分权力交给了客户，这意味着想要获得预期的商业结果，你必须提供客户需要或想要的东西。这就是需要客户成功的地方，要么是直接干预客户的客户成功团队，要么是协助你向客户及时提供相关信息的客户成功技术，以提高客户体验。

订阅只适用于软件和杂志吗

让我们先看看订阅经济在软件世界之外的扩展，因为它是解释客户成功的增长和重要性的一个关键因素。有些订阅已经存在了多年，我们习以为常：

- 杂志。
- 健身中心。
- 有线电视。
- 乡村俱乐部。
- 传统技术（硬件/软件维护）。

有些新的订阅我们正在采用

- 电影（Netflix）。
- 卫星广播（SiriusXM）。
- 音乐（Pandora、Spotify、Apple Music）。
- 饮食计划（Nutrisystem，Weight Watchers）。
- 健康储蓄账户（Health Saving Account所有主要保险公司）。
- 杂货配送（Instacart）。

还有些订阅即将改变我们的生活：

- 剃须刀（Dollar Shave Club）。
- 餐食（BlueApron,EATClub）。
- 健康饮料（Soylent）。
- 包裹配送（Amazon Prime）。
- 处方药（PillPack）。
- 新一代健身中心（ClassPass）。

世界上每家公司都在考虑如何成为订阅制企业。你以为星巴克的高管没在讨论无限量订阅咖啡的定价吗？如果每月少于50美元，我肯定加入。那像Uber这样的公司呢？可以肯定，有一组数据科学家正在梳理数据，并试图想出一个Uber套餐——旧金山范围内的全部行程，或许是每月225美元？这将吸引很多偶尔乘坐出租车或使用Lyft的人转向Uber，即使出租车或Lyft有时候更方便。这些项目威力巨大，因为它们提供了每家公司都渴望和喜爱的可预测的收入和忠诚度。同时，二者也是互相促进的。作为客户，我们倾向于进行可预测的消费，正如企业喜欢可预测的收入一样。这就是为什么许多消费者选择每月定额预付电力公司的账单，而不用担心账单金额由于季节性的原因忽高忽低。另一点更微妙：人们将忠诚视为一种积极的事物，甚至是荣誉的象征。你有没有听过福特卡车车主和雪佛兰卡车车主之间的对决？在世界的某些地方，忠诚已经到了拳脚相加的地步——我们只是想为自己做的决定感到自豪，这意味着我们的忠诚是可以利用的，而订阅模式是可以用来服务于这种忠诚欲望的完美策略。

在任何一家提供飞行常客/购物者计划的公司，前面提到的概念都已经存在，它们通过常客计划建立了忠诚度。根据定义，提供这些计划的公司都是在做现收现付的生意，正如我们前面提到的，现收现付在客户管理方面看起来非常像订阅业务。常客计划提供了各种理由，让你放弃其他公司，而持续与一家公司做生意。比如，当需要租车时，我总是从National Car Rental公司租车。这家公司有我的全部相关信息，所以我可以直接走到停车场，选车，开走。我需要做的仅仅是出示我的驾照。与非会员的流程相比，这真是太方便了。非会员的流程包括排队、填表和大量的签名。现在我已经锁定了这家公司，除非其他公司能找到一种方法使我更加方便，如把我租的车送到我下飞机的机场出口处，或者让我在目的地还车，否则我基本不可能换租车公司。

在经常性交易行业中，最为人熟知的是航空公司的常客计划。当我在构思本书的写作时，我的一个朋友问我，客户成功是否适用于SaaS以外的领域。我的条件反射是"不一定"。但是他又追问了一个简单的问题："当你今天计划乘坐的美联航空公司的航班发生延误时，会发生什么？"答案是：我会收到一条短信，通知我航班延误，以及新的预计起飞时间或下次信息更新时间。这不就是客户成功吗？航空公司当然希望我尽可能多地乘坐它的飞机。因为航空旅行绝不是一种完美的体验，美联航空公司需要做的部分工作就是在事情没有按计划进行时及时通知我。因此，当航班延误时，或者当登机口发生变化时，或者当我的行李没有和我一起上飞机时，他们会短信通知我这类信息。

在SaaS公司中，客户成功经理的大部分日常工作都与设定和重设客户预期相关。比如，原本计划在周四发布的新版本，现在推迟了两周。客户想要的报告功能现在已经推到10月发布的版本中。或者，有些是超出预期的：我们承诺的高级支持计划从今天开始提供，而不是我们最初计划的9月1日。所有这些都是客户成功经理每天工作的一部分，类似于美联航空公司所做的工作，让客户了解情况，让客户的期望符合实际。这些扩展服务是改善客户体验的一部分，与常客计划的好处一样，结果就是留住客户。这些都是客户旅程的一部分，而客户成功的核心理念只是为了最大限度地提高客户从你的产品中获得的价值，从而不断光顾你的生意。

这种意识显然从B2B SaaS跨越到了非技术公司和B2C公司。

让我们再看一个说明整个世界都在走向订阅模式的例子。你知道大众汽车现在是一家SaaS公司吗？这是真的。在新车中，大众汽车已经打包了苹果的CarPlay功能标准。这其实已经不是新闻了，因为很多汽车公司都在使用CarPlay

或Android Auto。新颖之处在于，大众汽车已经在CarPlay基础上扩展了一套自己的Car-Net应用程序，这将使用户能够访问诸多拓展功能：如远程锁控制、远程鸣笛和闪光、停车信息、被盗车辆定位、自动碰撞通知、诊断和车辆监控等。这样它就成为一家SaaS公司了。CarPlay是标准配置，但大众汽车特有的Car-Net应用程序是一种升级，每年收费199美元。你听懂最后一部分了吗？每年！一家新的SaaS公司诞生——按月或按年收费提供软件，而这肯定只是一个开始。想象一下，一家汽车公司提供基于订阅的车辆使用计划。每月花650美元，你可以从15种车型中选择任何一种，而且你可以在计划套餐中随时更换汽车。由于软件正在吞噬（和连接）世界，你选择的每辆车在交付给你时，车内广播已经调到你最爱的频道，座椅已按照你的习惯偏好预设，温度也完全根据你的喜好设置。此外，你的登记信息和保险将可以从汽车的软件中以数字方式访问，并且可在屏幕上显示以供警察查阅。然后那些汽车公司将寻求雇用你们——本书的读者，拼命寻找客户成功的专业知识，因为这将是它们成功的全新方式。

进一步讲，每家公司都受到这些变化的影响。如果汽车公司、处方供应商和无线电台都在向订阅方向发展，那么毫无疑问，每家公司都会尝试做同样的事情。这是一种建立或确保忠诚度的方法，也是扩大业务的方法，订阅会使你的业务更容易被那些原本可能没有机会接触的客户所接受，并更容易接触到那些原本不是你目标市场的客户。

客户成功的实现

虽然客户成功的理念基本相同，但不同公司在客户成功的实现方式上大相径庭。在以下三个例子中，对客户和平均销售价格（Average Selling Price，ASP）进行了粗略的估计：

- Workday——数以百计的客户，每年100万美元。
- Clarizen—数以千计的客户，每年15000美元。
- Netflix——数以百万计的客户，每月10美元。

很明显，这三家公司不能以同样的方式管理客户成功。Workday有能力为客户提供人力投入，如产品和领域专家，公司可以花大量时间帮助客户理解并有效使用产品。Clarizen可以为一部分客户提供人力成本投入，但也需要担心因此会产生低价值客户的长尾问题。Netflix为其客户提供的都是100%自动化的事情。Netflix的客户成功经理并不与客户进行定期的电话或会议。这里可以明显看到客户价值分层，以及根据客户价值分层相关的接触模式。对于许多公司来说，以下模式可以应用于它们的整个客户群，将不同客户分别对应到这三类中（见图3.1）。

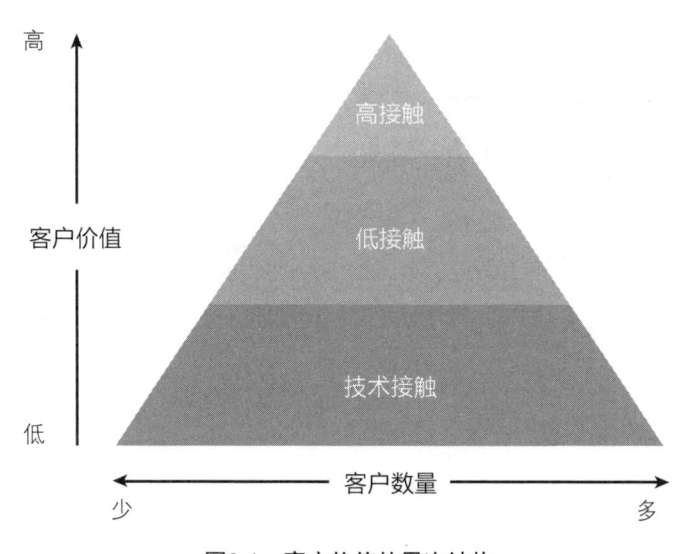

图3.1　客户价值的层次结构

让我们更仔细地研究一下，客户成功在金字塔的每个层级中的具体表现形式。这会让我们直观地了解客户成功如何应用于不同的公司（公司规模不同和/或客户规模不同）。

高接触。根据定义，这种模式是人员密集度最高的，但客户为产品支付的价格会证明这类开销是合理的。这种模式最常见于SaaS公司，如Workday，其客户为产品支付的金额很高。然而，这绝不是SaaS公司的专利。想想DIRECTV和万豪之间的合同：为全球每家万豪酒店的每个房间提供电视频道选择。可以确信，在DIRECTV有人专门负责管理这项关键业务，他在公司的各个团队里都拥有很大的话语权，从而确保满足万豪这样重要的客户的需求。这就是客户成功，不管它被称为什么，都是在做同样的事情——通过提供价值来获取忠诚度。

高接触模式通常包括供应商和客户之间的频繁互动，有定期的和不定期的。优秀的高接触客户成功通常是一组预定义的定期和非定期互动的组合。典型的定期互动可能包括：

- 明确定义的入职流程。
- 供应商小组之间的协调对接。
- 月度情况会议。
- 执行业务审查（每半年或每季度一次）。
- 实地拜访（可能非常频繁或每年）。
- 定期健康检查。
- 更新时间表（如果是订阅制）。

不定期的互动通常是由数据驱动的，一般是供应商主动约客户，旨在将预测风险降到最低。

- 多次故障。
- 较多的客户支持/客户服务电话。
- 产品使用率下降。
- 发票逾期超过X天。

你可能已经注意到不定期互动的一个特点，无论是高接触还是技术接触，供应商这端都不得不采取行动去接触客户。你可以想象，对于Netflix来说，如果一个以前很活跃的客户突然足足60天没有看电影，Netflix肯定要有警示和动作。可能还不至于要马上给客户打电话，但很可能会发送电子邮件或触发某种自动提示。

在高接触模式中，所有这些互动可能都是有人亲力亲为的，有的是电话，有的是面对面会谈。关键的挑战是如何优化与客户的接触，以创造最大的利益，而不至于浪费成本。由于这里所说的成本主要是人力成本，因此非常昂贵。这种成本如花在每年合约几十万美元（或更多）的客户身上就属于合理成本，但仍然有可优化的空间，以便为客户和供应商提供最大的商业利益。

对于供应商来说，这显然是一个关键的业务流程，因为高接触模式通常只适用于最有价值的客户：客户流失导致的在财务上和许多其他方面的损失都将是灾难性的。在高接触模式中应用昂贵的资源，通常有一个非常简单的续约目标——100%。少一点点都很可能是重大失败。得到这种高接触服务待遇的客户往往也是那些具有巨大业务扩张机会的客户。回想一下在DIRECTV和万豪的关系中，万豪建造或收购更多酒店的概率有多大？很大，对吗？如果DIRECTV让万豪满意的话，每个新的酒店房间都会给DIRECTV带来额外的收入。这是一个长期的游戏，业绩结果会超越100%的续约业绩，财务价值的提高也不是一蹴而就的，需要时间积累。

很容易看出高接触模式的客户成功在非技术公司和B2C公司中的应用，就像它在B2B公司和SaaS公司的应用一样。在DIRECTV和万豪的例子中，DIRECTV主要是一家B2C公司，但显然有一组客户迫使其作为B2B供应商来运营。万豪也不会是唯一符合这个条件的客户。任何体育连锁酒吧，如Buffalo Wild Wings，如果DIRECTV想在其门店拥有的35个大屏幕上播放各种体育赛事，从关系的角度看，这就很像万豪了。在应对这一挑战（或机会）方面，DIRECTV并不孤单。很多公司，也许是大多数公司，并不完全适合一种模式或另一种模式。另一家公司Dropbox，开始时是一家纯粹的B2C公司，可一旦意识到很多使用其应用程序的用户都在同一家公司工作，Dropbox就开始考虑B2B模式和企业了，现在它已经变成了一家B2B公司，同时为企业和消费者服务的供应商。

Bright Horizons是一家非技术公司，对高接触模式的客户成功有一定的了解。如果你在大公司工作并且有孩子，你可能对这家公司有所了解。Bright Horizons为希望将儿童保育纳入员工福利计划的大公司提供儿童保育服务。可以想象，这些大雇主的合同对Bright Horizons而言至关重要。因此，该公司有一个专门管理这类关系的团队，目的是保证高留存率，以及关系变现。Bright

Horizons的增长是通过向上销售其他服务来实现的，如儿童护理、教育服务，甚至老年人护理。正如你所看到的，由于这两项业务的订阅性质，Workday和Bright Horizons为具有相同意图的客户提供了高接触模式的客户成功。

- **产品采用**。Workday希望客户使用其软件并从中获得真正的价值。Bright Horizons希望客户的员工通过使用其提供的服务，使生活更美好。
- **客户满意度**：好的口碑对于每家公司而言都是很好的卖点。没有什么比口口相传更能有效传播产品或服务了；也没有什么比客户的良好体验更能促进销售了。
- **向上销售**：成功和快乐的客户会从你那里购买更多的产品或服务，这就是事情的本质。如果还有更多的产品和服务可以提供，那么你最好的客户就是你最有潜力的买家，针对这类客户的销售成本也会大大降低。
- **留存**：这始终是客户成功的核心。提高客户忠诚度，不仅仅是为了忠诚和温暖的感觉，而是因为如果你经营的是经常性收入的业务，这就是必要的商业行为。

从很多方面来说，高接触模式是最容易配备、部署和实施的。人们和公司一直在做高接触模式的客户管理，所以不难找到待客技能和脑力兼备的人，通过他们来实现客户成功。这份工作需要运用商业头脑来维系人际关系。但不要以为技术在这里不起作用，技术肯定有用。但技术在高接触模式中的作用主要是沟通、协作和管理，而不是自动化或优化接触对象和时间。我们将在后面的章节中更详细地讨论相关的技术。

低接触。正如你所想象的，低接触模式的客户成功融合了高接触和技术接触两种模式。低接触模式是为那些中间层的客户设计的，他们还没有重要到足以享受高接触客户的待遇，但也不容忽视，你愿意与他们进行某种程度的一对一接触工作。就像任何三层模式一样，中间层不可避免地会成为模糊的一层——既有机会上升到上一层，也有机会下沉到下一层。但是，不管最低价值的高接触客户与最高价值的低接触客户之间的界限有多不清晰，都必须画出分界线。同样，对于底层也是如此。

只要不是纯粹的技术接触型公司，像许多B2C公司那样，那你几乎肯定会有一个层级的客户——可以准确地将他们定义为低接触客户。当你思考管理这些客户的模式时，一种有效方式是"及时客户成功"。

"及时"是我从制造业偷来的词汇。它也经常被称为丰田生产系统，它源于20世纪60年代的日本丰田公司。在大规模生产制造的早期，厂家需要庞大的材料库和仓库用来储存生产线所需的零件和已经被预订或卖出的产品。这些仓库和库存开销是整个流程中极其昂贵的部分。聪明的商人希望省钱，结合订货和运输系统的逐步改进，使配货时间尽量接近用料时间和交货时间。在一个完美的系统中，流水线上的工人装配汽车零件时，就在他伸手去拿零件那一刻，零件刚刚好配送到位——从卡车卸货后直达流水线，甚至都没有停下来算作库存。

低接触模式的客户成功就可以以类似的方式运作，因此我借用了"及时"这一词汇。及时客户成功意味着在准确的时间提供客户所需要的产品和服务。一分不早，一分不晚。这些客户的价值不足以支撑你为他们储存库存。在这种情况下，库存将是大量的指导、教育或关怀，所有这些也会带来无价的东西——商誉。换句话说，"及时"也意味着刚好够用。在高接触模式中，因为与每个客户的互动次数很多，大量的库存/商誉被储存起来。由于这些客户的重要性，值得付出更多的努力，也许做得比必要的更多。在低接触模式中，你没必要做那么多的互动，所以你最终会向最低限度推进。但在这种模式下，最低限度仍然包括合理程度的一对一接触。相比之下，技术触摸模式则完全取消了一对一接触。

毫不奇怪，低接触开始包含技术接触的元素，以补充一对一接触。让我们重新审视一下高接触模式下的一系列定期接触动作：

- 明确定义的引导流程。
- 供应商小组之间的协调对接。
- 月度情况会议。
- 执行业务审查（每半年或每季度一次）。

- 实地拜访（可能非常频繁或每年）。
- 定期健康检查。
- 更新时间表（如果是订阅制）。

在低接触模式下，许多接触动作可能仍然是相关的。其中一些可能会被完全取消，如实地拜访，而且肯定其中大多数接触动作的频率也会降低。为低接触客户更新的上述清单的版本可能是这样的：

- 明确定义打包的引导流程
- 供应商小组之间销售到引导的协调对接
- 月度情况会议
- 执行业务审查（每半年或每季度一次）
- 实地拜访（可能非常频繁或每年）
- 定期自动健康检查
- 自动更新时间表（如果是订阅制）

同样，不定期的接触动作也会被小心调整以尽量减少费用。在这种情况下，门槛可能被提高（或降低，取决于你的观点）。例如，如果在30天内有超过10个支持/服务请求可以触发对高接触客户的外联，那么对于低接触客户来说，这个数字可能会变成20个。此外，技术也将发挥更大的作用，正如你所看到的定期接触动作一样。也许与一张逾期发票相关的前三次接触都是电子邮件，接下来的两次一对一接触是由初级财务人员进行的，而不是客户成功经理。

很明显，分层和相关的接触模式都是为了推动业务实现盈利，或者说至少是提高业务的生存能力。在一家健康的、以客户成功为中心的公司里，分层和接触模式都是明确的，并用来决定需要多少员工。我们回顾一下高接触模式，很容易估计出客户成功经理准备和执行每项任务所需的时间，以及不定期接触动作发生的频率。考虑到每个客户成功经理都会花一部分时间在内部会议或非面向客户的活动上，你应该能够估计出客户成功经理每年/每月/每周与客户接触的时间，这反过来又能定义一个客户成功经理能管理多少个客户。瞧！这就是客户数量模型。

下面介绍两个评论。（1）你拿到的数据极有可能显示你需要的人数远远超过首席财务官或首席执行官允许你管理的人数。但至少你会有个可以调整的模型，围绕这个模型，你可以通过一些明智的对话，具体讨论如何删减或调整任务，以减少人员需求。（2）你会发现，确定客户成功经理比率的最佳方式不是按客户数量，而是按合同价值（年度经常收入）。所有客户的价值不可一概而论，每年2万美元的客户和每年200万美元的客户不能同等对待。反过来，管理100个2万美元的客户要比管理一个200万美元的客户难得多，一定要理解这一点。

就像高接触模式一样，低接触模式也完全适用于很多非技术公司和B2C公司。例如，一些B2C公司的目标市场非常小，因此客户群体也相对较小。这就使得我们刚才讨论的低接触技术可以在这些情况下应用。技术接触并不总是以B2C业务为主的公司的唯一选择。

Nipro Diagnostics是一家该类型的代表公司。在公司的众多产品中，有一种用于家庭糖尿病诊断的自我监测血糖仪。用户只需购买一次血糖仪，然后定期补充试纸。血糖仪通过蓝牙将结果传送到移动设备上，并与用户的保健供应商共享数据。由技术推动的家庭保健是一个重要的世界性趋势，但它还处于起步阶段。这个故事的重点是，可以直接送到家里的血糖仪和试纸，只是家庭保健版的"剃刀和刀片"的角色。由于用户需要定期补充试纸，这基本上是类似"一美元剃须俱乐部"的订阅模式。由于客户群体相对较小，客户成功模式可以是低接触和技术接触的结合。低接触是通过保健供应商（渠道伙伴）来完成的，它们帮助用户了解如何有效地使用产品，以及持续使用将如何为他们的整体健康提供巨大价值。技术接触是通过设备直接完成的，几乎可以立即向用户提供每次测试的结果。有效的客户成功是这种商业模式的基本组成部分。例如，客户长时间没有续订试纸，就有可能需要进行干预。Nipro Diagnostics公司可能对硅谷的"新秘方"——客户成功一无所知，但其商业模式要求对其客户进行有效管理，这确保

Nipro Diagnostics公司实现其产品的价值承诺。怎么称呼它并不重要。玫瑰，无论你叫它任何其他的名字，闻起来依旧是香甜的。

技术接触。这种模式可能是所有模式中最复杂和最有趣的。你如何在不直接与客户交谈的情况下向他们提供及时和相关的客户成功服务？因为SaaS模式降低了客户的准入门槛和供应商的销售成本，也大幅扩大了各个市场规模。最终，这几乎总是导致低价值客户的长尾效应。就个体而言，他们没有太大的战略价值或财务价值，但就整体而言，他们往往在供应商的财务业绩中发挥着重要作用。对于末端/长尾客户来说，技术接触客户成功是必不可少的。对于大多数B2C公司来说，这不仅是必需品，也是唯一的选择。

技术接触意味着与客户的所有接触都是由技术驱动的。另一种说法是，所有的接触都必须是一对多的。一对一接触的成本太高了，显然无法应用到所有客户上。很多时候，关于技术接触的讨论都集中在电子邮件上。虽然电子邮件是技术接触客户成功的一个有力工具，但它不是唯一的工具。也存在其他一对多的渠道，例如：

- 网络研讨会。
- 播客。
- 社区（在线门户，用于分享想法并与其他客户进行虚拟交流）。
- 用户群组。
- 客户峰会。

任何能让你一次与多个客户互动，或者将这些互动转移到另一个来源（社区）的工具，都是大规模实施客户成功的一项选择。让我们深入探讨一下电子邮件吧，它的强大之处体现在及时性、高度相关性和信息驱动性。电子邮件营销也是一门广为人知的学科，其背后的技术在过去十年中已经得到了充分的检验和强化。

在过去的十几年间，有针对性的电子邮件营销已经在全世界掀起了强风暴。三家营销自动化软件供应商成功地进行了首次公开募股，它们是Eloqua、

Marketo和Hubspot。两家主要集中在B2C领域的软件供应商——Responsys和ExactTarget，也进行了非常成功的首次公开募股。而这几家公司的市场价值都曾超过10亿美元。这有力地证明了电子邮件营销确实有实际的市场竞争价值。有针对性的电子邮件营销的核心概念非常简单，即根据对潜在客户的统计分析和行为认知创建智能电子邮件活动，并引导潜在客户完成购买行为。这些活动现在已经变得非常复杂，具有复杂的分支逻辑和多渠道智能。然而，这一切都是针对漏斗的顶端——客户获取的。

现在，有针对性的电子邮件营销正走向客户成功，它将同样的概念应用于客户（而不是潜在客户），帮助他们完成客户旅程，引导他们成功使用公司产品。它的核心仍然是创造需求，但不同之处在于：对于现有客户，是为他们已经拥有的产品创造需求。记住我们对客户成功的委婉表达——建立忠诚度。电子邮件活动的目标不仅是让客户购买更多的产品或服务，尽管你偶尔会为此目的而锁定客户，还为了加强他们对已经购买的产品的价值认可，或者说帮助他们更有效地使用该产品，使他们保持忠诚，要么续约，要么选择不退出。使用电子邮件的真正优势在于，一旦基础设施到位，发送电子邮件基本上是免费的，而且可扩展性极高。对于拥有庞大客户群的公司来说，这种能力是救命稻草，因为尽管还有其他一对多的渠道可供使用，但电子邮件是最有效的。让我们来探讨一下为什么说电子邮件最有效。

有效的电子邮件需要具备及时性、相关性等特点，要包含有效信息。与前面描述的针对潜在客户的营销自动化方案类似，很多可用的客户信息都能帮助创建高效的电子邮件。事实上，我们拥有的现有客户的信息远远多于潜在客户的信息。以下展示了一部分你可以获取的客户信息：

- 原始合同日期。
- 成为客户的时间长度。
- 行业。
- 地域。

- 联系方式。
- 合同价值。
- 合同增长率。
- 要求电话支持的次数。
- 每个支持请求的严重程度。
- 每个支持请求待结案的天数。
- 提供的账单数量。
- 已付账单数量。
- 发生逾期的账单数量。
- 支付账单的平均时间。
- 客户满意度评分和趋势。
- 客户健康度评分和趋势。
- 如果是订阅制SaaS公司：
    - 续约日期。
    - 对产品的每次点击。

这个清单还可以继续写下去。但既然大家已经明白了，在此就不再赘述了。当拥有很多关于客户的数据时，你就可以根据数据来决定什么时候去联系他们，以及传达什么信息。这类接触可以通过电子邮件大规模地进行。

让我们来看一个具体场景。作为一家SaaS公司，你在几个月前发布了一项新的报告功能，许多客户都在翘首以盼，其中有的已经等了六个多月。这是一项会让你的产品更具黏性的功能，所以确保所有的客户都能使用它是最符合你利益的做法。借助于合适的技术，你现在已经可以找到那些尚未接触这项新功能的高级用户和管理员，并向他们发送以下电子邮件：

> 亲爱的乔：
>
> 　　再次感谢您自2012年7月以来一直都是我们最忠诚的客户，我们很高兴您是我们大家庭的一员。我们注意到，您对我们上次的客户满意度调查做出了回应，对我们的报告功能只打了6分。再次感谢您的回复和反馈，我很高兴地告诉您，我们最近对报告功能进行了重大改进，看来您还没有使用过改进后的报告功能，它可以让您轻松地将X和Y合并到一个简单的报告中，也可以很便捷地用这些信息创建新的仪表盘。到目前为止，使用过新功能的客户对它评价都很高。Acme Manufacturing的评价可单击此处查看。为防止错过，您可以单击这里和这里，找到启动和使用该功能的培训视频。请查看这些视频，并通过第二个视频结束时弹出的表格提供反馈。看完第二个视频时，您将有机会通过挑战赢得明年峰会的免费门票。
>
> 　　我相信您一定会发现这个功能特别有用。
>
> 　　祝好！
>
> 您的客户成功团队

　　现在告诉我，这样的电子邮件在你尝试为客户创造价值方面是不是威力巨大？同样的电子邮件，加上个性化的内容，可以同时发送给20或1000个不同的客户，而且成本相同——0元。即使你以低接触客户成功模式运行，就算你可以承担得起部分一对一接触的成本，但这可能会为你节省15个电话和30分钟与客户讨论的时间。如果是通过纯粹的技术接触模式，那么你的客户很有可能多年来很少被接触，而这正是用价值震撼他们的好机会。如果你是一家成熟的B2C公司或交易量大的B2B公司，那么很有可能你已经在进行类似的活动了。这些旨在获取忠诚度的活动，可能被包装成客户营销，也可能是产品用户体验的一部分：推荐引擎其实是客户成功的另一种形式。无论如何，与现有客户建立忠诚度的需求已经变得很明显，并可能以某种方式得到解决，但很可能没有像你所希望的那样得到很好的定义或执行。今天的世界绝对是客户主导的世界，而我们只是生活在其中。客户成功仅仅是对这一现实的认可和拥抱。如果你还没做到这点，现在是时候把这些想法集中到一个组织中了。今天，在成熟的SaaS公司中的一个趋势是，客户营销即便没被纳入客户成功部门，在职能上也是越来越接近客户成功。

显然，技术接触客户成功几乎适用于任何企业。即使是典型的高接触模式，仍有一些客户成功经理执行的任务是可以自动化的，以便让他们有更多的时间做更有战略意义的事情。最重要的是，即使你没有客户成功经理或不将之称为客户成功，技术接触模式也可以帮助企业立即开始实施客户成功。我们刚刚举的例子是围绕电子邮件的，不过我之前用的联合航空公司的例子中涉及短信，若使用得当可能会更有效。数字化的语音信息也可以大规模地使用，只要这种渠道能帮助你取悦客户。

归根结底，客户成功可以以有效并且与客户高度相关的方式大规模交付。技术使之成为可能，越来越多的公司开始这么做。

希望我们现在已经清楚了，无论在经营哪种业务，客户成功都是高度相关的。无论你是B2B SaaS、B2C SaaS或者不是SaaS而是基于订阅的，又或者暂时还不是基于订阅的但正朝着这个方向发展，还是现收现付的业务，都有对客户成功的直接需求。无论你有10个5000万美元的客户还是5000万个10美元的客户，都是如此。在某种程度上，你可能已经在实施客户成功了，尽管你可能把它称为客户体验、客户管理或客户营销。叫什么其实并不重要，重要的是使命和目标。如果目标是保留客户或增加现有客户的价值，那么从客户成功的视角来看待他们就变得非常重要，而且就像任何正在改变业务的新想法一样，技术正在快速介入，以帮助实现这一过程。

第二部分

客户成功十大法则

第四章

客户成功实践

在本书的第一部分，我们对客户成功进行了背景陈述。我们讨论了订阅经济和SaaS的历史，总结出客户成功的出现是新模式发展的必然结果。我们谈到了实现客户成功理念的部门，通过结合实际，讨论了被称为客户成功的部门（或类似的表述），以及它如何通过影响几乎所有其他关键部门而改变整个企业。我们推翻了"客户成功可能只与B2B/SaaS公司有关"的理论。事实是它在概念上与几乎所有公司都相关，不仅是B2B/SaaS公司，任何基于订阅或现收现付的公司都可以将其付诸实践，包括B2C公司，以及越来越多的传统公司，它们正在享受以客户成功为中心带来的好处，并且试图将其业务的至少一部分转向订阅模式。

现在是时候谈谈实际和具体的落地办法了。2010年，Bessemer Venture Partners，一家风险投资公司，为创办、经营或有兴趣了解SaaS公司的人整理了一份实用指南，称为《云计算的十大法则》，它也经常被称为《SaaS十大法则》。这份指南一经问世，就受到了极大的欢迎，成千上万名首席执行官和企业家纷纷传阅，他们都希望进入SaaS的奇妙世界探险。这本指南当年风头无两，至今仍是十分有意义的参考指南。2015年，Bessemer Venture Partners决定在这一成功的基础上再接再厉，接受委托创作《客户成功的十大法则》，为想要理解和落地客户成功的人提供相关指导。该书汇集了10位不同专家的智慧，并附有作者的展开评论。

《客户成功的十大法则》本质上不是一本关于如何实施客户成功的实用指南。它从更高的角度出发，为那些致力于成为世界级的经常性收入公司设定了在高水平上接受和执行的法则。其中大多数法则适用B2B和SaaS公司，也可以被广泛地用于我们在第三章中描述的所有类型的公司。我们在每一章（每条法则）的开头都指出了该法则与我们之前讨论过的不同类型公司的相关度。

- B2B/SaaS。
- 订阅制。
- 现收现付。
- B2C。
- 传统。

这便于你在相关度较低时快速浏览，而在适用的情况下放慢速度精读。《客户成功的十大法则》的作者都是在各种类型业务的客户成功专家里精心挑选出来的，适用范围包括：

- SaaS，包括B2B和B2C。
- 内部部署的传统软件。
- 金融。
- 教育和培训。
- 协作。
- 项目管理。

- 销售支持。
- 客户成功管理。
- 薪酬管理。

我要感谢他们每个人对客户成功的行业发展和具体实践所做的贡献，他们的精彩呈现远远超出了本书的最初预期，感谢他们对本书的贡献。

最后提示一下，《客户成功的十大法则》回答了这样一个问题：公司需要做什么才能在客户成功方面表现出色，并使经常性收入业务蓬勃发展？闲话少说，以下是这十大法则。

第五章

法则1：向正确的客户销售

特德·珀赛尔（Ted Purcell），Clarizen销售和客户成功高级副总裁

相关度

	低	中	高
B2B/SaaS公司	★	★	★
订阅制公司	★	★	★
现收现付公司	★	★	★
B2C公司	★	★	
传统公司	★	★	★

执行摘要

向正确的客户销售，并与产品市场匹配度（Product Market Fit，PMF）完全一致，是成长型公司需要在整个组织中关注的一项任务。完成新订单，特别是涉及大众知名品牌的订单，对每个人来说都很兴奋。当它们在你的PMF范围内时，这一点尤其正确，因为这样你的收入机器就启动了，从售前到售后的专业交接流程就可以被模板化和规模化，帮助业务扩张和减少流失。

但如果你的客户不是正确的客户，对组织的影响可能是灾难性的。错误的客户会抑制组织的发展，在业绩、效率和规模上使你逐步远离成功。另一方面，这也可能是件不错的事情，因为这些客户也可以成为关键的设计合作伙伴，帮助你扩展用例和PMF。关键点是什么？在判断谁是和谁不是公司的正确客户这一问题上保持一致！

客户是公司的北极星——公司最宝贵的资产。公司要想实现在规模上的愿望，客户成功经理需要成为负责整个客户旅程的人，包括公司内部和外部，客户成功经理是最值得信赖的顾问。最终结果可能是加速扩张和减少流失，但比起实现目标的细节，这只是锦上添花。

收入不仅是简单发声，它在用力呼喊。这就是说，你的PMF在狂吼！你的PMF必须推动整个企业协调一致，从产品开发到运营，以及整个进入市场的渠道。随着企业成长，可能会开始出现一些用例，这些用例最好建立在PMF的基础上。如果不是，它们可能会使你的组织陷入混乱。专设一个团队，致力于理解和分析客户整个使用生命周期中的数据，并探寻他们是不是正确的客户，这点极其重要。正确的客户能帮你完善公司的愿景、服务内容，引导员工、合作伙伴和客户。正确的客户也有助于优化企业方向。错误的客户，即使是那些大品牌、能大额预付、可以承诺潜在收入或可以转介绍的客户，也有可能把你宝贵的资源、注意力，甚至将整个公司带入非常危险的境地。

作为一家SaaS成长型公司，为了最大限度地提高效率，你会面对这样的问题——这个客户是否适合我们？

在努力优化SaaS收入机器的过程中,公司所有层面要协调一致,聚焦重点,专业并有效地扩张。尽管产品团队必须专注于PMF,他们仍然需要了解和响应客户的需求及市场发展的现状,并做出反应。如果这种一致性不强,就会削弱公司的专注力以及执行和扩展能力,当正确的客户大量涌现并快速发展时,不能很好地为他们提供支持并最终完成交付。正确的客户可以促进公司的成长,推动PMF标准化和创新进程。错误的客户与目标市场和核心PMF不一致,可能会在各个方面对公司走向市场造成障碍。关键是要建立沟通机制和流程,以便识别风险。售前、销售和服务范围/工作说明书(Statement Of Work,SOW)构建阶段是反馈闭环的关键点,可以交叉验证风险,并最终改变客户方向或中止与特定潜在客户的销售过程。要做到这一点,你的销售团队必须对客户背景有清晰和完整的认知,而不只是简单的产品特性和功能。销售团队必须理解所感知到的商业价值,以及谁、如何以及为什么会影响客户。

与产品完全契合的市场营销、销售和客户成功,共同强力推动了来自不断发展和成熟的客户群的海量需求。销售和客户成功团队有责任在保持目标市场和PMF一致的情况下管理增长,并在满足客户反馈需求的同时实现扩张。这对领导力有很高的要求。理解并坚信正确的客户会让我们更好地响应目标市场,并帮助我们把优质资源聚焦到对的事情上,在让客户成功的同时,也让自己的员工更加成功。

如何定义正确的客户

正确客户的定义是否包括特定的用例或业务线、特定的垂直行业,或者适合现有产品的特定规模的客户?它是基于目前客户群的分析和当前的工作情况还是基于未进入的市场的潜在规模分析,再决定哪些是目标,哪些客户先不接触或完全放弃?结果是,正确客户的定义中这些点都涉及一些,但首席执行官必须确保正确客户和PMF保持一致,包括找到正确的目标客户画像。

一旦确定了理想客户的定义或理想客户群的特点,运营性市场推广引擎就需要同它们保持一致。在运营方面,一切从向正确的客户销售开始,这意味着从业务收入漏斗的最顶端开始。市场营销也必须针对正确的客户,而销售必须迅速放弃那些被定义为非正确客户的群体,超越典型的方法和关键的资格认证步骤,如预算、时间节点和行政支持。

客户流失本身只是冰山一角;如果非要硬签下一些客户,你却无法协助他们获得成功,你会为此付出巨大代价。首先,客户获取成本(Customer Acquisition Cost,CAC)由此产生,但最大的成本其实是将资源用于错误的客户的机会成本。你在这些客户陷入困境时不可避免地会加倍投入,而这些资源本可以用于帮助其他有更多机会获得更大生命周期价值的客户。

你传达出的信息和你的品牌是由正确的内容赋予的,这些内容需要在正确的背景下,在正确的时间放在正确的人面前。必须在漏斗的每个层级评估客户情况,并承诺提供咨询性的、可信的顾问式客户互动——即使为了防止客户流失可能会导致复杂性、成本和最终偏离轨道的情况出现,还是应该坚持这种方法并持续不断地投入,包括不断地向团队传达信息以建立和巩固对客户的承诺。

可能有这样的情况:正确的目标客户在内部没有得到正确的客户配置,因此可能有潜在的风险使他们变成错误的客户。销售和客户支持的日常维护在这里至关重要。令人惊讶的是,虽然有些客户现在是我们的传奇客户,但他们最初看上去和正确客户的形象不相符。争取高管的支持,并在组织中尽量面向高层和更大范围进行宣传,不仅是为了更准确的定位产品,也是为了展示以客户成功为导向的文化,进而推动成功的客户互动生命周期的形成。这将帮助你与客户建立正确的关系,以及维护你值得信赖的顾问品牌形象,最终帮助你弄清楚解决客户内部环境问题是否会促使你获得正确的客户画像。

当公司发展到了一定规模时,对正确客户承诺的信息和沟通必须是一致的,有必要不断地重申。这种一致性将通过营销和需求获取行为推动漏斗顶部的活动:从销售、引导/专业服务到客户成功,再到产品,在可参考性的基础上,最终实现流失减少和扩张加速。

销售和客户健康也很重要，过程形成数据，数据形成决策，并推动正确的结果。在理想的世界里，一家公司只向其理想客户销售，但我们知道，成长型公司面临着业务增长的巨大压力，因此，可能有必要扩大理想客户的定义范围而谋求整体业绩增长。在这种情况下，采用灵活的机制来捕捉客户画像，追踪并评估理想客户是很重要的。这个机制应当包含如下指标：如资源分配、客户获取成本比率、净流失率和客户生命周期价值。各种SaaS工具，如Salesforce、Marketo、Gainsight和Clarizen，能够利用系统的开放应用程序接口（Application Programming Interface，API）架构，将它们连接起来，实现无缝数据流，因此有可能在进入市场周期的早期及时捕获客户匹配标准，并在整个收入漏斗中跟踪这些数据。

你也可以为不太理想的客户群定义独特的流程。例如，你可以选择不同的业务要求，如要求某类客户购买特定的服务包。你也可以选择在关键的风险点上投资于更高的接触模式，如在采用初期阶段让客户成功经理深入地参与进来，以便在早期化解风险，并使客户采用步入正轨。另外，你也可以选择通过低接触模式和一对多的方法，如网络研讨会，将有限的资源集中在低价值客户群中的生命周期价值较高的客户身上。

确定可扩展系统的优先级，以捕获流失的原因。这个系统里，由产品和客户团队对不同客户群的数据进行定期的多维度分析。了解有多大比例的流失是由于采用不当造成的？有多大比例是由于产品匹配问题或产品与客户需求的差距造成的？有多大比例是由一些不可控因素造成的，如合并、收购、重组和破产等。

同样重要的是，需要分析整个公司的激励机制，并把加强对正确客户群的关注作为目标，对激励机制进行适当的调整。客户成功负责人理应将减少客户流失和与销售部门合作以加速扩张视为要务。销售管理人员为了减少客户流失，能否真的做到不卖产品给错误的客户？产品负责人因客户留存而获得的激励如何？如果我们已经确立了这样的观点：客户生命周期价值和尽量减少流失是任何SaaS公司成功和估值的关键绩效指标（Key Performance Indicators，KPI），那么所有职能部门的负责人在激励措施中分享这些指标难道没有意义吗?

另一个需要考虑的因素是组织结构,以及它如何使团队专注于向正确的客户销售。销售和客户成功部门是否向首席收入官报告?首席收入官对新业务和留存业务是否统一评估,从而正确判断哪些客户是目标客户,哪些客户应该放弃?如果销售和客户成功部门是独立于彼此的,客户成功负责人是否有对不恰当交易的一票否决权?

对于任何高增长的SaaS公司来说,来自销售和客户成功部门的反馈对于发展产品和加强PMF都非常重要。如果你选择将视野扩大到非理想客户群或核心市场以外的相邻客户群,搜集反馈就变得尤其重要。这个程序也是在新增功能中捕获客户细分信息的关键。如果没有这种设定,产品团队可能会在评估以及优先考虑在何处投入产品开发资源上做出错误的决定。同样重要的是,随着业务的增长,有必要明确定义流程和数据流,与此同时,由于沟通上的挑战,在优先级的处理上达成统一则越来越难。

当然,随着公司规模的扩大,议程和战略也会不断发展和成熟,目标客户画像也会不断发展和完善,为组织和公司树立榜样。可参考性是公司的一切,在以价值为导向的背景下构建正确的内容应该推动正确的行为——不仅是为了获得更多的客户,也是为了给自己的员工设定议程,特别是在招聘和引进新员工的时候。

正确的客户旅程与正确的PMF相结合,自上而下地调整组织的优先事项,由员工、合作伙伴和客户间的相互合作和内容透明的议程驱动,将有助于最大限度地减少噪音,并在整个客户参与生命周期中推动卓越运营。此外,这样做将最终帮助你专注于向正确的客户销售。

补充评论

HostAnalytics的首席执行官大卫·凯洛格(Dave Kellogg)最近对我说:"90%的流失都发生在销售这一环节。"换句话说,至少在他的企业里,几乎所有的流失都是因为他们将产品卖给了错误的客户。在所有企业中，这可能在不同程度上都是正确的。将产品卖给错误客户的实际成本是巨大的。错误的客户总是更难引导，他们更耗费团队的时间和精力。这往往也会对产品团队提出更高的要求。当完成客户引导后，负担就会转嫁给后续的客户成功和支持团队，而当客户成功团队不得不争分夺秒为客户配置"开箱即用"的产品并努力培训客户如何使用它时，问题就会加剧。然后，续约前90天铃声响起，因为客户处于紧急情况之中，公司要召集一整个"特警队"来"拯救"客户，需要一两个主管参与其中也是很正常的情况。就算这样，续约概率也只有50%，而且续约条件还要加上降价、部分退费，或者因客户一再要求而延长免费使用期。这一切只是"把罐子踢到路边"的一时应对办法，只要根本矛盾没得到解决，在新的合同期内，同样的困难就会继续存在。50%的客户正在流失，因此而损失一定的收入是令人痛苦的。在客户身上倾注了所有时间和精力，却最终还是导致客户失败，这样的结局更让人痛苦。想想看，这些时间和精力本可以投在有机会成长和发展的优质客户身上。最后一个负面因素可能是最大的一个——从这个失败的客户那里得到的口碑——虽然失败的大部分责任可能在于客户自己，但当这位客户与朋友和同事谈论失败的时候，那就是另一个故事了。

高接触

将产品卖给非正确客户的行为，对高接触业务的影响极大。根据定义，高接触客户是你最有价值的客户，这意味着他们也很可能是给你带来最高业绩的客户。然而，这里面不单单是钱的问题。售后的每个步骤都是为了给这类客户提供更好的体验和更高的成功可能性。这意味着与低接触和技术接触模式相比，公司在引导、培训、支持和客户成功方面的负担增加了10%或20%。高接触客户的品牌价值和品牌认知度也要高得多，所以高接触客户的负面宣传要比一个不太知名的小客户带来更大的负面影响。

低接触

失去一个低接触客户的痛苦没有失去一个高接触客户那么大。然而，低接触客户的数量更多，所以如果你不努力地向正确的客户销售，你可能会发现自己在这方面负担沉重。雪上加霜的是，由于客户处于低接触状态，你充分管理由此产生的危机或寻找资源来拯救客户的能力很弱。这将导致此类低接触失败的代价可能和高接触失败损失不分上下。在某种程度上，低接触失败的代价可能更高。因为这类客户群的数量级别更大，他们会认识更多的人，所以即使每个客户成交价值较低，但他们的负面口碑影响力可能比高接触客户更大。

技术接触

现在把之前定义的高接触的问题乘以10（或更多）（对于低接触），因为数量大，再乘以10（对于技术接触）。每往下一层，你赢回单个客户的机会就会大大减少。想想看，仅仅通过向客户发送电子邮件或让他们参加网络研讨会，是无法挽救一个并不适合你产品的客户的，很难有结果，对吗？

那么，既然不将产品向错误的客户销售这件事情如此重要，具体需要怎么做才能减少向错误客户销售的机会？

- 使用数据，而不仅仅是讲故事。如果你想严格控制销售对象，就需要以数据为基础。你不能只是说"我想我们以前卖给过这样的客户，但没有成功"这样的话。你有必要更多地沿用下面这种思路。"我们已经成功获取了31个客户，他们与这个客户的行业、折扣、使用情况和价位情况相同。在这31个客户中，其中14个客户在第一次续约时流失，4个客户在第二次续约时流失。8个客户还没有续约。剩下的5个客户续约了，但合同金额平均降幅为14%。此外，我们在剩下的13个客户中的平均净推荐值（Net Promoter Score，NPS）得分是5.2分，他们的平均健康得分是38.7分。"
- 赋予客户成功副总裁对正在进行的交易的否决权。这很大胆，也有点危险，但切实有效。这有点像赋予客户支持团队对版本发布的否决权。你可以说他们应该拥有这种权力，因为他们是承受决定后果的人。如果留住人才确实是公司的一个工作重点，那么负责留住人才的人就需要有很大的权力。

- 将客户成功团队置于销售副总裁之下。我们不建议这样做，正如我们在第三章中讨论过的。但是，如果销售人员继续向错误的客户销售是一个主要问题，那么让做出销售决定的同一位副总裁必须承担这些决定的后果肯定会改变他们的关注点。这就是为什么我们让一个同时负责客户成功的销售领导来写这个特殊的条款。如果不把客户成功置于销售之下，或者说即使你这样做了，首席执行官也需要深入参与，以平衡向更多新客户销售和高保留率二者的具体需要。

- 确保销售副总裁（和所有高管）为客户保留业务而不仅仅是争取新业务而努力。你可以把这个观点灌输给各个销售代表，但他们通常不担心一年或更久以后的事情，所以可能不会产生你想要的影响。但是，如果销售主管因公司的整体业绩提升而得到奖励，因客户保留业务而得到激励，就像其在争取新业务上得到激励一样，你会发现这肯定会产生影响。

- 仔细阅读法则10。客户成功必须是全公司自上而下的承诺，这意味着首席执行官需要用长期的、持续的思维来推动公司的发展，而不仅仅是通过交易来创造漂亮的季度数据。最有可能的是，首席执行官最终要对有些交易说"不"，当然也要适当地激励和执行正确的公司行为。他和董事会对公司的长期成功有最重要的激励作用。

第六章

法则2：客户和供应商的自然趋势是渐行渐远

卡伦·皮莎（Karen Pisha），Code42客户成功高级副总裁

相关度

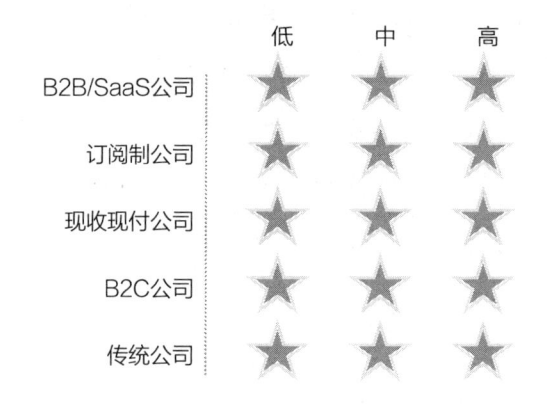

	低	中	高
B2B/SaaS公司	★	★	★
订阅制公司	★	★	★
现收现付公司	★	★	★
B2C公司	★	★	★
传统公司	★	★	★

执行摘要

客户和供应商开始时的关系就像湖中央并排的两只船。但是，如果两只船上都没有人，那么它们很快就会开始远离。随着时间的推移，两只船极有可能越来越远。怎么改变这种自然趋势？很简单，为其中一只船安排一个人并配一对船桨。更好的是，为每只船安排一个人并配一对船桨。

变化是最大的敌人。如果没有任何变化，客户和供应商很可能会保持紧密联系。但变化是持续的：两家公司的人都在变化，商业模式也在变化。

产品、领导和方向都在变化，而且还在持续。只有一方或双方的有意、积极的互动才能克服不断变化造成的自然漂移。这就是客户成功组织出现的原因。客户成功组织通过实践进行干预，以推动客户和供应商重新走到一起。他们上了其中一只船并开始划船。

业务的长期健康与防止客户流失并留住客户的能力直接相关。这个指标背后是无数次会议和无数个不眠之夜。在经常性收入业务中，公司的大部分收入都来自首次销售之后。事实上，在许多SaaS公司中，客户的预期生命周期价值能达到初始销售价值的10倍。作为限制增长的因素，流失对增长和公司估值都有负面影响。它对士气也有可怕的影响。每个人都讨厌失去客户，在经常性收入业务中，客户流失的成本是非常高的。正如第五章所提到的，最大的成本甚至可能不是客户合同的价值，而是在客户获取、引导、协助，以及经常试图挽留最终会流失的客户等方面消耗的资源。客户流失率随着客户群规模的增加而增加，这就使得流失率问题非常难以克服。

客户流失率可以定义为在特定时间段内停止订阅某项服务的客户的百分比。因为所有的公司都投入了大量的资源来获取客户，所以关键是确保客户尽可能长时间地留下来，以便为最初的投资产生尽可能大的回报。你的客户留得越久，回报就越大。

在经常性收入业务中，也很有必要了解一下部分流失的概念。在客户没有离开情况下，部分流失只涉及合同金额的损失。部分流失可能来源于产品的流失，未使用的许可证被退回，客户因为合作中出现问题或者认为获得的价值比他们最初预期的低，开始找协商要求更高的折扣。

那么，为什么客户决定与老牌供应商分道扬镳，寻找更广阔的空间呢？是什么促使客户离开？客户流失是由可预测的模式还是一系列不可预测的随机事件造成的？我们已经花了很多时间来分析这个问题，研究和实践经验告诉我们这不是随机的。

这听起来可能很明显：如果想阻止你的客户去竞争对手那边，你需要让他们成功地使用你的产品或服务。这并不像听起来那么容易。成功客户的定义差别很大，取决于许多因素。大多数公司认为，成功客户是产品采用、参与和使用的直接结果。当客户选你作为首选供应商时，确保他们得到预期的商业利益也是至关重要的。需要考虑的一件事是，有时最成功的客户可能是不满意的，这往往发生在客户突破产品或组织的界限时。不要误以为要求高就是不成功，通常情况下恰恰相反。客户的高要求可能会促使你发现更高的产品价值，并为产品日后发展找到方向。所以，你要做的是，即便面对客户的特殊要求，也要尽可能地让他们在产品中获得最大价值，进而得到满足。

客户取消合约的原因有很多，大多数公司都没有及时发现，发现需要挽救客户时却为时已晚。这对订阅制公司来说尤其关键，以下是客户流失的一些主要原因。真正的诀窍是采取措施来寻找警告信号，并在看到信号时根据数据采取行动。

没有实现财务回报或商业价值

有可能最初的商业论证并不是建立在准确的数据上的，或者内部情况发生了变化。无论是哪种情况，投资回报率不够高都会给你带来很大的风险。

- 迹象：注册后使用量减少或不活跃。
- 行动步骤：利用客户成功团队（如果有）审核客户的目标，并引导客户完成产品采用阶段，尽早获得价值。不断寻找方法来扩大产品的使用范围，使其支持更多的功能，从而产生更多的商业价值（更高的回报）。如果你使用的是技术接触模式，那么你需要找到创造性的方法来强化你的价值主张、强调客户最初购买的原因，以及如何利用现有的资源，从产品和相关服务中获得更多的价值。

实施停滞不前或拖延时间

客户通常急于开始工作，但往往在项目开始后，他们会失去动力或注意力。如果客户不能将他们的产品投入生产，他们就看不到任何价值。

- 迹象：客户未能将产品投入运营生产。
- 行动步骤：优化套餐定义和服务提供范围，尽快推动客户开始其客户旅程，以便让客户更快地实现价值。这可能包括分拆定义一些更小的阶段，客户在一个个子集内都使用你的产品，从而实现在整体范围使用。

失去项目发起人或高级用户

项目发起人或高级用户的变化会给企业的长期成功带来风险。在某些情况下，有关购买产品的原因的所有背景信息和管理应用程序的密钥都由一两个关键人物提供。

- 迹象：客户消失了。你无法联系到项目负责人或发起人。
- 行动步骤：为新客户提供培训，确保客户组织中不止一个人知道如何使用产品。努力建立并维持更高级别的关系，确保管理层了解背景和细节，即使主要支持者离开或担任新的角色时也能有所应对。

产品采用率低

有些客户没有使用你的产品来支持他们的业务需求，他们很可能会寻找另外的选择，或者回到他们的老方法中去。

- 迹象：客户根本没使用你的产品，或者使用率在下降。
- 行动步骤：制定方案，与客户一起评估他们的业务需求，并引导他们完成客户旅程，概括他们可以在产品中使用的功能。确保更多的客户了解产品，使用更广泛的功能，使你的产品更具黏性（更难被取代）。另外，像图书馆一样，收集一些客户获得回报的好故事和客户推荐的案例，以便在客户兴趣或势头有所减弱时使用，这确实是非常有益的。

被使用其他解决方案的公司收购

在大多数经常性收入或现收现付的公司中，公司收购会造成一定程度的客户流失。

- 迹象：客户联系人告诉你，该公司正在被收购，或者新的公司领导层正强制推行另一种解决方案。

- 行动步骤：这是一个棘手的问题。在某些情况下，你可能有机会向新的公司领导介绍你产品或服务的价值。这可能会给你提供一个保持（或增长）业绩的机会。然而在许多情况下，失败已是必然，准购列表上已经没有你的产品，这属于不可控流失。

产品功能缺失

现在所有产品和公司的竞争都在加剧。新功能的吸引力，如用户界面更直观，移动性或社交功能更强，再加上低价的诱惑，正促使很多公司更换供应商。

- 迹象：你的客户开始要求提供新功能、更多产品增强功能，或更便宜的价格。

- 行动步骤：确保客户成功经理了解产品路线图，并理解产品的哪些方面是做了重点投入的。如果你没有客户成功团队，就要找到另一种方式来向现有客户传达你的产品和公司的美好未来愿景。获取客户对产品方向的反馈，询问客户的想法。与产品管理团队分享这些反馈，让他们知道什么对客户最重要。让客户参与进来，让他们感觉到自己是整个过程的组成部分，这是一项强有力的举措。

新领导层推动方向或战略的转变

新的客户领导层会推动方向或战略的转变。有时候新的领导者会对过去使用的产品持有强烈意见或偏见，他们甚至会要求对你的产品进行评估或更换。

- 迹象：客户要求你参加竞标或解决方案评估过程。
- 行动步骤：取得项目负责人或发起人的支持，主动致电新的领导者，重新介绍公司，概述组织结构、产品内容和价值主张。强调从产品使用中已获得的价值，以及从扩展功能和未来使用过程中获得额外回报的机会。重点是要不惜一切代价抢占先机，因为依靠现有的产品及其缺陷，在面临竞争对手亮眼的PPT和演示时，你通常很难成功。

受产品质量或性能问题影响的客户

产品质量或性能问题会给客户带来巨大的痛苦，让他们想要去寻找更好、更稳定的解决方案。

- 迹象：客户提交的支持服务工单的数量或升级需求越来越多。
- 行动步骤：首先要找到方法跟踪早期预警信号，这样就可以在问题变成危机之前提前做好准备。当客户要求支持的次数超过一定限度时就会发出警报，如一个星期三次，从而启动行动计划，如打电话或发电子邮件。如果处于高接触或低接触模式，你需要有足够的专业知识和同理心，及时提供解决方案和替代方案。内部升级预警方案的同时，让客户知道他们的问题得到了最高规格的关注。保持对问题的高度重视，并积极主动地提供最新进展情况。客户能够理解软件并不完美，他们也会重视过程中的互动关系，以及为解决问题而获得的支持。遗憾的是，如果问题持续存在或者会造成重大影响，你仍将面临失去客户的风险。

你的产品不是正确的解决方案

有创意的销售人员总能找到销售产品的方法，即使产品并不是最适合客户需求的。参见第五章和法则1，了解更多信息。在某些情况下，客户会购买你的产品来满足业务需求，然而客户的业务需求与产品功能可能并不匹配。

- 迹象：客户对你的核心产品功能理解并不正确，或者客户所需功能在产品功能范围之外。
- 行动步骤：对销售团队进行培训，让他们了解理想客户体验案例和客户参数。在销售过程中与合作伙伴合作，帮助识别哪些潜在客户并不符合理想客户的特征，并提供替代方案为客户解决业务需求。教会专业服务团队在项目早期识别风险的警告信号和具体方法。重读第五章，了解更多避免向错误客户销售的方法。

人的因素

即使最优秀的客户成功专家，偶尔也会出现与客户不合拍的情况。重要的是密切关注团队中所有接触客户的人，并留意匹配可能存在偏差的预警信号。

- 迹象：你可能会在某次电话或意见调查中直接收到客户对团队成员的一手信息反馈，评价并不乐观。你也可能从合作伙伴或与客户有联系的其他人身上获得间接反馈。
- 行动步骤：不要忽视负面反馈，主动联系客户，征求他们对团队成员的意见和看法。你需要迅速确定关系是否可以修复，是否需要直接替换相关人员。推迟满足替换资源的需求会带来长期的负面影响。

最基本的是你必须主动出击，把程序落实到位，用以监测客户的健康状况。你越是了解客户，越能明确他们的业务需求和他们如何使用你的产品，在他们考虑是否续约或决定首选供应商时，你就越有机会脱颖而出。尽可能让客户成功管理团队主动联系客户，或者通过技术接触渠道介入（如电子邮件、网络研讨会或社群等），都可以让你们的长期关系和整体客户健康方面大不相同。以下列出保持联系的几个好方法：

- 客户成功经理或主管直接主动接触。
- 发送及时、相关的电子邮件。

- 高质量的客户网络研讨会，提供如何扩展产品使用的想法。
- 强大的客户社群的更新和参与。
- 定期的用户群会议。
- 客户咨询委员会。
- 用户研讨会。

补充评论

变化真的是你的敌人，即使是最好的客户，也很难保持最初的价值水平或价值感知。在消费者应用程序中也是如此。对大多数人来说，Facebook的价值在他们开始使用的最初几个月是最高的，这并不是说后期价值就渐渐消失了，事实上，随着不断努力改进并推出各种新功能，这款产品的潜在价值实际上在逐渐增加。然而，随着新鲜感的消失，或者当用户习惯后便将价值视作理所当然而不再珍惜，又或者你的竞争对手逐步缩小了双方产品间的差异，使得用户无从辨识，终端用户对价值的感知往往会下降。留住客户和提高现有客户价值，这是一场永无止境的硬仗，你唯一的选择就是做好充分准备，正面应对。

高接触

如果你有高接触客户，你就知道这项挑战可能很简单也可能很困难。可能很简单是因为你与客户的关系密切，客户可能参与程度更高，包括协助拟定产品路线图，以及对现有产品的各个方面提出高要求。说简单也是因为一旦销售完成，同客户的关系也不会像其他模式那样发生很大变化。从某些方面来说，这种关系在交易完成后甚至可能变得更紧密，因为这些客户的潜在生命周期价值往往比初始交易的价值要高得多，所以我们倾向于为他们提供更多的人力投入。

另一方面，高接触客户也可能是更严峻的挑战，其中一个原因是风险要高很多，而且要维持客户关系也比较困难，这类工作有助于你厘清客户方发生的变化并采取应对措施。你的支持者今天所拥有的权力和权限可能在一夜之间随着公司重组和新的领导团队组建而改变。大公司的组织结构往往更加复杂，也会有比较明显的办公室政治。所有这些都不利于你与正确的客户保持始终如一的关系。要契合客户的需求并不断校准，客户也会持续支持你并为你的产品背书。

低接触

低接触客户面临的挑战并不让人意外，他们比你的大客户更有可能直接面对公司层面的大规模变化。而且因为你不经常与他们联系互动，就更难理解这些变化随之而来的影响有多大以及将如何影响你。但如果你把这些客户都看作单独的个体，不可否认有时这样做很有必要，但更多时候，独立处理这类个案将很可能导致因小失大。在某些方面，低接触客户和技术接触客户会迫使身为供应商的你做一些比高接触客户更积极更深远的事情。因为在低接触模式下，当面对其中一两个客户的需求时，你通常不会过度反应，为了留住他们和满足他们的需求，焦点会放在最具可扩展性的流程和产品上。最终，现有产品会是迄今为止业务中最具可扩展性的部分。不断把精力和资源放在产品及产品交付、使用和售后支持上，能够帮你成长为更有效率的公司，而不仅仅是满足大客户的某些特殊需求的公司。

拥抱这一事实是一种非常积极的文化态度。

这一事实的另一个重要方面在于，低接触客户与高接触客户的留存/流失率目标应该是不同的。除了极少数例外情况，越靠近金字塔的底层，留存率会越低。理解并接受这一点，可以使你不至于过度耗费心力关注其中的一两个客户，而忽略了改善整体业务中更容易扩展的方面，如流程和产品。

技术接触

在讨论十大法则以及它们与不同接触模式之间的关系时，经常会发现低接触模式和高接触模式间的差异，任何情况套用到技术接触客户上都会更明显和更快速。我所说的关于低接触客户会面临的挑战和积极因素，对技术接触客户来说都适用。因为你从来没和他们单独交谈过，而在较大规模的会谈中，真实的反馈是有限的，也不大可能发现这些客户的商业模式或组织架构有变动。在这种情况下，有三件事可以帮你有效改善情况。

1. 调查。这可能是从这些客户身上获得持续性反馈的最佳方式。如果直接问他们"领导层或商业模式是否发生了变化"，可能不会得到有用的答案。但是，对于获得关于产品各部分的价值的反馈是很有意义的。如果能够持续搜集这类信息并传达给产品团队，他们就可以保持对市场的洞察力和敏感度，了解整体变化，迅速调整产品和服务，以适应不断变化的产品需求。

2. 社群。互动活跃的社群能够让你了解客户的想法和关注点。在社群内部提出问题可以获得一大群人的快速回应，这是非常宝贵的。确保你在社群中不是只有索取，也有同等价值的付出，充分利用社群可提供的能量。

3. 了解客户流失。在B2C世界中，主要是通过调查来了解客户流失。在B2B世界中，即使对于非常底层的客户，或许也值得花钱或花时间选取几个流失客户去跟进，了解真正的流失原因，进而知道在条件允许时应当如何避免流失。无论如何，了解客户流失的原因比了解他们为什么留下更有价值，因为客户流失往往是经过深思熟虑的。深入了解客户流失原因必须成为经常性收入公司的一部分。第十一章会有更多关于这一主题的内容。

高接触客户可能是获得财务成功的杠杆，但低接触客户和技术接触客户可能在规模扩展和效率提升方面提供同样宝贵的杠杆。

第七章

法则3：客户期望你能让他们获得巨大成功

尼洛·弗朗科（Nello Franco），Talend客户成功高级副总裁

相关度

	低	中	高
B2B/SaaS公司	★	★	★
订阅制公司	★	★	★
现收现付公司	★	★	★
B2C公司	★	★	
传统公司	★	★	

执行摘要

客户并不是为了使用产品的特性和功能而购买你的解决方案，他们购买解决方案（并购买与你的关系）是因为他们想实现一个商业目标。就像销售团队会使用挑战式销售方法一样，客户成功团队也需要提供新的见解和挑战。正如本·霍罗威茨（Ben Horowitz）2015年在哥伦比亚大学毕业典礼的演讲中所说的"告诉别人他们已经知道的事情没有任何价值"。

你的客户如何看待你们之间的关系，不仅仅是由你的产品的特性和功能来定义的，它还取决于你的公司为帮助客户变得更好所做的一切事情，包括客户支持、内容营销、线上资源，以及主题专家的直接参与。在某些情况下，传递违背常识（大多数人都支持的共识）的信息可能困难重重，但最终，传递符合客户最佳利益的信息会强化你们的关系，即便这些信息传递起来颇有挑战性。在客户留存至关重要的世界里，这不仅仅是一个机会，还是一项义务。放任你的客户走上错误的道路将带来灾难性后果，因此我们必须挑战客户，让他们以正确的方式行事。

想要实现巨大成功，你必须了解三件基本的事情：

1. 你的客户是如何衡量成功的？换句话说，客户的衡量标准是什么（时间节省、收入增加、成本下降、质量提升的具体财务影响），以及客户需要取得怎样的成果才算成功？

2. 客户是否实现了该价值（或至少正在实现该价值的道路上）？

3. 在这一过程中，客户体验如何？

巨大成功不是偶然发生的。之所以能发生是因为你和你的客户都在追求共同成功。你们双方都共享并理解相同的目标，你们会根据这些目标衡量和监测整个过程的进展情况，会提出尖锐的问题，并在制定新目标时不断努力提高标准。

事实是，要想让你的客户成功，仅依靠好的产品还不够。对于公司而言，你赢得了这笔交易是因为你的销售团队表现非常出色，能够推销公司的优势，描绘愿景，并让客户开始期望使用解决方案之后会有明显的回报。最近在一次客户会议上，一位很有前瞻性的首席信息官向我表达了他对许多软件供应商的担忧："他们都没来挑战我们，只是来安装软件，然后就走了。我想要了解我们目前有哪些方面是需要改变的。我们不仅仅是付费购买产品，我们还需要供应商的专业性。"在某种意义上，他就是在告诉我们："你给我们推销了愿景和专业知识，这是我们想要的，不过那仅仅是预期，现在请兑现诺言吧。"

除非你能在公司高管仍然兴奋的时候迅速实现某些价值，否则你很有可能失去上升动力，陷入Gartner公司所说的"幻灭的低谷"（见图7.1）。

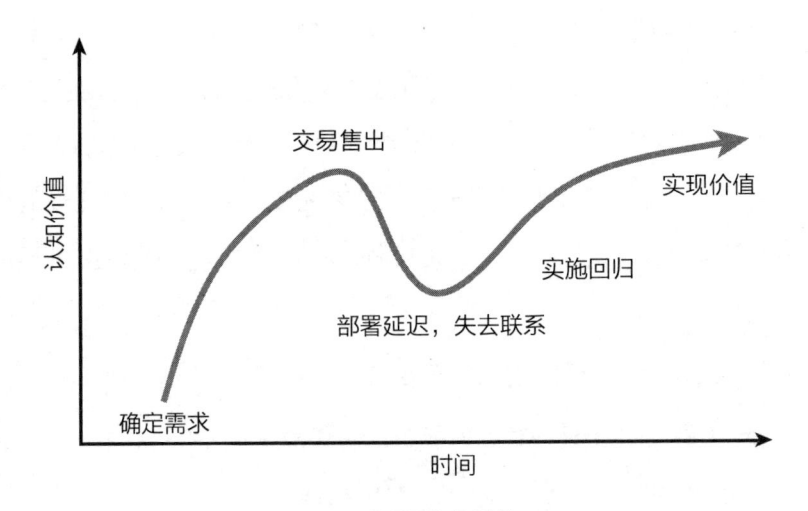

图7.1 延迟价值场景

有了早期的数据证明，客户对成功的认知将成为较平坦的曲线（见图7.2）。

除了确保引导客户取得最终成功，还要为客户安排一个速胜成果。先定义初始里程碑，并跟踪到达首次价值点的时间（如图7.3中的"第一阶段价值"）。这或许很简单，如提供具有基本功能的初始概念验证，它将迅速向你的客户（包括你的直接支持者以及主管或董事会成员）证明采用你的技术是一个明智的决定。迅速证明价值也同样重要，因为你与客户之后的任何扩展计划都将以早期成果为前提，越早取得成果越有助于保持良好的势头。对于你在未来阶段可能面临的挑战（技术、商业、环境或政治方面等），早期成果也会非常有帮助。它将使你的支持者能够利用已经实现的价值为你扫清障碍并争取更多支持。

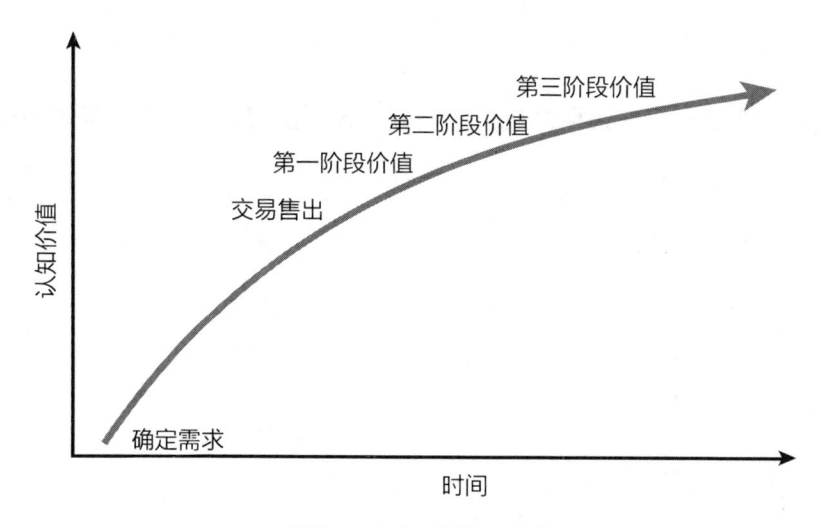

图7.2　改良后的价值场景

安装内部部署软件，为SaaS解决方案提供用户账户，使你的B2C解决方案或移动应用程序易于使用，甚至提供有关产品功能的基本培训，这些都是基本操作。这些基本操作只能让你入局，不足以使你获胜。当公司进行创新时重要的是向外界传达这种创新的好处，关键是客户应该如何利用你的创新功能来更有效地完成他们的工作。伟大的公司需要以可扩展的方式提供这种专业知识和引导。这不仅需要有精通技术的专业服务顾问，他们以有偿服务的方式提供服务（这在为服务企业以及一些高科技解决方案的子部门提供服务时非常重要），还需要有优质的内容（知识库、最佳实践、使用方法）和有效的方法来实现。

客户购买产品不是因为功能演示起来很炫酷，而是因为客户有工作任务要完成，希望你的解决方案（和你的公司）能够帮助他们更好地完成。例如，如果你的公司提供数字营销解决方案，你需要提供工具、技术、培训和支持内容，使你的客户成为更好的数字营销者，而不只是教他们发送电子邮件。更重要的是，你需要不断地向客户提供成功案例，让他们知道如何使用你的解决方案来提高效率，其他客户是如何使用你的解决方案来提高效率的。如果你有汇总数据，还需要说明客户的某些关键指标（使用情况或其他方面）与类似公司或行业平均水平相比如何。如果没有比较基准或要实现的目标，客户当前的绩效数据价值就很有限。

要帮助你的客户获得巨大成功，首先必须了解成功对他们意味着什么

要管理你的客户，让他们迈向巨大成功之旅，这三件事一定要搞清楚：

1. 他们是如何衡量成功的？具体来说，他们用来衡量成功的关键指标或"货币单位"是什么？客户需要增加/节省/移除/减少多少单位才能说他们已经从你的解决方案中获得了价值？你也应该知道客户作为一个团队（无论你的解决方案如何）是如何被衡量绩效的？

2. 根据该指标（或一些指标），他们是否取得了成功？或者，如果是正在进行中的工作，客户是否有望在预期的时间范围内取得成功？

3. 他们在整个过程中的体验如何？前两个问题的答案是明确且可量化的，但这个问题就没有那么简单了，然而它是极其重要的，它将推动你与客户的关系并建立互动的基调。即使客户使用你的技术实现了他们的目标，如果他们的体验是痛苦的或者耗费了比预期更多的精力，那么客户获得成功的成本（包括有形的和无形的）就大大增加了，客户也更有可能流失。

投资回报率不是概念，而是方程式

另一个在销售周期中同样备受关注，但在实施后可能被忽略的领域是投资回报率的量化。如果你是客户成功解决方案的供应商，你的客户可能有以下目标。

- 减少流失。
- 寻找向上销售的机会。
- 提高团队生产力。

虽然很难确定你的解决方案能够在多大程度上帮助客户实现这三个目标，但如果可能的话，首先要做的是量化预期结果。例如，减少多少流失？识别多少新的向上销售机会？有多大规模？总价值是多少？团队生产力提高多少？如何衡量生产力？是否有办法将产品的使用（或产品的特定功能）与团队可扩展性联系起来？你能不能找出几个关键的指标，将客户健康分数与之联系起来？可否将某一层级的客户达到一定比例作为第一价值点实现的标志？在你了解了期望值之后，把它们设定为明确的目标。

掌握节奏并跟踪进展

运用定期的业务审查（与你的高接触客户）来跟踪进展，看看是否在朝着共同定义的目标前进。如果你的客户知道他们的成功也与你密切相关，你们拥有共同的目标，他们就会愿意与你经常往来，合作并探讨如何实现目标。聚焦于这些目标的定期战略性业务审查（Strategic Business Review，SBR），不管频次如何（按季度或其他），都会给你和你的客户一个定期接触的理由。这些目标也有助于为业务审查制定对话框架。我见过太多的季度业务审查（Quarterly Business Review，QBR）参与度很低，因为成功标准并不明确也没被理解。产品路线图的更新和对开放支持案例审查对QBR的开展帮助有限，事实上，只涵盖这些主题的QBR是非常具有防御性的。如果谈论的都是还不存在的功能和不能正常运作的功能，那么你和你的客户就无法获胜。

在通往众所周知的成功之路上，业务审查必须是更广泛的背景的一部分。如果你对客户成功标准有清晰的了解，那么在每次QBR结束时就应该为下一次设定可衡量的目标。我最近跟一位客户见面，他的目标是在未来两个月内使用我们的产品将数十亿行数据迁移到新的存储库。虽然我们的客户成功经理会在此期间与客户进行多次讨论，以确保客户能实现这一目标，不过在下一次QBR中一定会有更大的团队参与进来，对照可量化的目标审查进展情况。

成功不是终点，而是旅程

尽管你的客户可能已经设定了初始成功标准，但作为合作伙伴，你的一部分价值体现就是帮助客户确定他们下一步应该考虑的问题。你知道并理解你的产品能给你的客户带来的潜在价值，也知道其他客户是如何成功使用你的产品的。

这是一个绝佳的机会，你可以借此引导你的客户，让他们知道接下来应该考虑什么。如果他们刚刚使用你的客户成功自动化产品将留存率从85%提高到88%，那么你现在有机会向他们展示一流的公司是如何实现90%甚至更高的留存率的，以及与你合作将如何帮助他们实现这个目标。对于低接触客户来说，你可以通过内容营销和在线最佳实践的沟通来实现这一目标。对于高接触客户来说，这可以（也应该）成为调整的机会。这是影响彼此战略的机会，也是强化关系的机会。效能模型是一个好用的工具，有助于将客户引导到超越初始价值的方向，能够充分体现价值和进度，你可以运用这个工具设定目标和时间表，帮助客户通过与你合作更好地实现他们的商业目标。

从理论上讲，理论和现实没有区别，但现实中是有的

虽然所有这些在理论上听起来都很好，然而，除非你在整个客户关系中（从销售流程开始）对所有事务的处理都完美、一致，否则你会遇到下面这样的情况：客户不愿意参与谈判，不向你提供关键数据，市场充满挑战和质疑，并且可能与你对期望值的预期和理解也不同——这可能是由于过于乐观的销售估计造成的。你可能会遇到对你产品的挑战，你的支持或服务团队也未必每次都能提供完美的服务。我只能说：欢迎来到客户成功的世界！这些都是你必须面对的挑战，而且当问题出现时，你必须迎难而上并尽快开展对话，问题不会自行消失，但客户会。

如果处理得当，这些艰难对话至少是绝佳的学习经验。观察一家公司最好的视角就是从客户的角度来审视。无论你如何努力去想象客户对某事的看法和感受，在他们明确告诉你之前，你都无从得知。坦诚的客户对话是宝贵的信息来源，有时甚至可以说是关键点拨。

解决挑战的机会也是巩固关系的大好时机。我曾听人说过，最坚硬的钢铁是由地狱之火锻造而成的。如果你曾与客户携手共渡难关，并展现出你作为合作伙伴的本色，或者你足够有担当，设定了短期的里程碑目标并实现了，让客户重

拾信任并取得成功，那么你就会理解这句话并对此感同身受。如果客户没有履行他们的承诺，那你就需要战略升级，和销售团队或其他业务职能团队一起制定策略，找出适当的对接人或团队进行必要的艰难对话。客户成功是每个人的责任，为此你需要动用所有能取得的资源，正如你的客户所期待的那般。

诚然，客户希望你能让他们获得巨大成功，同样，他们也非常希望与你一起获得巨大成功。事实上，在共同成功的过程中，客户要承担的风险至少跟你是一样的，而你的客户要求高是因为他们想获得成功。挑战你的客户并不是一件容易的事，需要双方在相互尊重基础上建立关系，认识到你们都在为同一个目标而努力。最近有一位客户在一次晚宴会议上告诉我："你向我们提出的挑战让我们难以处理和接受，我们起初感到不快和抗拒，因为你们基本上是在说我们做错了，搞得关系有点紧张，然而最终我们觉得大家毕竟是同舟共济，于是我们还是选择接受了。结果，这件事强化了我们的关系。"

客户的意见和反馈让你有机会改进，但不总像升级或挑战那么明显。在大多数情况下，你需要注意那些更微妙的、对客户成功造成威胁的线索。这些线索很多时候都不是客户说出来或展示出来的，而是隐藏在他们没有说出来的话中。时间表或优先级的变化可能暗含着风险，若是在这样的情况下，关键在于找到问题的根本原因，了解你需要做哪些调整来推动客户成功。

请记住，你的客户不是在购买技术。他们购买的是问题解决方案，一条通向更好发展的道路。你的责任就是了解客户的目标和意图，并引导客户沿着这条道路前进（以高接触和低接触模式）。一旦你能够理解客户如何衡量成功，确认他们正在实现成功，并确保他们在这个过程中获得了积极的体验，你就会拥有最有价值的东西：支持者。在如今这样的世界里，社交媒体和网络就像助燃剂一样，能够让负面信息和正面信息如同野火燎原，支持者是无价之宝。

综合来看，挑战式销售和内容营销的兴起造就了这样的环境：客户期望他们购买的不仅仅是可以使用的产品。他们与一家公司建立关系，这使他们能够更有效地实现其业务目标。因此，客户成功经理（以及所有面对客户的团队）必须拿起指挥棒，负起责任，在整个客户生命周期内扮演挑战者的角色。实现巨大成功不是偶然，它的发生是因为有人提出棘手的问题，合理地衡量和监测指标，一旦目标实现，就会有人提高标准并复制成功。欢迎来到（超级）客户成功世界。

补充评论

并不只是针对千禧一代，我们确实生活在一个权利的世界。互联网改变了一切，尤其是人们的期望。还记得你曾经思考安东尼·霍普金斯（Anthony Hopkins）到底获得过多少次奥斯卡奖，却一直找不到答案吗？那样的日子一去不复返了。现在，我们提出问题后两分钟内就能得到答案（否则我们就会抱怨互联网电影数据库的性能太差或餐厅里没有Wi-Fi）。技术也为我们提供了大量像互联网电影数据库这样易于使用的移动应用程序。所有这些东西把我们当前和未来的客户宠坏了，让他们的期望很难被满足。其中一个期望是，让他们成功的责任在于我们，而不是他们。在以订阅为基础的世界里，无论我们喜欢与否，这都是事实。因为如果我们不这样做，我们的某个竞争对手就会这样做，哪怕这样做是个糟糕的商业决策，成本很高，也没有可持续性。但如今我们已经被现实困住，所以我们必须学会面对。我们唯一的选择就是接受事实，对抗它只会浪费我们的精力和热情。

不过我们还有一丝现实主义可以指望，至少暂时还可以。每个人都接受这样的事实：一个可以帮助你改善财务状况并能每个季度结账的应用程序，一定会比美食评论Yelp或拼字游戏Words With Friends更复杂，使用起来更具挑战性，但它们的差距在逐渐缩小。最成功的商业软件无疑会从消费者应用程序中借鉴用户界面技巧，大家都从中受益。但更高的标准总是更难跨越，无论我们销售的是需要四个月引导过程的产品，还是从应用商店下载并希望在30秒后就可以使用的产品，客户想让每天的生活变得更加轻松的期望是不会消失的。

高接触

高接触客户在逻辑上似乎最符合这条法则。我想说的是，当涉及差异化竞争时，所有层级的期望都是一样的，不一定是在甲骨文公司的应付账款应用程序和优步应用程序间进行比较。对于高接触客户来说，这种负担是非常真实的，而且主要落在个人肩上。通常情况下，得有人必须理解客户对成功的定义，得有人帮助定义投资回报率并向客户报告，还得有人负责提供有效使用产品所需的培训。这些都是随着时间的推移可以越来越自动化的事情，不过对于今天的大多数产品来说仍属于个人的工作要求。

对于客户成功团队来说，这绝对是见真章儿的时刻。他们绝不是单打独斗，他们希望从产品、培训和支持团队获得帮助，这也是百分之百合理的，但客户成功经理个人最终仍要承担责任，确保客户获得巨大成功。一如往常，客户参与这一过程的能力、方向和热忱程度不一。正如世人知晓的那般，客户的成功往往是由他们本身决定的，而不是由我们决定的。但无论如何，我们还是要承担起推动客户成功的责任，因为如果我们不这样做，先不说会受到什么指责，结果总是糟糕的。

低接触

就这条法则来说，低接触客户很可能是最难的。可以肯定的是，长期解决方案是自动化的。但如果解决方案中的技术部分不能满足客户的需求，他们就期望获得由人提供的同样完美的服务。挑战是显而易见的——客户期望在他们有需要的时候就有人来帮助他们（通常确实如此）。而客户往往不理解的是，人力资源并非无限的，这是我们不得不面对的一个事实。我们必须处理有限的资源，在这种情况下，资源指的是人，此时设定和维持期望都没有资源更难处理。想想看，我们可能要向两组客户发送不同的信息，还要考虑他们会怎样理解和处理这些信息。

低接触客户——"我们将运用全部的技术资源来协助你获得成功。你可以无限制地访问我们的知识库和最佳实践案例库，随时观看培训视频。此外，客户成功经理/团队也可以在特定情况下提供帮助。"

技术接触客户——"我们将运用全部的技术资源来协助你获得成功，你可以无限制地访问我们的知识库和最佳实践案例库，随时观看培训视频。"

哪种说法比较不容易被人误解？哪种说法更有可能被滥用？哪种说法比较有可能被客户赋予错误的期望？

面对这里的挑战要有心理准备。它们并非不可克服，但可能相当艰难。

技术接触

这里的期望值很容易设定，但别忘了，门槛可是相当高。重申一下，为了满足客户需求，你要想办法从客户那里获得真实的反馈。你可以通过我们之前讨论的调查来完成这项任务，你也可以在应用程序中实现。有许多第三方工具可以利用，如WalkMe，能够引导客户实时浏览你的应用程序，也有助于客户旅程变得更有效率和更简单。你也可以在你的应用程序中建立反馈机制，这样一来你就可以直接询问客户，例如，当他们在某个页面或流程中的某个步骤停留太久时，你可以直接问客户是否有什么东西让他们感到困惑。不要轻视辅助客户熟悉产品或流程的需求，因为这是他们所期望的，也是你的竞争对手正在努力的方向。

设定早期预警系统在这种情况下可能非常有帮助。如果一位新客户在你的应用程序中还没有达到某个价值点（由你定义），就会触发系统发送一封电子邮件，从而激励他们继续前进，这显然需要在设定时就绘制出理想的客户旅程和你的产品中必须使用的部分，以便你能适当和及时地介入。

一般来说，订阅经济赋予客户的主动权比以往更多。这条法则非常具体地说明了这一事实。如果你想要打造一家以客户成功为中心的企业，就需要承担起让客户获得巨大成功的责任。

第八章

法则4：不断监测和管理客户健康

丹·斯坦曼（Dan Steinman），Gainsight首席客户官

相关度

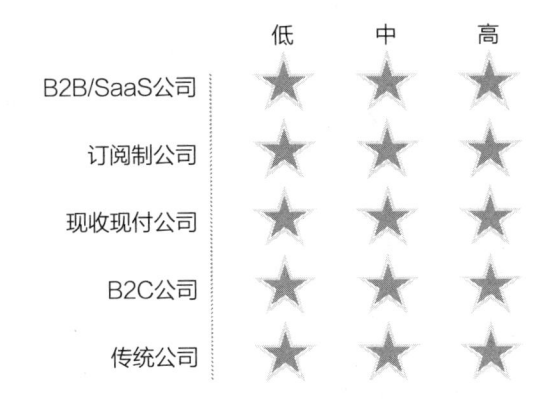

	低	中	高
B2B/SaaS公司	★	★	★
订阅制公司	★	★	★
现收现付公司	★	★	★
B2C公司	★	★	★
传统公司	★	★	★

执行摘要

客户健康是客户成功的核心。只要使用得当，它不仅能提供信息，还能推动适当的行动。它对客户成功的意义就像销售漏斗对销售副总裁的意义一样，是未来客户行为的预测器。良好的客户健康状况代表着续约和向上销售的机会很大。客户健康状况不佳意味着续约和向上销售的机会较小。因此，正如销售副总裁会管控销售漏斗一样，客户成功团队也必须对客户健康进行管理。

客户留存对于经常性收入业务来说是至关重要的，监测和管理客户健康状况是客户成功的核心活动。客户成功团队必须坚持不懈地做好。

这条法则的标题很适合用来玩古老文字游戏，你可以试着玩一下：大声念四遍，每次强调一个不同的词或短语。

- 不断监测和管理<u>客户健康</u>。
- 不断监测和<u>管理</u>客户健康。
- 不断<u>监测</u>和管理客户健康。
- <u>不断</u>监测和管理客户健康。

在订阅模式下，如果想实现积极的客户成功愿景，那么这条法则中的每个词都同样有价值。让我们先搭好框架，然后再独立分析每个概念。

正如我们已经反复阐述的那样，订阅模式要求我们把关注点放在客户身上，不是因为我们想让他们为我们说好话——可以的话当然很好，也不是因为我们想把他们当作案例来研究——可以的话也很好，更不是因为我们的首席执行官想宣称他以客户为中心——他们都会这么说，不管他们是否能说到做到。我们别无选择，只能关注我们的客户，原因非常简单，这关系到企业的生死存亡。经常性收入业务如果无法为客户带来成功，就无法生存下去，因为成功的客户会做两件事：（1）他们很大概率会续约；（2）他们会从你那里购买更多的产品或服务。真的就这么简单，如果没有这些事情发生，订阅或现收现付业务将无法生存。

公平地说，完全不管理、不培养客户一定不行。我们确实希望他们能够成功地使用我们的产品，跟其他人讨论并推荐我们的产品，与我们一起组织其他与营销有关的活动。大多数公司和首席执行官都希望客户能够成功，原因却跟财务并不相关。让客户从我们努力提供给他们的产品中获得真正的商业价值，这种感觉很好。这不是欲望问题，而是关于动机的问题，希望客户获得商业价值是一回事，但企业的生存能力则是另一回事。

这并不是为了说明问题而夸大其词，数字是不会说谎的。在永久许可的软件世界里，客户的生命周期价值中有非常高的比例是在初始销售时获得的，可能会高达90%。在订阅经济模式中，初始交易的价值很可能还不到客户生命周期价值的10%。让我们以一份25000美元的年度合同为例，客户寿命预计至少为7年，健康客户的寿命可能是10年或更长，这意味着该客户将进行9次续约，即使年增长率只有5%，客户在关系存续期间最终的花费也将远远超过最初交易价值的10倍，这还不包括来自服务和培训的非经常性收入，也不包括前面讨论的二阶收入影响。

因此，客户成功诞生——一个专门为使用产品的每个客户创造价值而设立的团队，能带来高留存率和健康的业务。这就有了一个简单的指标——净留存率，用来衡量客户成功团队的表现情况。但他们到底每天要做什么呢？

不断监测和管理客户健康，就是这样。

让我们从这条法则的最后一个词（客户健康）开始分析。

客户健康

在定义客户健康之前，我们应该先回答"为什么"。动机几乎总是来自"为什么"，而不是"什么"或"如何"。那么，我们为什么要关心客户健康呢？答案可能看起来很明显，但让我们把它变得更具体一点。因为销售已经存在了很久，而且每个人都明白它是如何运作的，所以我们就拿销售作类比。了解客户成功世界里的客户健康状况与销售负责人（和主管）了解销售漏斗非常相似。清楚地了解漏斗对销售副总裁来说有什么作用呢？

- 预测未来行为。

- 预测未来行为的时机。
- 实现对团队的更好管理。

简而言之，就是预测和管理。客户健康为客户成功副总裁提供了同样的价值。它是未来客户行为（续约、向上销售、流失、风险识别）的日常预测工具，并提供了更为及时的方式来管理团队（不必等待12个月之后才了解流失率/留存率）。

现在来聊聊"什么"。客户健康是什么？"健康"这个词并不是随意用的。它真的类似于我们人类的健康。如果我们去看医生，进行彻底的身体检查，我们可以得到一个健康评分，对吗？让我们看看体检报告——这个病人的体温和心率都很正常，血液检查结果显示没有大问题，但他的胆固醇有点高，体重也超过了理想体重4.5公斤，每月只做3次运动。我们可以进行一系列测试，但对于这个年龄段的人来说都是常规测试，在0到100分的范围内，我们可以给他打84分。

客户健康也是如此，我们可以进行一系列的测试来判断整体健康状况，当然，首先需要定义清楚什么是"健康"，以便与测试分数进行比较。你很可能有一些健康的客户，你知道他们是谁，也知道为什么你认为他们是健康客户：他们几乎每天都在使用你的产品，甚至还会使用一些高级功能。他们经常联系你的支持人员，足以让你知道他们在积极地使用你的产品，但他们不会过于频繁地打客服电话，他们按时支付账单，在最近一期的客户满意度调查中给的评分是90分。你可以根据印象或科学方法来判断客户健康情况，不过最终很可能是两种方式的结合，但你需要确定以哪种方式为主来判断。每家公司都有不同的解决办法，所以并没有统一的标准，但这里列出了一份可能的客户健康元素清单，可以用来判断客户健康状况：

- **产品使用率**。如果有机会你一定要拿到这项数据，它对判断客户的健康状况有很大的价值。用各种可能的方法来分析数据：客户使用解决方案的频率如何？他们是否在使用最具吸引力的功能？有多少人在使用？主管是否也在使用？是否在董事会会议、高管会议、部门会议等场合使用？客户是否使用以及如何使用你的产品，没有什么能比这个更能告诉你客户健康状况的了。然而，客户的健康状况不止于此，如果你无法获得产品使用数据，这个清单的其余部分就更加重要了。

- **客户支持**：客户打电话的频率如何？平均用多长时间能结案（有多少属于第一优先级案件，第二或第三优先级案件数量，等等）？健康的客户通常会定期打电话或使用支持服务，这是判读客户健康状况的一项很有用的指标。

- **调查得分**：将客户关系视为人际关系。语言交流和非语言交流都很重要，当你询问客户时，客户直接回复你的信息是很关键的。

- **营销参与**：当你向客户发送营销电子邮件时会发生什么？它是否被退回？客户是否取消订阅？客户是否打开、点击、翻页或下载？无论结果是哪一种，都是有启示意义的。你的客户为你提供转介绍和推荐吗？他们提供案例研究么？他们会在研讨会上积极发言么？健康的客户会有上述行为。

- **社群参与**：如果你建立了社群，你的客户无论健康状况如何，可能都会在那里花费时间，他们所做的事情可能非常有趣。他们是否提出问题或解答问题？他们是否递交产品需求？他们是否对他人的提议进行投票？

- **合同增长**：客户对你的技术和服务的投资是忠诚度的一项明确指标。如果五年后某个客户的合同价值与开始时一样大（或更小），那么这个客户可能没有另一个合同价值翻倍的客户健康。

- **自给自足**：不需要你帮助就可以有效地使用产品的客户，通常比那些依赖你来推动才能前进的客户更健康。

- **账单记录**：健康、忠诚的客户会按时付款。

- **高管关系**：你与每个客户的个人关系有多好，以及他们在公司的层级有多高，也是判断客户健康状况的一个非常重要的因素。

至少，你应该思考一下客户健康意味着什么，并针对特定客户分析其各方面的表现。你可能会列出这样的清单，然后确定有些信息无法获取，或者计算分数太复杂。或者你可能决定唯一重要的因素就是产品使用率。这很好，因为你总是需要从某件你既能做又能解释的事情开始，不过还是要列出清单，并使之成为一个可以不断调整的清单，当你把它作为讨论和考虑的核心时，客户健康的许多其他方面就会显现出来。

无论你最终做出什么决定，这个过程都会给你带来启发和益处，到最后，你会完全相信，客户成功整体战略必须聚焦于对客户健康状况的评估。

管理

如此简单的一个词，却包含很多含义，让我们深入展开讨论吧。如果你有客户成功团队的话，这个词就是团队每天实际工作的核心所在。对客户健康状况的准确评估，是忠诚度的明确指标，也能预测未来客户的行为。事实上，如果这个观点无误，那么客户成功团队所采取的任何行动，只要不是为了提高客户健康分数，就最好不要继续做了。再以销售为例，销售团队所进行的任何活动，如果不是建立销售漏斗或者推动商机在漏斗中流动，那就算白白浪费了销售团队成员的时间。

对客户健康状况进行评分不是一项学术活动，它有一个明确的目的。但是，如果做得好，它会为团队提供操作性很强的参考。例如，如果你认为某个客户在意见调查中给你打了较低的分数，客户健康分数就应该下调，那你就应当想办法来处理意见调查中的低分，采取行动来扭转该客户的负面看法。这正是我们所说的管理的意思，要采取行动，不要只是观察和思考。行动起来！只有分析或洞察却没有行动，可以说一点儿用处都没有。再拿销售做个类比，这就像一个销售代表报告说，她销售漏斗中的一笔交易已经在同一阶段停留了180天，观察到这个事实和向上报告对推进业务没有任何帮助。销售副总裁应该早在180天前就告诫销售代表"不行动就是失败"。

让我们再来看看如何通过提高各个部分的得分来提高客户健康整体分数，

客户健康分数的每个组成部分对客户成功经理来说都是非常重要的，因为这份清单能帮他们改变总体分数。这样想一下，如果你所拥有的只是一个总体分数，那你身为客户成功经理要如何提高个别客户的健康分数？啊……嗯……让客户更开心？对，也就是说，总不能去把整个大海煮沸吧，这是不可能完成的任务。

但是，当你把总分分成几个不同组成部分时，再来看看同样的挑战。比方说其中一项是"产品使用率"，可以用来衡量客户购买产品后活跃使用的占比。现在，如果你是客户成功经理，你想要提高某个客户的健康分数，而你发现该客户的产品使用率得分非常低，100项许可中只启用了13项，你就会依据这一点来决定接下来采取哪些具体行动。可以肯定的是，如果有60个客户积极使用你的产品，而不是13个，整体得分就会大幅上升。

对客户健康状况进行评分，然后以此为基础进行管理，认识到健康分数的提高表明忠诚度的增加，会带来未来业务增长，具体则表现为续约和向上销售。

监测

要管理客户健康，你必须对其进行监测。技术可以在我们讨论的所有领域扮演重要的角色，而它对于协助你监测客户健康这方面是尤其重要的。如果你没有监测客户健康状况的系统，你将被困在海量的电子表格和报告中，试图从海量信息中得出可操作的结论简直就是天方夜谭。也许一开始是手动操作，之后可以转变成更科学、更系统化的方式。其实早期体验一下手动操作的痛苦还是很有帮助的，可以为实施自动化提供合理的动机和痛点。另外，早期创建非系统化的流程也是很有用，因为一开始没有系统，你需要自己解决具体问题，然后将其自动化。如果流程没有得到合理校正，那么自动化就没有意义，你最终只会更快地犯错。

你无法管理监测不到的东西，所以无论怎样，这步事关重大。到目前为止，我们所讨论这条法则的三个要素是同样重要的，缺一不可。

不断

然后就是我们这条法则中的副词了，有人会说它不像其他三个词那样重要，因为它只是用来形容要如何进行特定工作的。毕竟监测和管理客户健康状况听起来是非常好的主意，事实也是如此。但正如一位智者所说："如果是值得做的事情，那就值得做到最好。"我们都同意在这里讨论的事情是值得做的，那么为什么不通过不断努力把它做到极致？事实上，如果不能不断努力去做，可能根本就不值得做。在我们的生活中，很多事情都紧急且重要，但是，如果我们一致认为，提高客户忠诚度（客户成功）是经常性收入商业模式长期生存能力的基础，那除了不断努力去做，我们还有别的选择吗？首席执行官对这个问题的答案会有疑问吗？

对我们大多数人来说，日常工作活动就像真空中的气体，它们会迅速膨胀以填充整个空间。如果我们没有其他事情可做，光是电子邮件可能就会耗尽我们一整天的工作时间。而且，我们大概都会同意，如果我们只做这一件事，我们的工作效率注定不会高。那么，为什么不抛开所有疑虑，不断努力去做呢？我们谈论的是必须做的事情，而这些人的成就将由其完成的程度来决定。不断努力去做似乎唯一合理的方法。

也许总结这条法则的最好方式就是喊出口号：不断—监测—和管理—客户健康！

补充评论

客户健康是理解和管理客户的核心。但同样重要的是要明白，客户健康状况并非一成不变，而且改变时（未来一定会）也未必是典型的线性变化。如果要用我能想到的几何图形来形容的话，它更像一条正弦曲线。如果你也像我一样，多年来一直与客户直接打交道，你一定会同意我的说法，客户健康状况的变化可以像芝加哥的天气一样，前一分钟还阳光明媚、温暖如春，后一分钟就狂风大作，暴雨倾盆。某个客户可能对你的应用程序非常满意，使用方式也符合你的期待。随后你发布了一个新版本，变更了某个关键功能，这使客户在产品升级时遇到了麻烦。昨天，该客户还是优质的客户成功案例代表，今天就没那么好了，而到了下周，可能又因为你闪电般回应了客户面临的挑战，并尽最大努力协助客户克服了困难，客户又恢复了好心情，重新回到客户成功案例代表队列中。了解客户健康的正弦曲线真的很重要，因为它使你能够利用高峰期得利，在低谷期进行干预。

高接触

当面对高接触客户时，利用客户的高满意度时期获利和在低谷时进行干预，这往往都是在一对一的情况下发生的。这就是高接触模式的本质，也是让该模式更容易理解的原因（只是不一定好实施）。如果我是某个客户的客户成功经理，我大概率会直接打电话给客户，问他们是否愿意为我们做推荐。差一点儿的情况下，我会发一封电子邮件。就算在低谷期，我也一定会打电话去了解客户所面临的挑战。但别忘了，即使在高接触模式中，你也可以利用技术接触的一些流程。例如，对我的高接触客户来说，即使收到一封自动邮件，但看起来好像是直接由我发送的，请他们做产品评论并提供网站链接，让他们可以直接进入评论页，客户体验也不会太糟。事实上，通过电子邮件来做这件事对于我的客户和我来说，显然更有效率，因为我直接附上了想要他们点开的网站链接。此外，只要有合适的工具，我便有能力让这封电子邮件只自动发送给还没有做评论的客户、健康评分刚刚超过85分的客户，而且只在他们没有正在处理中的支持请求的情况下才发送。为了保持我与客户的高接触关系，我可能会在他们完成评论时亲自打电话给他们表示感谢，或者发一封模板化的电子邮件致谢。

低接触

还记得我们用过"及时"这个词吗？这条法则应用于低接触客户时，是最适合践行及时客户成功的。根据定义，你没有与这些客户进行定期通话或QBR的预算，也就必须接受只能定期安排少数几个接触点的事实，绝大多数接触都是在适当的时机才会被启动。我在前面描述的请客户做产品评论的场景是个完美的例子，也完全适用于三个层级。假设我们定期做客户调查，而其中一次收到的客户满意度分数低于平均水平，我可能会以此为契机对客户进行干预，并通过电话了解细节及后续行动。我也可能只有在客户健康评分低于70分时才介入，随着时间的推移，你会越来越清楚该何时介入并进行干预，以及对每种情况应该有怎样的预期。你会从案例故事中获得信息，你也可以获取足够的数据进行分析，帮助完善评分系统和确定干预时机。

技术接触

因为技术接触基本上是免费的，很容易一不小心就做过头了。我们所有人都被太多的电子邮件压得喘不过气来，它是谁都能使用的神奇工具，显然很容易被过度使用。对于该层级客户来说，电子邮件是互动的主要工具，因此特别容易产生滥用的问题。有一种做法可以有效缓解这种过度使用的风险。如果发送给客户的每一封自动邮件看起来都像客户成功团队或他的私人助理发出的，而且邮件包含了高度个性化、及时和相关的信息，那么它就永远不会被视为垃圾邮件，客户也永远不会有被垃圾邮件轰炸的感觉。

如果你不断监测和管理客户健康，那么你与客户的所有技术接触互动都会比较顺畅，并且客户通常会乐于接受。然而，最关键的是对送达率、打开率、阅读率进行跟踪，以判断数据是否真实准确，并观察发展趋势是否存在偏差。

客户健康是你预测未来客户行为的关键因素。要不断努力地追求，并在所有客户身上有效运用。

第九章

法则5：不能再依赖个人关系建立忠诚度

伯尼·卡萨尔（Bernie Kassar），Mixpanel客户成功和服务高级副总裁

相关度

	低	中	高
B2B/SaaS公司	★	★	★
订阅制公司	★	★	★
现收现付公司	★	★	★
B2C公司	★	★	★
传统公司	★	★	

执行摘要

如今，供应商已经意识到，它们需要系统性地开发便于与客户互动的软件。它们中的大多数需要思考如何以技术上便于实施的方式为其主要客户群提供服务，同时减少对人力密集型关系的需求。这些主要客户群通常是年消费预期较低的客户群，但他们对整体业绩增长很重要。这并不是说与客户建立联系的需求彻底消失了，这只是意味着需要制定个性化的方案，以适应客户群中不同客户的需要。这必须在客户和供应商之间保持牢固联系的情况下才可以进行，因为这种联系最终会让客户建立对供应商的忠诚度，并将所谓的客户与供应商的关系转变为一种互利的伙伴关系。

根据不同的产品和服务，供应商需要思考如何结合公司情况创造客户体验来发展彼此的关系。一旦有了大致可行的方案，客户成功团队就需要采取相应的行动来不断地提升客户体验。做好客户体验一定是公司的首要任务，不能只是通过与个别客户的关系，甚至仅与单一部门建立联系来实现。供应商如果想和客户建立牢固的关系，需要从销售周期的初始阶段就开始重视客户体验，然后逐渐延伸到客户引导、产品质量、支持和解决方案的采用，同时也需要密切关注公司、客户和客户社群之间的沟通。

虽然上面所说的这些都是老生常谈，但大多数组织都还没有一个连贯的计划（关键词"连贯"）来提供最佳的客户体验。通过绘制贯穿公司各层级的客户体验蓝图，组建推动这一进程的客户成功团队，公司现在拥有数据点来推动变革，并帮助与所有客户建立更牢固的关系。数据驱动的决策可以让公司进行各种改进，包括网站设计、流程优化、更直观的产品设计，以及专门为特定规模的客户群量身定制的全新客户成功计划，这使供应商可以将高价值的、一对一的真人互动服务重新导向高价值客户。

只有当客户规模扩大时，业务规模才会扩大。对于大多数公司来说，这意味着它们会拥有大量低价值长尾客户。这些客户总体来看是非常有价值的，但从单个客户角度来看，他们中的每一个的规模通常都不够大，或者没有足够的战略意义，不值得供应商提供最高端的服务。这些客户会落在客户分层金字塔的底部，被打上"低接触"或"技术接触"的标签。你必须清楚如何在不提供太多一对一接触的情况下向这些客户提供关怀并创造价值。产品和公司的优势与劣势都需要展示给客户，因为客户忠诚来自从产品中得到的价值，而不是因为他们与公司的关系。

随着SaaS交付模式的出现，部门主管的主观能动性越来越强，他们比以往任何时候都更有能力通过多种解决方案来推动实现商业价值。随着提供和维护业务应用程序对IT部门的依赖性逐步降低，各种规模的公司都已经开始评估和投资解决方案，以提高部门的生产力和效率。这种演变使客户和供应商实现了双赢，但它确实需要一种不同于以往的方法来管理客户关系。

以前，供应商通过一对一的方式为客户提供服务，要么由原来的销售人员维护，要么由一组单独的客户经理团队管理。如果你的客户与你进行了一大笔交易，而且你的公司可以维持这种高成本的模式，那么这种模式便是行之有效的。然而，现在供应商快速扩展业务的方法是通过先向小公司销售，然后顺着收益链向上，争取越来越大的客户，这样的话，当供应商达到一定的成熟度时，就开始获得大额的年度经常性收入了，传统的客户关系模式才能发挥作用。以这种销售模式起家的SaaS厂商，包括一些知名企业，如DocuSign、Cornerstone OnDemand、Marketo、Salesforce、SuccessFactors/SAP和Xactly，而相对较新的厂商最近也逐渐出现，像Gainsight、Mixpanel和Zenefits。这些成熟的企业既拥有卓越的产品，也很看重客户成功计划，将其视为优先要务，从而经受住考验并找到自己的优势领域，确立了"领头羊"的地位。它们能够在早期就获得成功，源于其头部业务收入的巨幅增长，然而要想实现长期可持续增长，所有公司都必须关注新业务及客户留存。通过应用以下原则和流程方法，你可以推进和改善客户成功计划，从而在公司和客户之间建立更牢固的关系。

- 通过适用于公司业务的特定指标来细分客户。
- 根据细分确定客户覆盖模型。

- 根据客户覆盖模型创建客户互动类别。
- 确定与客户互动的节奏。
- 通过建立强大而忠诚的社群帮助连接客户。
- 构建客户反馈循环。

通过适用于公司业务的特定指标来细分客户

每个供应商都有一个目标市场，根据其解决方案（可能不止一种）的性质，可以把重点全部放在某个特定的细分市场上，如中小企业（如Zoho或Zendesk），或者只向企业销售（如Workday），或者研发适用性较强、可以覆盖各种细分客户的解决方案，包括B2B和B2C解决方案（如LinkedIn公司就有针对人力资源招聘部门的解决方案和针对个人消费者的高级会员方案）。无论你服务的是哪个市场，都必须按客户类型划分收入流，这样的细分过程能够帮助你确定最有效的覆盖模型，反过来也将推动你改善参与模式。大多数经常性收入企业都会通过年度经常性收入或其他类似的衡量指标对B2B客户进行分类，这些衡量指标有助于根据规模或潜在商机对客户进行筛选。通过对客户进行细分，你就能理解每个独立的客户群在该细分市场中的表现如何，通过分析这些不同的客户群，你将获得新的视角来审视细分市场的关键趋势。你也许会发现，大客户通常在达到某个特定里程碑后倾向于续约，小客户的流失率较高，然而，如果能让他们尽早尝到甜头，他们就更倾向于购买更多的解决方案或许可。适当的细分和分析趋势使你能够及时调整客户关系策略。

根据细分确定客户覆盖模型

定义客户覆盖模型不能一刀切，根据提供的解决方案不同、公司组织成熟度不同，覆盖模型将随着时间的推移而演变。如果是一家早期初创企业，客户成功团队可能身兼数职，他们需要同时提供客户引导、培训、支持和续约等多项服务。随着不断成熟，公司自然而然地就会开始创建专属部门来处理不同的事务。

当公司成长到足以拥有一个专门的客户成功团队时，你就需要确定客户覆盖模型了。如果公司目前的业务还不足以支撑建立一个独立的客户成功部门，你仍然可以通过技术接触模式来应用客户成功原则。这个过程的第一步是确定下面几种互动模式分别有多少客户：高接触、低接触和技术接触。有一种方法可以帮助你理解市场细分（如果你使用年度经常性收入作为基准），那就是通过分析80%的收入的来源，看看帕累托原则可以在何处发挥作用。基于上述发现，你可以更容易地判断高接触和低接触的客户成功经理分别可以服务多少客户。一旦对客户进行了分类，你就可以更容易地决定每个客户成功经理可以服务多少个客户。根据解决方案的复杂程度和客户的付费意愿，每个客户成功经理可以服务的高接触客户的数量为5~15个，可以服务的低接触客户的数量为20~50个，甚至更多。由于公司情况不同，而且受多种因素影响，因此对客户的划分也大相径庭。例如，可以通过判断所提供的产品是不是服务于多个部门或整个公司的复杂解决方案，并且具有较高的价值（如50万美元或更多）来对高接触客户进行界定。这项练习的重点在于确定应该投资多少，才能维持目前来自你最有价值客户的收入流（以及潜在的增长）。

根据客户覆盖模型创建客户互动类别

重点是交互模式已经从一对一转变为一对多。作为一个为更多客户提供服务的供应商，你需要创建多个客户参与项目，这些项目应该提供一个渠道使客户感到与公司有所联系。此外，这些项目也承担着让客户了解产品特性和功能的责任。但更重要的是，这些项目要教授可以提高整体使用率的最佳实践。根据你对客户的分类，以下准则有助于确定如何以及何时与你的客户互动。

高接触

- 每个季度多次面对面会议（取决于每个客户的具体计划）。
- QBR会议。
- 绘制客户成功计划的蓝图。

- 与高管进行一对一的会谈。

低接触

- 每个季度一次面对面会议（或根据需要确定）。
- 通过在线或视频会议，每月至少一次高价值会议。
- 与高管进行一对一的会谈。

技术接触

- 关于产品采用的一对多在线客户会议。
- 每月至每季度的新闻简报。
- 数据触发的电子邮件活动。
- 按需培训和指导。
- 社群门户网站。

以上这些是建议的准则，但要明确客户成功经理应该根据客户组合的健康状况来决定在哪里花费时间和精力，还需要具体的判断。每家公司都需要根据客户组合和合同价值来定义与高接触、低接触和技术接触客户互动的具体模式。有可能公司正在进行某种高接触互动，但并不需要面对面的会议和一对一的高管互动，这可以是很灵活的。例如，如果面向中小企业市场销售，可能需要与许多客户同时互动，这可以通过举办区域性的高管圆桌会议来实现。关键是要针对不同的客户群细分来安排不同的互动，但这些互动都应该被相应的客户群认可，并且能为每个客户群提供适当的关注。

确定与客户互动的节奏

你已经完成了按照接触模式不同对客户进行细分，现在应该将这些互动纳入更大的沟通/关系策略中。你的目标应该是通过整体沟通策略至少每月与客户进行一次互动。整体沟通策略应该关注所有客户（内容可能因细分市场而异），但传递媒介对所有客户都是一样的。在确定了今年的整体沟通策略后，客户成功负责人和客户成功经理就可以与他们的客户组合进行不同的"接触"互动。

当完成了整体沟通策略构建并确定了参与模式后，下一步应当是制订全年计划。通过创建整体沟通日程表，"接触"项目的互动频率将变得更加清晰，组织和每个客户成功经理能够依此完成交付。

通过建立强大而忠诚的社群帮助连接客户

在创建了客户覆盖模型、制定了整体沟通策略和确定了互动节奏之后，你现在已经完成了维护公司与客户联系计划的绝大部分。该计划应该能保证你们之间的互动关系。然而，在今天这个客户高度联系的世界里（参考社交媒体LinkedIn、Twitter、Facebook等的作用），你还需要为客户提供让他们之间可以相互交流的场所。不管有没有你的参与，这种交流都会发生，所以你最好为客户的见面、合作、交流经验创造条件。可以通过线上方式实现，如客户门户网站；也可以通过高接触的聚会实现，如区域客户组、见面会；还可以通过由公司或合作伙伴的生态系统赞助的会议来实现。通过融入客户社群并积极为客户社群规划战略，你为客户提供了一个可以参与、交流知识并最终建立关系的平台。大多数公司都认可客户社群存在的必要性。这并不是一个新的概念，但更积极主动地规划你希望客户在社群内所分享的体验内容，可以改变游戏规则。客户是你最好的营销线索。你当然可以大肆宣扬公司和产品有多好，直到产生效益，但当客户代表你发言时，客户就成了公司的代言人/代理人，通过谈论他们获得的价值，更多的潜在客户将转化为真正的客户。这些代言人会帮助你转化其他潜在客户，同时向当前和潜在的客户传递公司的价值主张。这个角色变得和客户成功经理一样有价值（甚至更有价值）。不过，有一个无法摆脱的难题：你需要一家愿意投资于客户成功计划和/或客户成功经理的公司来创造这种公司新型代言人。

构建客户反馈循环

为了建立和培养强大的客户关系和忠诚度，你需要构建反馈循环。这一策略可以通过调查、电子意见箱、客户焦点小组、一对一会议或客户咨询委员会来实现。你可以采用其中一种或所有这些方法，目的是让客户有途径来表达他们对产品战略、质量、客户支持、授权计划、公司愿景的意见，哪怕只是提供一般反馈。

这些反馈对公司未来的成功至关重要，是有助于推动公司当前和未来发展的重要举措。倾听客户意见的公司会获得更多优秀的产品创意，能更好地协助客户使用产品，从而使客户的忠诚度更高。针对不同的目标，你需要提供多种沟通渠道。这些目标包括对特定产品和服务交付的反馈，以及公司战略和未来规划。归根结底，你依靠客户来推动业务增长和创造营收，为客户提供足够分量的席位来发出声音也是合情合理的。那些最成功的SaaS公司为了让客户获得充分反馈的机会，甚至可以提供最有话语权的位置。

现在，你可能意识到，沟通是与客户建立有效关系的关键因素。为了加强与客户的关系，并在这个经常性收入业务的新时代建立忠诚度，在沟通工作中需要遵循三个基本原则：（1）经常沟通；（2）设定明确的期望；（3）尽可能透明。作为供应商，你现在已经承担了为提高商业价值而提供高质量产品的责任。同时，你也承担了过去由内部IT团队负责的交付责任，包括应用程序的可用性、正常运行时间、性能监控，以及提供易于使用的产品、及时有效的功能改进和漏洞修复等。

对于大多数供应商来说，针对销售额只有数百万美元的交易就要客户管理部门投入大量人力的日子一去不返了。在今天，与大多数客户维持那么高水平的接触会令我们不堪重负。但这实际上是一件好事：所有的供应商，从SaaS到基于订阅的、按需付费的，甚至是B2C，现在都有能力（如果他们愿意的话）接触所有类型的客户，无论客户规模是大是小。然而，这些交易的经济性差别很大，这就是你面临的挑战。制定客户成功战略的方式必须反映从客户那里获得的价值，反之亦然。这些举措仍将包括对高价值客户的管理，同时其他客户成功计划需要满足大多数客户群的需求，并提供价值，还要具有成本效益。

稳固的客户关系和忠诚度是任何以客户成功为中心的公司的命脉。高续订率和高客户满意度得分之间的相关性取决于客户体验。这种关系不再由个人拥有，而是由更大范畴的组织所拥有。现在整个公司都需要为建立和客户之间的关系做出努力。这种关系现在是由你设计、生产、销售和交付的服务与产品所定义的。通过重新思考如何与客户建立关系，你现在可以与公司各部门进行规划和协作，从而为所有客户成功计划贡献内容和价值。

补充评论

B2B客户关系的世界已经发生了巨大的变化。回到不久前的企业软件时代，公司与每个客户的关系都是个人化的。当时，在大多数情况下，没有诸如电子邮件活动或社群甚至网络研讨会之类的事物。一切都是为了与每个客户建立个人关系，而这些个人关系是客户对供应商忠诚的主要原因之一。公平地说，如果供应商的产品不能兑现承诺，那么没有一个供应商能存活下来。但是，正是销售代表和/或客户经理建立的个人关系使客户保持忠诚，关系好就会有更多的推荐和更多的购买。在这种情况下，销售技巧和产品功能固然很重要，但人际关系是关键。

正如我们在第一章中所探讨的那样，SaaS交付模式开始改变了这种情况，因为它允许将任何产品的市场扩展到那些交易金额达不到百万美元级别但可以承受较低金额的客户，如每年45000美元左右。同时，随着时间的推移，合同金额还在不断下降，对于一些批量的B2B产品和全部B2C产品，获取成本可以降到极低，有时往往是从免费使用开始的（例如，Dropbox的5GB免费存储空间）。这改变了通过个人关系提高客户忠诚度的状况。今天，除了某些产品价格极高的公司或多数公司的最高层级客户群，这种情况已经不复存在。因此，在不建立个人关系的情况下建立忠诚度是一个挑战。

高接触

实际上，这一法则在大多数情况下并不适用于这一层级的客户。根据定义，个人关系多数是与高接触客户建立的。在许多方面，这与企业软件时代没有什么不同。这就是为什么20世纪90年代的客户经理在21世纪很容易就过渡到高接触客户成功经理的角色。然而，在管理高接触的SaaS客户时，有许多因素与企业软件非常不同，如不能像上一代软件那样以定制化解决方案（配置可以，定制不行）的方式进行，但各方关系基本上保持不变。说到这里，几乎任何沿着技术接触的路线学习和完善的东西，都可以应用于最高级别客户。这可能不会改变个人关系的价值，但使一些互动自动化并没有错，因为这样一来，花在一对一会谈上的时间就可以进行最具战略意义的讨论。

低接触

这一层级是这个法则开始适用的地方。正如我们已经多次谈到的那样，对于大多数产品供应商来说，以一对多的方式接触客户的需求正在成为成功的首要条件。JIT（Just In Time）模型正是为这一目的而设计的：以最少的个人互动实现成功。虽然在这个层级上，客户很可能有一个指定的客户成功经理，甚至还知道客户成功经理的名字，但由于客户成功经理管理的客户很多，而且许多接触点是基于自动化的，因此，如果把关系作为提升忠诚度的驱动力，效率不会太高。

技术接触

这个层级的客户解释了为何这一法则会被列入我们的清单。当作为供应商的你面临以下情况时：某些客户无法支付足够的报酬来获得一对一的接触，那么建立忠诚度显然必须通过其他方式，其中一种方式是通过所有的一对多工具来提供客户成功实践。幸运的是，如上所述，你有很多工具可以利用：

- 电子邮件。
- 网络研讨会。
- 社群。
- 客户群。

- 事件。

建立忠诚度最重要的一对多渠道是一个很巧妙的渠道，我们将在第十章讨论这个问题。

最重要的是，以客户成功为中心的企业要高度熟练地推动客户获得成功，哪怕不建立个人关系。对于批量B2B企业和所有B2C企业来说，别无选择。技术接触是尚未被完全探索的世界，但很快会趋于成熟，因为它至关重要，是决定企业能否生存下去的关键之一。归根结底，你必须学会通过创造价值而不是建立关系来取胜。

第十章

法则6：产品是唯一可扩展的差异化因素

克里斯滕·马斯·赫尔维（Kirsten Maas Helvey），Cornerstone客户成功高级副总裁

相关度

	低	中	高
B2B/SaaS公司	★	★	★
订阅制公司	★	★	★
现收现付公司	★	★	★
B2C公司	★	★	★
传统公司	★	★	★

执行摘要

留住客户、提高客户满意度、扩大支持和服务部门规模的核心是将精心设计的产品与一流的客户体验相结合。消费技术已经改变了我们的工作方式，以及客户对我们的期望。为了确保开发出满足客户需求和期望的产品，你需要创建一个客户体验团队，专注于在客户参与框架内制订计划，从而在客户社群内推动客户之间的联系，鼓励客户在各个层级上以多种角色参与社群活动，同时，提供明确的反馈路径，为产品改进提供有效信息。

产品咨询委员会（Product Advisory Council，PAC）和功能性业务流程领域的实践社群（Communities of Practice，COP）对客户体验团队来说非常有用，可以推动所有功能的持续改进，改善客户体验，并直接影响产品设计。PAC和COP通过沟通产品功能的商业价值，在软件生命周期的开发过程中提供意见，这对设计和生产一流的产品至关重要。打造易于使用的产品并使之对人们开展业务至关重要，才能创造出满意和忠诚的客户。

客户成功经理经常每天工作12小时，处理来自客户以及内部同事的各种问题，甚至有些时候这些问题与客户成功经理的职责并无关系。他们是随时准备处理来自客户的挑战和问题的"一站式商店"。即便客户成功经理与满意的客户交谈，通常也是为了提高价值，让客户试用新的功能，鼓励更多的人使用该产品，或者衡量投资回报率，以及更多目的。客户成功经理的工作重点通常集中在以下方面：

- 推动产品采用和价值实现。
- 找到客户不满的根本原因并解决，如解决整个客户生命周期和支持功能的问题。
- 确保产品是同类产品中最好的。

最终，留住客户、提高客户满意度以及扩大支持和服务部门规模的关键是将精心设计的产品/解决方案与一流的客户体验相结合。

客户参与框架让客户逐步了解你在处理客户成功事务方面是有组织、有打法

的。每个计划都应该有明确的目标和关键指标（见图10.1）

图10.1 推动社群、参与和反馈的循环

图中内容：

- 成功中心（环绕四周）
- 中心：狂热的粉丝
- 客户体验：客户成功框架、成功蓝图、欢迎资料
- 参与项目：用户群、特定兴趣小组、产品使用交流平台
- 高管参与：客户咨询平台、高管圆桌会议、产品咨询委员会
- 客户反馈：净推荐值、客户费力度、客户满意度、推荐项目
- 发布管理：客户发布、沟通、变更管理、发布准备
- 客户沟通：围绕观点、实时通信闭环

通过分析可以得出具有可操作性的见解，帮助客户成功经理安排优先事项或技术接触客户成功的实践。如果你有一个明确的衡量流程，并专注于关键指标，如客户满意度、净推荐值和客户费力度得分（见图10.2），你将清楚地识别导致满意和不满意的驱动因素。

通常情况下，客户不满意的主要根源是产品。简单地说，产品越难使用，客户就越难成功。我们开发的产品可以解决业务问题，但以客户成功为中心的公司的目标是帮助客户从这些产品中获得价值。开发一款伟大的产品，需要把设计放在首位，这将使客户体验中的其他一切更容易，使提供服务和支持更容易，也使向客户交付价值更容易。

> **客户满意度**（Customer Satisfaction，CSAT）
> 客户（或整体）满意度。最常见的是以5分制来衡量，但也可能不是。（关键是能够以历史数据为基准）在交易和关系调查中都使用。
>
> **净推荐值**（Net Promoter Score，NPS）
> 通过推荐意愿来衡量忠诚度，而不是满意度。使用从0到10分的11分制。
>
> **客户费力度得分**（Customer Effort Level Score，CES）
> 相对较新的指标，评估与公司做生意的难易程度，使用7分制来衡量。追踪的指标是至少"有点同意"处理问题很容易的回应者的百分比。

图10.2　你无法管理未量化的东西

专注于使产品更加直观。如果你的客户关注点一直是功能和如何使用现有功能，那么你基本已经错过了推动增值活动的机会。如果一个人花了太多时间去了解产品，客户黏性就会降低，就不会愿意使用这个产品。设身处地思考一下，我们就能从人们日常生活中如何与他们最喜欢的应用程序进行互动中获得线索。例如，在搜索时，如何搜索以及搜索结果是什么样的，都有一些规范。客户理所当然地认为，他们可以很容易地查找任何内容。你的搜索理应含有丰富的信息，所以客户可以在他们需要的时间和地点，以他们习惯的方式找到他们要找的内容。

此外，人们希望有能力在问题出现时找出问题并解决它们。构建自我诊断工具，帮助客户找到答案，并指导他们需要做的事情。理解消费者技术已经改变了我们的工作方式。我们不再被束缚于一张桌子、一台电脑，我们会使用各种设备和工具来完成工作。产品设计必须支持在移动设备上快速访问信息并容易执行，产品需要适用于智能手机、平板电脑，甚至是手表。

确保反馈能够及时提供给产品和其他团队，如销售、服务和客户支持，最好的方法是定义明确的反馈通道。功能性业务流程领域的COP和PAC是推动所有职能部门持续改进、改善客户体验和直接影响产品设计的有效方法。

PAC为客户提供了一个结构化的互动平台，通过提供反馈和影响未来的产品方向来与公司的产品管理团队接触。PAC的工作重点应该是：

- 帮助定义产品的愿景和战略，了解客户现在和未来面临的实际业务问题。
- 讨论客户如何看待使用产品解决这些问题的方法。
- 考虑客户看到的市场和技术趋势，以及它们可能产生的影响。
- 为了在战略层面上进行功能优先排序，PAC应该由产品管理团队领导（见图10.3）。

愿景　产品咨询委员会将提供一个结构化的互动平台，让选定的高级客户通过提供反馈和影响未来的产品方向来参与产品管理。

好处　产品咨询委员会将代表更广泛的客户群，确保产品符合客户的长期和短期需求，增加客户续约，向潜在客户推荐我们，进一步投资我们的产品和服务。

焦点　确定与每个应用程序相关的愿景和战略。
了解我们的客户现在和将来所面临的问题。
讨论客户如何看待我们的产品解决这些问题的方法。
考虑到客户所看到的市场和技术趋势，以及它们可能产生的影响，在战略层面上帮助确定功能的优先次序。

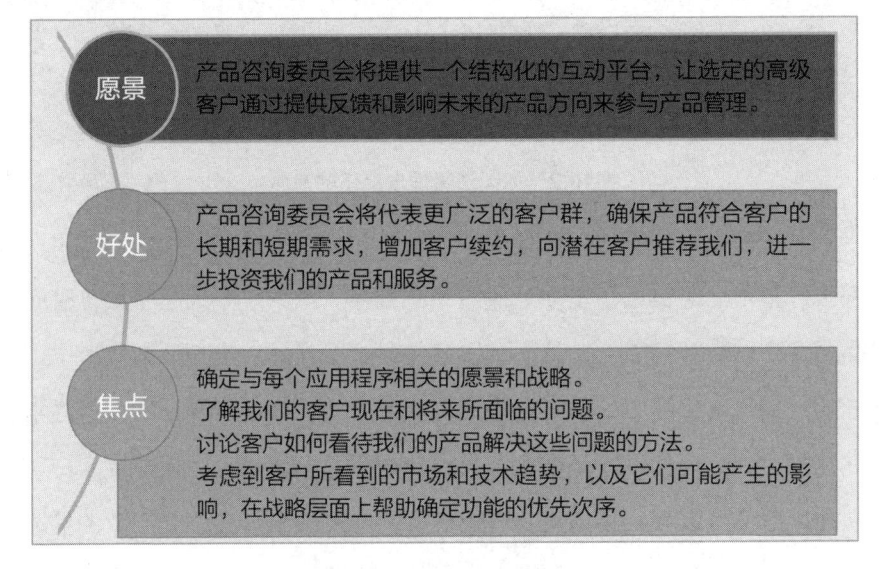

图10.3　成立PAC的原因

应明确描述PAC成员的角色和责任，制定PAC成员准入标准，因为每位成员都代表其背后更大的客户群。例如，成员的责任可能包括：

- 积极参加PAC会议和讨论，重点关注战略业务驱动因素。
- 代表同行和更广泛的客户群参与并采取行动。
- 保持对当前和未来产品路线图的高度了解。
- 参与具体项目的设计、问题发现和审查工作。

- 参与推荐计划，应要求与客户或潜在客户积极交谈。

PAC成员准入标准的例子包括：

- 高级领导或高管层级的参与，以推动战略产品愿景。
- 需要完成PAC申请。
- 承诺在一年内积极参与PAC的工作。
- 承诺每年参加五次会议。
  – 三个季度的路线图审查和优先级会议。
  – 两次功能需求优先级会议（PAC成员或委派代表参加）。
- 成员不得委托他人负责季度路线图审查和优先级会议。
- 参与推荐计划的成员积极与客户或潜在客户交流。

清晰的结构和节奏对于保证PAC对组织和客户的价值至关重要。至关重要的是，不断地向PAC和更大的客户群持续强调他们对产品设计和路线图的影响，以使客户确认自己的话语权。建议做法是每季度发布一次通告，分享客户对产品调整的要求，以及你为回应客户反馈而做出的组织和流程改进。

COP的运作方式很像PAC，但实际上是一个讨论与特定产品相关的业务流程、实践和挑战的论坛。COP提供了一个合作论坛，通过这个论坛，客户可以与各业务部门的同行联系，这些业务部门和同行往往是比PAC更大的团体。

PAC和COP都是通过沟通产品功能的商业价值来为软件生命周期的开发过程做出贡献的。开发团队应该有一套定义完整的商业价值模型，这个模型完全基于业务建立，用于评估新功能。与客户的产品管理和产品开发团队合作，对于打造一流产品至关重要（见图10.4）。

客户计划是确保产品优先的好方法，确保产品能满足客户和市场的需求。与客户反馈同样重要的是组织对客户成功的关注。公司文化必须以客户成功为核心。文化必须从顶层开始，从首席执行官和高级领导层贯彻下去。公司中每个成员的工作都是围绕产品和客户展开的。公司文化必须努力使产品和客户成为优先事项。你必须把自己变成客户的狂热粉丝，建立一套共同的信念，描述客户关注点，确保公司的目标之一是对客户的关注。然后，公司的每个部门都应该与客户有一致的目标。公司应该定义一个客户成功框架，清楚地勾勒出客户旅程及这段旅程的概览。

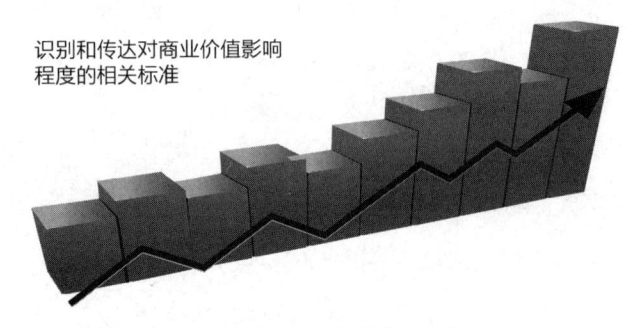

图10.4 商业价值

员工需要通过论坛将反馈信息传递给所有部门，特别是产品管理部门（见图10.5）。

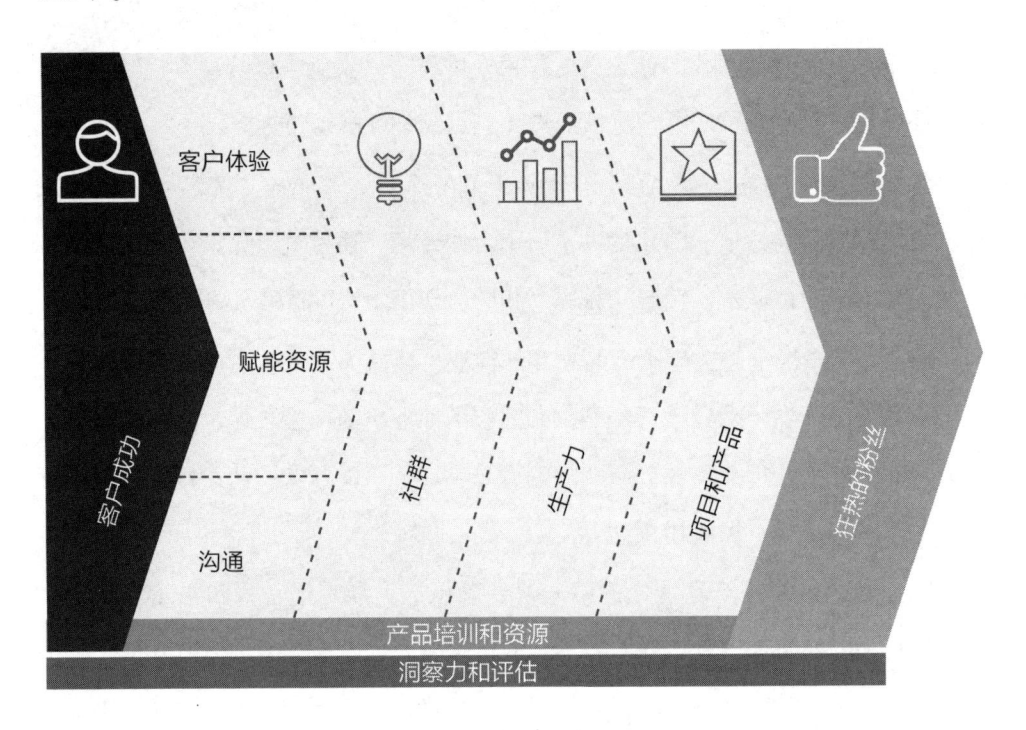

图10.5 客户成功框架

就像客户一样，处于一线的员工，尤其当他们是你产品的真实用户时，一定需要某种途径用来传达对产品各个方面的反馈。获得反馈的最好方法是使用类似用于客户的框架，并为员工讨论产品和流程改进给出明确的渠道。员工是使产品保持行业领先的关键因素。来自销售、实施和客户支持方面的信息能够提供什么是有效的、什么是无效的整体观点。

要获得针对产品的新观点，收集新员工围绕产品和产品流程的相关反馈是个好办法。将此作为入职培训的关键部分，为新员工提供学习产品的机会，并向产品和流程负责人员提供反馈，包含销售、实施和管理以及客户支持在内的全部团队都将收到反馈。始终尝试让员工站在客户的立场，最好是让员工使用自己的产品，看看是否好用。

客户成功的重点是帮助客户通过产品实现价值和提高投资回报，好的产品设计能够将重点放在增值活动上而不是功能上。产品如果变得难以管理和不方便使用，客户是不会喜欢它们的，而且有可能放弃。客户成功团队每天都与客户互动，并密切关注产品是如何被使用的。他们和产品团队之间的反馈路径是至关重要的。

如今，产品转换成本比以前要低得多。作为供应商，你所拥有的只是产品的质量和功能，以及围绕产品所提供的服务和支持的价值。而这种价值只能通过易于使用的伟大产品才能最大化地体现出来。许多供应商沉迷于开发"还不错"的前瞻性功能，但因客户的内部流程不够成熟，导致无法用到这些功能。产品本身必须具备使流程能及时改变以适应先进功能的能力。易于使用的产品是让客户为使用高级功能做好准备的基础，新旧功能之间的衔接过渡非常关键。

如果你的产品对客户的经营至关重要，同时使用起来也十分便捷，那么客户就会自然而然地对产品满意和忠诚：因为他们得到了价值。如果不是这样，他们则会另寻良方。

一个精心设计的产品能够实现自给自足并提供价值，这对客户成功至关重要。它不仅可以建立忠诚度，还可以使你的团队与客户进行更有意义的讨论，并推动进一步的增长。

补充评论

整个公司唯一真正可扩展的是产品。可以肯定的是，每家公司的每个部门都可以变得更高效或可扩展，同时，对于你开发的每个产品，你都有机会通过一次性制造的投入，让它被数百万名用户进行数百万次的使用。如果可以成功地做到"一次制造，多次搬运"，那你就掌握了盈利的秘诀。试想，如果你开发了一个完美的产品（在各方面都真正完美），这样完美的产品可以取代你公司里的多少人？在一家典型的公司里，你可以淘汰做以下事情的团队：

- 配置。
- 实施。
- 培训。
- 客户支持。
- 客户成功。
- 运营专业服务（至少大部分）。
- 续约。

换句话说，你甚至不会有售后的概念，因为售后要做的唯一事情是让数以百万计的客户继续使用并喜爱你的产品，同时广而告之。

B2C的世界在任何时候都是这样运作的，特别是当它们的应用程序进入移动领域时。谷歌和Facebook就是很好的例子，它们从不需要指派专人上门帮客户安装和启用Facebook，也不需要有人在客户第一次用谷歌搜索内容时手把手地教导。根本没有必要这么麻烦，因为这些产品优雅、简单、直观又引人注目，它们提供了巨大的价值。同时，对于谷歌和Facebook来说，移动无疑提高了易用性。

但它们受益于大多数用户首次在电脑上使用过它们的产品，他们对这种搜索模式已经非常熟悉。这就意味着对于那些首次或唯一的产品渠道就是移动设备的公司来说，挑战大大增加了。数以百计的公司已经发现了这一点，还有成千上万家公司将发现这一点。

必须让产品成为公司整体工作的重中之重，这是你获得巨大成功的唯一途径。成熟和成功的公司通常会创造超越其文化的身份。苹果公司的身份是打造美丽而优雅的产品。Zappos的身份是提供极致的客户支持/客户体验。沃尔玛的身份是价值和便利。但这些公司的成功都与在其市场上创造了最佳产品有关。可以说这是一场鸡与蛋的辩论，答案无从追溯。Zappos是在线鞋类市场的主导供应商，成为市场主导是因为其客户支持做得好吗？还是Zappos的客户支持实际上已经成为其产品的一部分？这其实并不重要。底层逻辑是：几乎每个市场的头部供应商都是能创造最好产品的供应商。如果一个供应商做到了让整个世界（或它们的市场）相信，最好的产品不仅仅是你接触和使用的东西，还包括围绕它的服务和支持，那它就更有实力了，那些伟大的公司在这方面做得都非常好。但无一例外的是，伟大的公司最重要的是创造伟大的产品。任何试图引入客户成功活动而不把产品作为首要任务的行为，从长远来看都是没有结果的。

高接触

对于那些主要客户成功模式是高接触模式的公司，或者拥有高接触客户的公司，聚焦产品的关键是沟通。尤其是客户成功团队和产品团队之间的沟通。在这种情况下，客户成功经理处于第一线，他们比公司里的任何人都更了解产品正在被使用或希望被使用的情况。将他们视为现场产品经理是合理、明智的。只有当所有这些认知从客户成功经理转移到产品经理时，它们的价值才能实现。作为一家公司，你需要设计一些流程来确保这一点实现。如果我管理40个客户成功经理，在他们每天花12小时帮助客户解决问题和挑战的情况下，告诉他们产品是其第一要务，那么我最好设计一个沟通流程，让他们很容易与产品经理团队分享客户的体验。当然，也应该有办法让客户直接参与沟通，但客户成功经理的信息过滤将是至关重要的。沟通可以简单地从客户成功和产品之间的月度会议开始，在会上分享客户故事。这并不是一个能够长期推广的方法，但这是一个很好的开始方式，团队的部分目标可以是找出那个可长期推广的流程。重要的是，在这个过程中，要抓住业务问题，而不仅仅是对功能的要求。也许最重要的是了解客户希望你的产品在未来能为他们解决什么问题，这将有助于推动一些流程、功能的跳跃式改进，而不仅仅是渐进式改进。

低接触

针对低接触模式，显然需要创建更多的可扩展流程，尤其是你可能想让客户更容易地直接与产品管理团队就需求和不满进行沟通。你还可以使用社群、论坛、调查和用户组来实现沟通。如果参与度足够高，并且能够确保被投票的产品元素信息明确，那么使用社交媒体投票、喜欢/不喜欢结构的社群或论坛就会非常有效。如前所述，精心挑选的PAC成员或客户顾问委员会（Customer Advisory Board，CAB）成员如果刚好是客户群中的典型代表，那么搜集的信息就非常有价值。如果你70%的业务主要是面向中小企业，不要只邀请企业客户参加你的CAB。当市场和产品使用在各个方面都存有较大区别的时候，你可以考虑安排两种CAB。客户接触模式越是低接触，把产品做好就越重要，所以你绝对需要找到一种方法，让你的客户参与进来。当然，你不会有大量的服务人员和客户成功部门员工来解决产品问题。

技术接触

在B2C或大多数B2B市场，一切都需要通过技术来驱动，正如前面已经多次说过的那样。然而，这并不意味着你不能通过直接和客户交谈来获取直接反馈。无论是通过用户组还是焦点小组，这样做都会有很好的效果，但你的主要工具是一对多的，如社群、论坛和调查。由于这里涉及的数据量巨大，最有用的反馈可能直接来自你的产品。最经常使用的部分最能说明问题，花费更多时间的地方可能是决定性问题所在，这有可能是积极的也有可能是消极的。你可以在产品中建立一些有限的反馈机制，在客户体验的过程中收集数据。毫不夸张地说，产品的最佳发展方向就体现在它今天的使用情况中，大量的用户会使实验变得容易和有价值，你可以试着在一天内增加一个功能，看看结果怎样。当然，这种事情每天都在亚马逊、eBay和Match.com等网站上发生。

好了，战鼓已经敲得够响了。优先考虑你的产品，否则客户成功将充满不确定性，公司终将以失败告终。而且，如果你有专员以某种方式接触你的客户，请确保这些人员能意识到需要充分了解产品的质量和价值，因为这是他们的首要任务。

第十一章

法则7：坚持提高价值实现的时效

黛安·戈登（Diane Gordon），Brainshark首席客户官

相关度

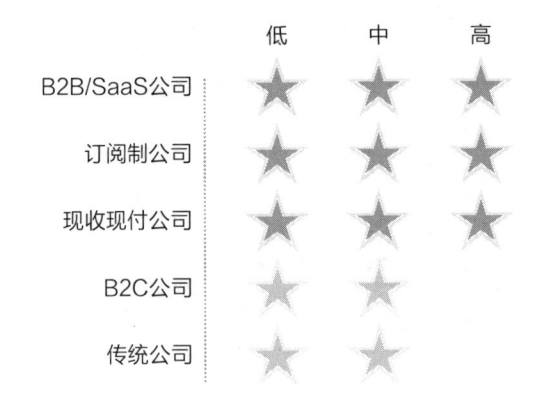

	低	中	高
B2B/SaaS公司	★	★	★
订阅制公司	★	★	★
现收现付公司	★	★	★
B2C公司	★	★	
传统公司	★	★	

执行摘要

客户为什么要购买？一定是因为他们认为会从购买中获得价值。如果你是一个消费者，在一家高级餐厅进行高额消费，从而吃到一顿大餐。随后，你立刻就会做出判断：这一餐是非常美味的还是很一般的。基于此，你可以决定是否会再次光顾这家餐厅。

但是，如果产品是商业产品和服务类型产品的时候，要在接近交易时完成价值实现往往很困难。虽然买家也知道这一点，但他们确实希望在一个合理的时间范围内可以看到价值。对于SaaS或基于订阅的供应商，这个时间范围就是订阅期。如果客户在开始准备续约时还没有看到产品真正的价值，他们就不太可能续约。

让客户启动并运行解决方案的过程消耗时间过长对供应商是不利的。坚持缩短价值实现时长是应对这一挑战的方法之一。

在任何销售过程中，一个重要组成部分就是说服潜在客户，使其相信他们将从你的产品或解决方案中获得真正的价值。在SaaS或订阅服务的领域里，迅速实现这种价值是保留和扩展客户的关键。除非你为他们提供价值，否则客户不会续约，也不会留在你身边，更不会购买更多的产品。

如果你的产品是订阅制的企业软件，仅仅是落地实施过程就可能花掉几个月，那就意味着只剩下几个月的有效时间来帮客户完成价值实现。当一年的续约到期日迫在眉睫时，这就很危险了。为了帮助大家了解这项挑战的难度，我们列举一种极端情况：如果一个产品启动并运行就需要花掉客户11个月的时间，而合同期是12个月，那么合同到期续约的概率，与客户能在60天内成功上线的产品相比，是更大还是更小呢（见图11.1）？

显然，上线时间的长短与首次续约的可能性是直接相关的。如果你提供的是现收现付服务，所有合同都是按月签订的，那么这一点就更加关键了。

确保客户在购买解决方案后尽快看到价值的秘诀是什么？

- 与客户合作，制定具体的成功衡量标准。
- 迭代实施以获得早期价值，先实现最简单的标准，然后再关注其他标准。
- 实时调整，当你意识到实现预期价值有风险时就立即行动。

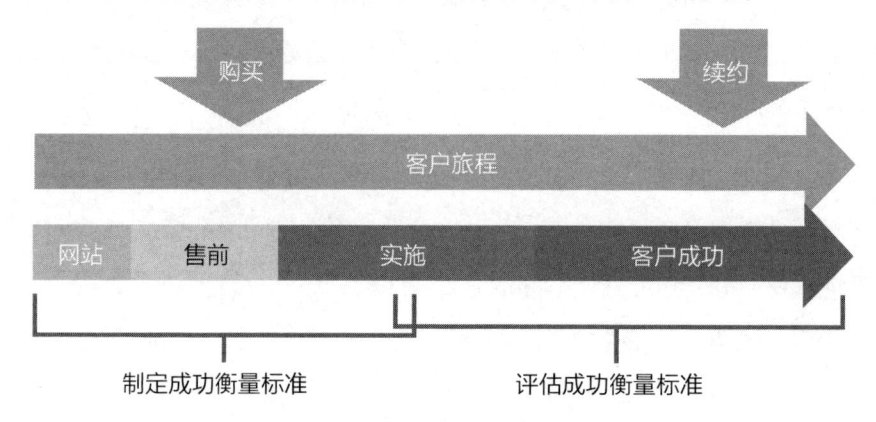

图11.1 价值创造的时间进程

让我们对上面几点深入讨论一下。

制定具体的成功衡量标准

理想情况下，客户是基于产品或解决方案的价值而做出购买决定的。更重要的是，他们知道如何去衡量价值。

与业务发起人合作，尽早制定成功衡量标准。在销售过程中吸引业务发起人的注意力时，一定要趁机借助他们的力量，因为他们可能较少参与策略的实施。试图在客户生命周期的后期引起业务发起人的注意会很困难，因为他们已经在关注其他事情了。利用这个机会，让业务发起人尽早关注，是在组织业务层面引起共鸣并制定成功衡量标准的最佳方式。

在理想情况下，客户对这个问题有一个具体的答案："我们希望将培训新业务员的时间减少一半。"但更常见的情况是，客户可能已经列举了关键的驱动因素，但并没有具体的成功衡量标准（而且如果有，他们也不知道这些标准的基线值在哪儿）。在这种情况下，我们与其要求客户制定成功衡量标准（这可能需要一段时间，特别是在一个复杂的组织中），不如我们自己列出客户通常会用来衡量成功的标准：

- 缩短达成目标的时间。
- 能达成目标的业务人员数量增加。
- 营销线索转化的数量增长。
- 交易规模扩大或收入增长。
- 积极使用Salesforce的业务人员的比例增加。
- 业务人员花在销售上的时间增加，超过搜索内容的时间。
- 培训业务人员的时间减少。
- 完成首单的时间缩短。
- 经理辅导业务人员的时间减少。
- 业务人员处理材料的能力提高。
- 能够完整地完成入职培训课程的业务人员数量增加。
- 点击率提高。

我们请客户从这些列出的衡量标准中选择，确保他们选择的任何衡量标准都有基线值。

你也应该跟负责客户引导的团队交流这些衡量标准。一套行之有效的流程是，由售前团队记录成功的衡量标准，在实施过程开始时将这些衡量标准传递给客户引导团队，然后在启动客户引导时，售前工程师与客户确认这些衡量标准："在销售过程中，您表示缩短员工入职时间是一个关键的驱动因素，现在还是如此吗？如果是的话，目前的入职时间是多久？"

只有在这些成功的衡量标准被明确定义之后，我们才会开始启动客户引导。否则，你可能发现，客户引导已经启动了几个月，甚至已经完全实现后，客户还不知道他们是否从你的解决方案中获得了预期的价值。

你也可以运用具体的指标创造积极的传递效应：如果你与客户做季度业务审查或某种定期审查，你可以经常重新审视这些指标：（1）判断这些指标是否仍然适合公司业务；（2）通过这些指标来验证你的成功。许多客户似乎在衡量投资回报率指标时会望而却步,尽管他们在销售过程中常执着于此。但你要知道,如果你不帮助客户衡量,客户很有可能意识不到他们获得的价值,还会把责任归到你身上。

迭代实施以获得早期价值

别妄想把大海煮沸。实现价值的最快方法就是满足那些最容易达成的标准。例如,购买解决方案以提高销售效率的客户可能会使用两个或三个(或更多)成功的衡量标准:销售代表的培训上岗时间减少,潜在客户参与度提高,以及销售代表达成目标的百分比提高。

尽管这些都是可以实现的,但从最重要的标准开始,客户会更快地看到价值。通过迭代实施过程来实现这一点,例如,在第一阶段侧重于缩短培训和入职时间,在第二阶段侧重于提高潜在客户的参与度(见图11.2)。

图11.2 迭代实施举例

也有其他方法可以更快获得价值,例如,针对特定的群体或地区推广产品,而不是一次性向整个用户群推广产品,或者专注于一两个特定的方案(如品牌重塑)或产品线,将挑战切割成可实现的小块并迭代实施,往往能更早且更容易地创造价值。

此外,还要不断确认。即使业务发起人在销售周期中定义了标准,客户的项目团队也确认了这些标准,也不要误以为这些衡量标准就会自始至终都是重要的。

- 在每份状态报告的开头列出这些标准，并在每次例行会议中提醒注意这些标准："只是确认一下，这些仍然是我们在这个阶段所关注的标准，对吗？"
- 在客户引导的多个时间节点，都要直接与业务发起人联系，以确认这些衡量标准。

实时调整

随着客户引导阶段的收尾，介绍客户成功经理和/或客户成功实践，让他参与到项目状态电话会议中，并向他介绍客户所选择的衡量标准。在客户引导完成后的几周和几个月内，客户成功经理最优先考虑的应是如何确保客户实现既定的价值。所有其他传统的客户成功活动（如引入新功能、进行季度业务审查等）比起这个关键事项来说都是次要的。

为什么这一点如此重要？我们发现，一旦完成客户引导，客户的项目团队可能不再继续关注产品采用，因为其成员将注意力转回他们的日常工作。当这种情况发生时，我们认为客户不会再像我们那样专注于实现价值。客户成功经理负责向客户和更大的客户管理团队报告进展情况，之后如果价值实现遇到了障碍，则需要尽快重新调动资源。

另一个令人信服的理由是，我们之所以一直执着于推动价值尽快实现，是因为我们希望有更多的机会让客户使用我们提供的解决方案。作为供应商，我们把这称为向上销售。但从客户的角度来看，这会提高其对你的技术的投资价值。在基于订阅的世界里，随着时间的推移，客户的整体合同价值增长是关键。只有当客户从你的产品中获得真正的价值时，你才有机会实现整体合同价值增长。如果客户还没有获得商业价值，他们就不会购买你产品的更多许可证或附加模块。要评估这个问题的重要程度，只需将你拥有的客户数量乘以30天。因为你在30天里为客户提升了时间价值，结果就是你的产品将拥有更多的销售天数。如果你觉得

30天不合理，就试试乘以5天。计算出这个天数，然后问问自己，好的销售团队可以用这些增加的销售天数做什么？

客户购买是因为他们相信解决方案带来的价值将远远超过它的售价。但对于订阅业务来说，假设这一切会自然而然发生是靠不住的，你必须确保客户懂得如何衡量价值，并且在续约之前确保他们确实看到了在衡量标准上的提升。

补充评论

这个法则的关键词是"坚持"。一般来说，每个人都想缩短完成事情的时间，提高效率。作为员工，推动和改善工作确实是我们DNA的一部分，但又有多少事情是我们真正能坚持下来的呢？没有多少，而这正是一个需要坚持的领域。

让我们在此将其与销售进行比较，因为伟大的销售人员一直投身于促成交易完成，这点也是他们伟大的原因之一。当他们在周五晚上开车回家，期待着周末到来时，电话铃突然响了，是潜在客户打来的，他们会怎么做？他们一定会接电话，因为他们知道销售周期中的每一天都是至关重要的，促成交易最好的日子就是——今天。每一个已经工作了一段时间的销售人员都可以和你讲一个他们错失交易的故事。他们在周三几乎签下交易，可是周四传来了裁员、收益不佳或组织变化的消息，从而使他们丢掉了这笔交易。销售人员知道每天都要争取，因为每天都很重要。

在SaaS和订阅服务出现前，售后的心态一般不像售前那么紧张。毕竟，在6个月或更长的产品使用周期中，一天能有多大的影响？这种态度带来的问题是，如果一天不重要，那么两天也不会特别重要，这种"不重要"的累积一直在进行。这并不是说执行团队和客户不关心业务，他们当然在乎，但订阅的性质、即将到来的续约或随时选择退出的可能性大大增加了紧迫性。

在企业软件领域，由于实施解决方案的复杂性，价值实现的时间往往是以月为单位来衡量的。即使你销售的是电子商务解决方案，价值实现时间仍然至关重要，但它可能是以小时甚至分钟来衡量的。当我下载并开始使用GoToMeeting手机应用程序时，我期望整个过程少于5分钟。5分钟对任何人来说都不算长，那么把时间缩短到4分钟甚至3分钟的紧迫性来自哪里呢？它来自两个方面：（1）终端用户；（2）WebEx。在任何业务中，如果你不争取时间价值，而你的竞争对手正为此努力，它们就会脱颖而出，在市场商品化的过程中，这一点尤其明显。对于普通用户来说，Citrix很难将其产品GoToMeeting与WebEx区分开来，这意味着其他一切都更加重要：价格、时间、价值、支持和整体客户体验。这短短几分钟很重要，要为之付出努力。

高接触

因为高接触通常意味着高价值，而高价值几乎总是伴随着更高的复杂性。所以我们通常在探讨如何将实施时间缩短几天或几周，尽管在这种情况下，大部分的价值实现时间是关于实施的，但我们不要狭隘理解成仅此而已：这不是实施完成的时间，而是价值实现的时间。对于与高接触客户打交道的供应商来说，实施团队和客户成功团队通常分担这一责任。几乎不可能出现项目完成等于价值实现的情况。项目完成只是过程中的一大步，但总是有更多的工作要做，这就是客户成功经理创造价值的地方。一旦有了功能齐全的解决方案，他就可以让客户开始使用它来解决购买时所需要解决的业务问题。

这种交接所带来的挑战之一是如何实际衡量客户何时能实现价值。要衡量一个实施项目需要多长时间是相对容易的。有一个启动日期和一个项目完成签收日期，就可以计算项目实施的时长。如果你的公司的项目实施时长平均为97天，那么你可以设定一个目标，在下个季度将其减少到89天，下下个季度减少到83天，这是很容易衡量的。但"价值"这个词并不那么具体，这就是为什么需要为它设置一个代表角色，该角色要确定产品的哪些部分具有最高的价值，并衡量每个客户是否在使用这些功能，具体使用多少，或者是否可以通过与客户直接互动来实现价值。"是否每个部门经理都用我们的产品来确定他们明年的预算？"如果这类问题的答案是肯定的，假设这就是他们购买产品的原因，那么可以肯定客户已经实现了价值。对于许多使用最新技术进行客户成功管理的公司来说，价值可以通过客户的健康评分来衡量。如果想帮助客户在短时间内实现价值，你需要找到确定和衡量价值的方法。如果不这样做，你的客户成功团队和公司就会陷入困境。

低接触

低接触模式实际上给许多公司带来了更大的价值实现时间压力。这是因为低接触模式通常只针对某个层级的客户，不是整个公司的重点。这意味着这些客户很可能会购买和使用与高接触客户一样的产品，只是没有花那么多钱，没有以同样的方式配备人员来完成项目，也没有为解决方案中的服务部分支付那么多费用。但在许多情况下，他们的期望值实际上更高，他们会觉得："与其他大客户相比，我们只是一家小公司，为什么需要这么长时间？"

解决这一挑战的一种可能方法是，在实施过程中，对这一层级客户的流程要求更严格、更规范。你可以定义实施过程中的每个步骤，并清楚地说明你将做什么，以及期望客户做什么。当第8步完成后，项目也就完成了。客户成功也是如此：60分钟培训，两周后30分钟的项目跟进，然后是季度健康检查。在这期间，有很多自动化接触，在正确的时间给客户带来有价值的内容（记住要"及时"）。

这通常与你处理高接触、高价值客户的方式不同，而且肯定存在一些风险。但是，根据定义，你不可能花同样多的时间与这些客户相处，所以别无他法。这也意味着失去这些客户的概率相对更高，而这些预期应该在整个公司内有明确认知：期望在减少时间和注意力的情况下取得同样的留存结果是不可能的。总而言之，不考虑其他原因的话，为了更精确地预测客户流失，自动化势在必行。同样，客户成功管理技术的发展在这里会发挥巨大的价值。

技术接触

正如前面提到的，价值实现时间对技术接触客户仍然很重要，同样重要的还有产品的复杂性。如果你的产品需求不只是限于下载、配置和使用，几乎不太可能完全通过技术来快速实现价值。但即便就是这么简单的需求，你也需要利用一切可能的技术和技巧，力争让客户获得最佳的体验，这就是许多消费者应用程序都允许你使用Facebook或谷歌凭证登录的原因之一：通过跳过部分设置/识别过程，缩短了用户实际开始使用你的产品的时间。B2B公司可以从中吸取经验教训，就算只是在思考如何缩短流程时间，哪怕就几分钟也好。

我们之前也提到过"应用程序内指导"，在这里也非常适用。B2C产品往往非常简单，几乎不需要指导就可以开始使用。但B2B产品和小部分B2C产品往往会比较复杂，会需要某种外界协助才能引导用户完成整个使用过程。以Dropbox为例，有太多的用户都已经完成下载并开始使用了，Dropbox的团队不可能直接跟用户讲解流程，那么整个体验必须是技术驱动的，实际上也确实如此。Dropbox网站设置的目的就是引导用户完成下载，然后顺利安装产品。整个过程中都有图示和信息告诉用户应该做什么，在安装完成后，用户的Dropbox文件夹中立马会出现一个10页的PDF文件，是Dropbox的使用说明。与此同时，屏幕上还出现了鼓励用户将第一个文件移入Dropbox的提示。5分钟的体验完美诠释了我们在本章中所讨论的一切：在屏幕上或应用程序内的简单指导下轻松下载并安装，非常重要的是，推动用户上传第一个文件。显然，价值实现时间是从下载开始直到第一个文件被上传，并不是下载或安装完成就结束了。

关注价值实现时间，无论你提供什么样的产品，给哪类客户使用，你都不会后悔，它是帮助客户取得成功的关键途径。

第十二章

法则8：深入了解客户衡量指标

凯瑟琳·罗德（Kathleen Lord），Intacct销售和客户成功副总裁

相关度

	低	中	高
B2B/SaaS公司	★	★	★
订阅制公司	★	★	★
现收现付公司	★	★	★
B2C公司	★	★	★
传统公司	★	★	★

执行摘要

成功的订阅制公司如果要保持并加速收入增长，就必须深入了解客户流失和留存的细节。没有什么比现有客户群流失更能减缓公司增长速度了。随着客户群收入的增长，即使流失率增加1%也会对公司的发展速度产生巨大影响。如果公司的年收入是2500万美元并且希望保持50%或更高的增长率，流失率增加1%意味着销售团队将不得不额外完成20%的新业务拓展。以下5个步骤可以帮你定义并深入理解流失和留存，这对公司聚焦于正确的优先事项、加速增长，并长期留存客户是非常有帮助的。

早期的订阅制公司面临的最大问题是如何加快客户获取。事实上，早期公司绝大部分的资源（时间和资金）都花在了解决这个问题上，从而证明公司的商业模式是行得通的。然而，一旦公司成功解决了加速获客的挑战，首席执行官或财务人员大概率很快就开始注意到公司的总客户数和承诺的月度经常性收入（Committed Monthly Recurring Revenue，CMRR）正在下降。

CMRR的定义是每月所有已确认的经常性订阅收入，加上已承诺并投入生产的已签署合同收入，减去流失收入。因为有一部分客户已经明确终止服务或者预期很快就要终止服务，来自这些客户的月度经常性收入即流失收入。公司的销售副总裁可能会想，他在推动新业务方面做得如此出色，这些客户怎么可能会流失呢？遗憾的是，尽管许多公司花费了大量的资源去获取客户，却没能为成功留住这些客户而投入足够的资源，最终客户还是会流失的。这正是客户成功团队诞生的原因，也是本书出版的驱动力。

一家订阅制公司想要保持长期经营，就必须对流失和留存有深刻的理解：要从客户离开的原因和周期的角度理解流失，要从客户留下并继续使用产品或服务的原因和周期的角度理解留存。在公司的生命周期中，越早解决流失和留存问题就越容易。公司可以遵循五个步骤来识别、衡量、了解流失和留存。

1. 定义要衡量的指标，如CMRR的组成部分。
2. 定义衡量的周期和频率。

3. 确定预期的CMRR和流失的类别。

4. 确定如何识别可疑/有风险的客户流失。

5. 与管理层保持一致，制定一套关于流失和留存的标准定义及报告。

第1步：定义要衡量的指标。企业必须首先确定如何衡量流失和留存：是以每个客户为基础，还是以每个合同为基础，或者两者都考虑？这个决定在很大程度上取决于客户的规模（中小企业与大企业），以及你的公司是否有多个合同在一个客户体系下分别管理（例如，一家公司可能同时为通用电气五个不同的部门服务，他们都是客户）。此外，这也从本质上决定了你的公司以后将如何计算流失和留存。操作上建议至少从金额和客户数量两个角度去考虑流失和留存。

接下来是确定如何定义CMRR。CMRR的典型组成部分通常包括新CMRR、附加CMRR、续约CMRR和流失。图12.1显示了这些组成部分是如何共同影响从期初CMRR到期末CMRR的计算的，期初与期末的差额就是CMRR的净变动。CMRR的净变动是业务在一段时间内的增长量，它为你的业务健康提供了最清晰的前瞻性视角。

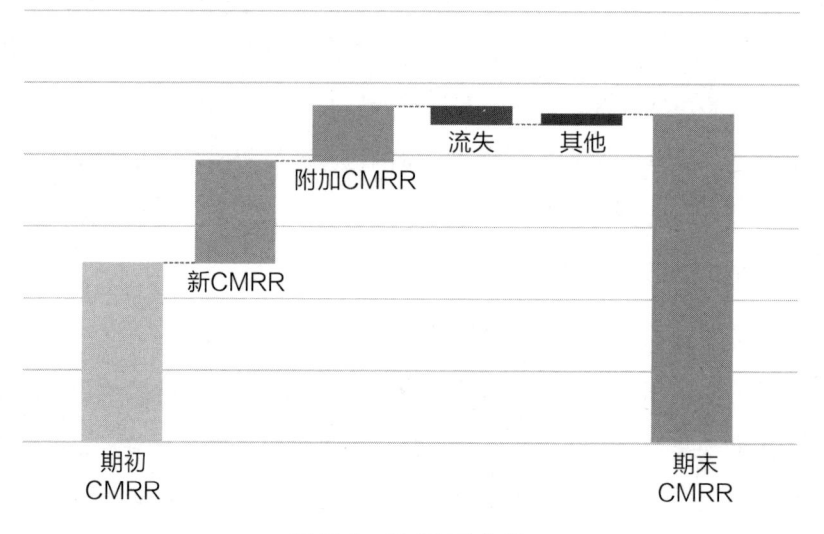

图12.1 CMRR的定义

最佳实践是将续约CMRR进一步拆解成更细的分类，包括减购、降级、升级和首次存档。（注意：许多云计算公司按照以前年度订阅费用的一定比例提供存档服务，以便在客户不再积极使用服务后仍提供对数据的持续只读访问。）这种细化的续约CMRR提供了对续约业务的洞察，公司可以更有效地指出潜在问题所在，而不是仅仅提供大致的流失率和留存率数据。

例如，假设客户有一份50000美元的合同，而且续约了，新合同价值55000美元。值得庆祝，对吗？庆祝是肯定的，但请稍等一下。让我们进一步研究一下续约合同细节：

- 45000美元的产品A和产品C的等值续约。
- 8000美元的产品B流失。
- 14000美元的产品A的向上销售。
- 总体增加4000美元，因为折扣从25%变为22%。

如果有人要对上述项目逐个分析，产品B的产品经理肯定是其中一个，首席财务官也一定要看看。那么，现在就是了解如何在这些细节层面进行跟踪的最佳时机。

公司需要建立订单流程，以便获取必要的数据，这些数据的颗粒度水平能够体现公司流失和留存情况（客户、合同等）。这包括获取订单的类型（新增的、附加的、续约的）、续约订单的升级/降级金额（建议单独跟踪实际的新产品附加订单）、库存单位级别的降级原因以及订单取消的原因。基于客户关系管理系统的最佳实践是：既有一个便于标准化报告的原因清单，又有一个自由格式的评论字段来获取其他形式的评论。理想情况下，公司的订单流程是为了获取数量降级与价格降级之间的差异，因为这是完全不同的流失问题。

此外，如果能自动化地将降级/流失原因填入系统的流失类型字段，将大大方便实时报告可避免与不可避免的流失情况。不可避免的流失通常被比作死亡和婚姻，换句话说，当因客户停业或被收购所造成的流失，一般被认定是不可避免的。当你开始报告降级和流失原因并优先考虑需要首先解决的问题时，这将变得非常重要。尽管大多数企业资源规划或客户成功应用程序能够帮你通过不同的交易类型来跟踪这一层面的细节，但销售和财务运营团队实际上还要承担一部分相关工作。

第2步：定义衡量的周期和频率。一旦公司确定了衡量流失和留存的基础，就必须确定衡量的周期和频率。根据公司的业务模式，每周、每月、每季度或每年衡量流失和留存都可能适用。衡量周期长短应该由客户合约的长度决定，并与公司计划CMRR和流失的方式保持一致，以方便与计划进行比较。通常情况下，公司应在更细化的基础上衡量流失和留存情况：如每月衡量，但上报给关键利益相关者的则是这些指标的年化率。这种方法使关键利益相关者更容易对流失和留存的年化效应有更清晰的认知。

此外，重要的是要找到合适的方法处理提前续约和逾期续约。提前续约对公司是非常有利的，提前续约将大大改善流失和留存指标。但是，你一定要确保续约是在合同到期前完成的。在处理逾期续约时，保证公司留存和流失指标准确的最佳实践是保持订阅开始日期和结束日期不变的前提下，将预期CMRR和预期客户数量递延到下一个周期。这种方法使公司能够准确地衡量流失和留存，同时也能够报告逾期续约情况，这是公司应该衡量的关键指标。理想情况下，所有的续约都应在订阅截止日期前30~60天完成。

第3步：确定预期CMRR和流失的类别。确定公司将如何计算续约率。首先要定义预期CMRR。预期CMRR的最佳计算方法是将上期续约的CMRR加上本期任何附加的年化价值。这将成为计算公司流失率和留存率的基础。这种方法也意味着在财务年度开始时设定的流失计划将在这一年中随着客户的订阅增加而改变。

客户成功和财务部门需要就公司锁定预期CMRR的时间点达成一致，最好是财务周期（每月或每季度）的开始，且与续约到期保持一致。如果客户是高度活跃的（例如，经常性地取消再续约），那么你应该确定一个合适的流失率标准，与整体商业模式相匹配。例如，假设公司认为10%的流失率是合适的，那么在初始计划中，在财务周期开始时就要将10%的流失计算到预期CMRR中，并在每个新财务周期开始时进行调整，让调整后的流失占预期CMRR的10%。否则，期间的增加量会严重误导你，并掩盖潜在的流失问题。这类流失是不可避免的，应该把它纳入整体订阅和收入计划中，以便为业务提供更准确的预测。

例如，在财务年度开始时计算预期的CMRR，作为公司计划的基础：

- 上一年的续费=2500万美元。
- 假设流失率为10%（由于取消、再续约等原因），流失金额=250万美元。
- 计划的预期CMRR=2250万美元。

考虑到本期附加的年化价值，一个适中的方法是在每个财务季度开始时更新预期CMRR计划。例如，在第二个财务季度开始的时候实时计算更新的预期CMRR。

- 原计划的预期CMRR=2250万美元。
- 第一财务季度中期附加的年化价值增加=176万美元。
- 最新计划的预期CMRR=2426万美元。

核算附加订单的年化价值的最保守的方法是在每个财务周期结束时更新预期的CMRR（如果按月结账，通常每月一次），例如：

- 原计划9月的预期CMRR=150万美元。
- 9月续约的年化价值=22.5万美元。
- 最新计划的预期CMRR=172.5万美元。

如果你的业务涉及多个客户群，在做计划时应该单独计算每个客户群的预期CMRR，因为每个客户群的预估流失率不同。

第4步：确定如何识别可疑/有风险的客户流失。一个新兴的领域引起了很多公司的关注，那就是通过衡量可疑/有风险的客户流失来对公司进行更多的前瞻性预测。有两种方法可以预测可疑/有风险的客户流失：（1）通过人际互动；（2）通过分析信号或数据点。在传统企业中，利用人际互动要容易得多，因为公司通常有能力组建一个客户成功团队。这个团队经常与客户打交道，可以定性地评估和记录客户流失的可能性。但这种方法不可持续，随着公司客户成功团队规模不断扩大，要想在客户成功经理之间保持客观和一致的风险定性评估变得越来越困难。当公司主要面向中小企业市场销售时，低配置的客户成功团队企图发展深入的客户关系以获得良好的定性流失评估，从财务角度看不大可能实现。

利用信号或数据点是一种很好的定量方法，可以补充人际互动的定性评估，也是评估中小企业市场中流失可能性的一种更具成本效益的方法。首先是定义你最满意和最健康的那些客户的属性，对于这个定义，各部门应当达成一致；其次是定义风险客户的属性，这些属性可以包括产品使用的模式、支持案例的数量、净推荐值、客户任期、合同增长、关键联系人或支持者的离职等。尽管可以尝试在客户关系管理解决方案或 Microsoft Excel 中捕获和维护此类客户健康信息，但通过实施专门构建的客户成功管理应用程序，可以大大提高效率和主动性。

客户成功管理应用程序有很多优势，它们不仅有助于自动获取为客户健康状况打分的过程，还提供了一个集中的信息存储库，让对接客户的所有工作人员在与客户接触时可以实时访问。此外，它们可以提供某些可交付成果，以及与某些客户进行技术接触的能力；也就是说，用自动化的一对多接触代替昂贵的一对一接触，进行及时并有效的客户沟通。

对流失和留存有一个清晰、前瞻性的看法，才能使公司更准确地预测并积极主动地解决潜在的流失问题，这两点对成功发展以订阅为基础的业务至关重要。

第5步：与管理层保持一致，制定一套关于流失和留存的标准定义及报告。向关键利益相关者展示业务健康状况的清晰视图。公司应该通过与业务相关的维度来衡量CMRR、客户的流失和留存。例如，从CMRR的角度和客户数量的角度，按行业、规模、客户任期、地理区域、销售渠道、产品线或客户成功经理来了解流失和留存情况。要想轻松创建这些报告，公司需要在衡量流失和留存的颗粒度水平上捕获这些维度的信息，提前考虑清楚想要报告什么样的数据，就相应的设置系统来捕获这些信息，为公司提供关于流失和留存的战略洞察力，以帮助公司加速增长。

此外，这些报告要持续地提供给管理人员，并强调其随时间推移而发生的变化，使公司能够及时锁定需要解决的问题。同样重要的是，这些报告强调了新开展的项目和新流程的影响。例如，产品研发和工程部门需要了解，做哪些改进对客户成功来说最有影响，以及对客户成功影响程度的优先次序。

也许你的客户群中有一部分客户一直无法取得成功，或者客户一直没有得到匹配长期成功所需的培训，这时你有必要建议销售团队不要发展更多符合该特征的客户。能在非常精细的颗粒度水平上充分地了解流失和留存，有助于指导公司聚焦于各方面的重点、优先事项和投资，以提高业绩和加速增长。

图12.2显示了Gainsight客户成功管理应用程序提供的操作层面的仪表盘，可帮助公司主动管理流失和留存。

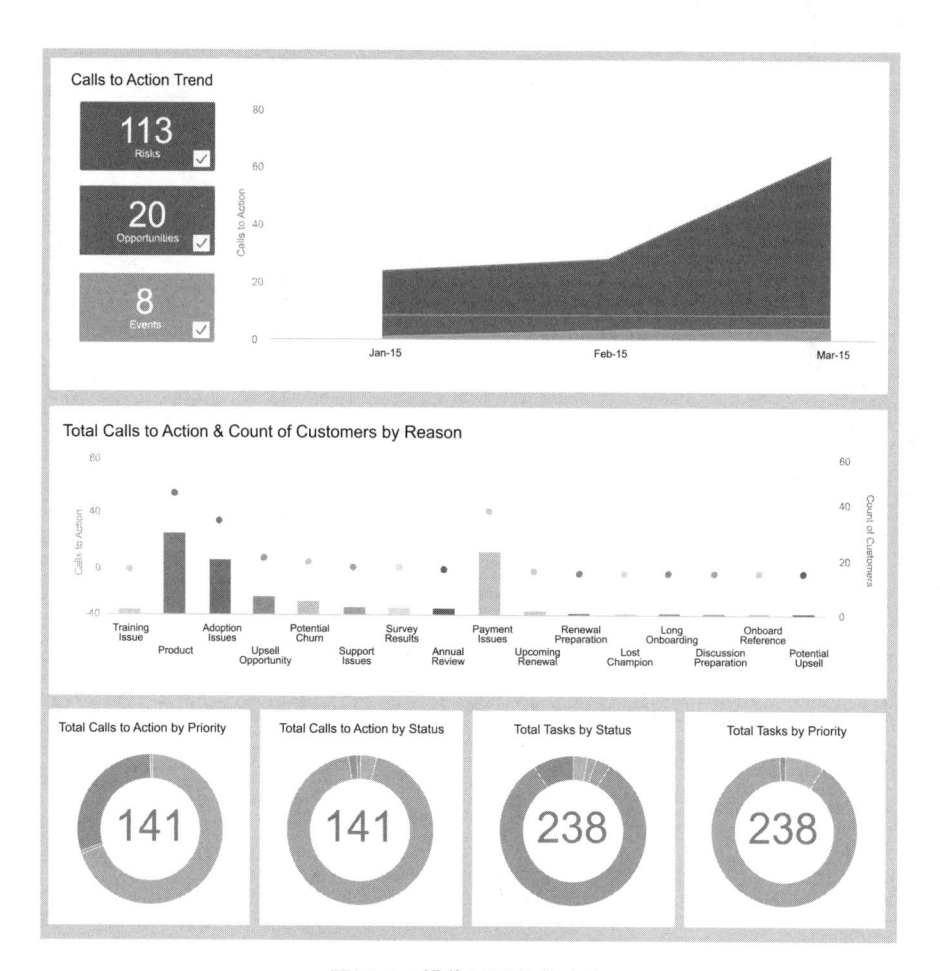

图12.2　操作层面的仪表盘

图12.3显示了Intacct ERP应用程序提供的执行指标仪表盘，它可以轻松地实时共享给公司关键利益相关者，以了解流失和留存对业务发展速度的财务影响。

图12.3 执行指标仪表盘

除了定期深入研究有关客户流失和留存的量化信息，最好的做法是委托无偏见的第三方去访问流失客户，这样公司可以更好地了解发生了什么和其中的各种原因。（许多优秀的公司都提供这样的服务。）在这个过程中，委托第三方服务比利用公司内部资源进行访谈可以产生更好的洞察，就像公司利用第三方服务来调研新业务推进是否成功一样。

前面的讨论将在一定程度上加深你对流失和留存的理解，这将有助于公司关注正确的优先事项并加速增长。然而，这必然会给组织增加运营成本，一种新兴的最佳实践是雇用一名客户成功运营人员。客户成功运营可以使跨职能运作客户成功项目具备可操作性，期待面向客户的资源拥有成功管理这些项目的技能是不现实的。此外，客户成功运营应该帮助构建用以实现流程自动化的底层系统，并提供公司所需的洞察力和视角，从而留住客户。

补充评论

经营企业却不深入了解企业的基本情况是不行的，经常性收入业务也是一样的道理。经常性收入业务如果想要获得长期成功，就需要最大化留存率和最小化流失率。对任何业务来说都一样，理解分为不同层次。知道产品年度经常性收入去年上升了8%（净留存率为108%）是一回事，详细了解其中的细节则是另一回事。

- 增加合同规模的客户比例是多少？
- 哪个行业的客户流失率最高？
- 按产品划分，留存率和增长率各是多少？
- 在第一次续约时平均降低了多少折扣？
- 在所有三年以上的客户中，与原始合同规模相比，平均合同规模的变化是多少？

对细节的掌控，不单单要看高级交易，而是每笔交易的每个细节都要知晓，这是正确管理业务的一个关键。

高接触

这一法则对所有层级和所有接触模式都至关重要。在高接触模式下，优点是你可以与客户交谈。例如，当客户流失时，了解客户流失的原因很重要。在客户关系管理系统中设置流失原因字段，要求客户成功经理从下拉列表中选择是一个常规的设置，也有一定的效力。但是，通过与客户的实际交谈，你会了解到更多细节的原因。在生活中，我们从失败中学习的东西比在成功中学习的东西要多得多，所以我们应该利用这些失败的经验，学习一切可以学习的东西，以便在未来避免这些失败。

低接触

这条原则主要是关于财务机制的。如果是纯粹的现收现付型业务公司，你能否详细跟踪每笔交易的细节？你能否做到完全了解留存/流失或增长的每个细微差别？这其中有一项不是纯粹的财务机制，那就是原因。为什么客户X会流失？为什么客户Y的合同金额在两年内增长了243%？你在公司内部会获得一些答案，但你必须规划和权衡，让团队与其中一些客户代表交流，以获得更多有价值的信息。你也可以通过调查问卷采集和发现更多信息。

技术接触

在此重申，你当然可以选择特定客户并与他们交谈，但实际上你肯定更倾向于使用某种数字手段来了解交易细节之外的东西。精挑细选一个客户群，对填写问卷的客户给予奖励应该是个有效策略。

第十三章

法则9：通过硬指标推动客户成功

乔恩·赫斯坦（Jon Herstein），Box客户成功高级副总裁

相关度

	低	中	高
B2B/SaaS公司	★	★	★
订阅制公司	★	★	★
现收现付公司	★	★	★
B2C公司	★	★	
传统公司	★	★	

执行摘要

客户成功仍然是企业正式部门中相对较新的成员，与任何新业务一样，客户成功正处在努力走向成熟的阶段，以保证在企业内的长期发展。可重复性、流程可定义、可量化和持续优化，这些都是成熟的标志。我们在少数比较成熟的拥有经常性收入的企业中看到了这些迹象，但对大多数企业来说，仍有很长的路要走。

归根结底，客户成功的目的是达成真正的业务成果，就像正在蓬勃发展的企业中的其他部门一样。定义成功对你和你的客户分别意味着什么，然后建立实现这些商业成果的明确的指标体系，是加速成熟过程的必要组成部分。没有可以量化的标准，你就无法改善。

20世纪80年代末，卡耐基梅隆大学的软件工程研究所开始研发过程成熟度框架，希望能帮助软件公司改进程序。几年后，软件能力成熟度模型（Capability Maturity Model，CMM）发布，成为评估软件开发组织过程成熟度的首选产品。同样重要的是，CMM框架已被更广泛地用作评估一个组织及其流程的成熟度，并作为如何从初始阶段进阶到最佳阶段的指南。

为什么在近30年后，CMM在客户成功世界（相当不同）仍有意义？它的基本前提是，随着组织能力不断提高，执行任务的结果越来越容易预测，无论这个任务是开发伟大的软件，还是确保客户能持续获得最好的体验。成熟度水平有所进步表现为可重复性、流程可定义、可量化和持续优化。综合来看，如果我们能够衡量和优化与客户成功组织相关的流程，我们就更有可能达到我们设定的最高业务目标（高客户满意度、低流失率、收入增长等）。

在第一层级（初始），工作要靠有责任心的人的果敢行动才能完成，而这类行动通常不太考虑过程或可重复性。听起来很熟悉吧？如果你只管理几个客户成功经理（或更少），这可能是你的日常写照。你的客户成功经理关注的目标是"不惜一切代价推动客户成功，并确保他们续约"。在这个阶段，客户成功经理的角色很可能没有被准确定义；这个定义只有一个目标，而目标之外的细节都靠自己在工作中逐渐摸索。如果你很有能力，在一段时间内确实可以发挥作用。但这种短期收益（客户幸福感）很有可能会导致长期痛苦（人员过劳，交付质量不一致，结果不平衡/不稳定）。

如果在必要的流程规范下，能够重复先前的成功经验，就可以进阶到第二层级（可重复性）。在此基础上，只要能够将流程记录下来、标准化并整合到组织的标准流程中，就可以进阶到成熟度的第三层级（流程可定义），到了这个层级，可重复的流程方法基本已经到位，剩下的就是量化（第四层级：可量化）和持续改进（第五级：持续优化）。

假设客户成功组织已经确定了其可重复的流程，并清楚地定义和记录了它们，你的重点将转向主动测量和优化。但是，哪些数据是可以衡量的？应该衡量什么？衡量结果可以令我们如何获益？广义上讲，你可以探索一下这三类指标：（1）客户行为；（2）客户成功经理活动；（3）业务成果。你会发现在每个类别中都有大量可衡量的指标，下面的讨论将尝试提供几个相关的例子。每个企业（以及相应的客户成功组织）都需要确定这些指标中哪些是重要的，以及如何准确地定义和量化。

客户行为

与内部部署软件相比，软件的SaaS交付模式最大优势之一是，我们可以对客户如何使用我们的产品的各个方面进行检测和衡量。以前软件供应商没有可行的方法来了解目标客户群是否使用以及如何使用其软件。在经过适当检测的SaaS应用程序中，我们可以知道客户的每次登录、点击、上传、下载、报错等。我们知道客户进行特定活动的频率。根据产品的性质，我们也可能知道这些活动的商业价值（例如，电子商务平台的SaaS供应商知道其处理的交易的价值）。当然，诀窍是将使用的指标与获得商业价值（对客户而言）联系起来，以及这将如何最终影响留存/扩展数据。

以客户为基础的衡量指标的例子包括（但不限于）：

- 净推荐值。

- 登录和注销。
- 特定产品功能/平台的使用情况（在线、移动、API）。

如果你以B2B模式运营，你也可以将客户层面的行为汇总到更高层次的客户"健康"视图里。这可能包括识别与客户流失可能性相关的风险因素，如付款/不付款，与客户管理人员的接触，以及其他可参考的行为。

有一点需要注意，客户行为只能作为客户获得商业价值的先行指标，用Gainsight首席执行官尼克·梅塔的话说，没有人购买软件仅仅是为了登录。客户购买解决方案是为了实现一个或多个商业目标：寻找更多的线索，创造更多的收入，使生产更有效率，或者加强与供应商的合作。对你来说，关键是要了解这些目标具体是什么，以及确认你的产品与这些目标的关系。在某些情况下，你可能无法确保客户仅仅通过产品中内置的功能来实现其预期目标。例如，如果客户使用文件共享解决方案来替代FTP服务器，你需要和他们确认才知道是不是这样，产品本身无法回答这个问题。在客户关系开始时，有必要花时间了解客户的业务目标，并商定你们将如何共同衡量业务成果。

客户成功经理活动

一旦为客户成功经理定义了流程，你自然想知道这些流程的执行情况如何。由此，你会想了解客户成功经理参与（或不参与）的活动是如何影响客户的情绪和忠诚度的。对这些过程有全面的了解和适当的衡量，会使你对员工的表现以及对这些活动所带来的业务成果有深入的了解。例如，你的业务季度审查在推动你的产品被广泛采用方面是否像预期的那样有效？当涉及客户满意度时，面对面的访问是否优于电子邮件和电话访谈？

客户成功经理活动指标的例子可能包括：

- 与客户进行各种类型互动的频率（业务季度审查、电子邮件更新、电话等）。
- 由客户成功经理处理的支持要求数量（而不是支持团队）。
- 风险识别的及时性。

- 缓解风险所做出的努力的有效性。

业务成果

成熟度导向的衡量和优化有一个附加好处，那就是业务成果的可预测性更强。想知道一个客户成功经理能有效管理多少客户（理想比率）？就去衡量负责不同群组的客户成功经理相对应的业务成果。想了解正式的季度业务审查与更频繁的非正式检查相比，效果如何？就去衡量这一维度上不同群体的客户参与度和满意度。请注意，这一部分指的是对你很重要的业务成果（留存、扩展等）。你必须与组织内的各个职能部门（产品、市场、销售、财务）合作，以确定"成功"的具体表现，以及哪些指标可以表明你的工作质量。围绕成功的定义和相应的衡量指标，设计可以量化的流程、活动和衡量指标。在许多情况下，你将与其他部门共同承担客户成功的责任。例如，客户成功和产品部门共同负责确保产品被采用。你越能清晰地确定这些衡量指标的"权属"，就越能细化团队接下来将执行的流程和行为。

业务成果指标的例子可能包括：

- 总留存率。
- 净留存率。
- 扩展。
- 客户数量留存。
- 客户满意度。
- 净推荐值。

对你和你的客户而言明确定义成功，可以确保客户成功团队的使命和责任更加清晰。一旦在定义上达成一致，下一个重点就是阐明用来量化团队表现的具体指标。客户成功团队负责人能够通过这些指标证明客户成功部门的价值，并随着时间的推移提高客户成功部门对公司整体业绩的贡献。最后，客户成功经理会感谢你，因为这给他们带来了清晰的目标，同时使他们真正了解自己的表现和贡献。

请记住：你得到的是你所衡量的东西！因此，要弄清楚什么是重要的，然后开始定义并关注这些关键指标。

补充评论

这条法则显然是针对那些实际上拥有客户成功团队的公司。如果你拥有客户成功团队，那么绝对有必要用非常具体的指标来积极地管理你的团队，就像对你的销售团队或任何其他团队一样。在某些时候，你能争取到多少人力资源需要用具体指标来证明，而不是靠乞求。如果你是一家大体量的B2B企业或B2C企业，可能目前还没有客户成功团队，但迟早都会有的。最初团队可能只有一两个人，负责数千甚至数百万名客户，但有人会对客户体验负责，并用关键的客户成功指标来衡量。一个由客户成功经理组成的团队，每个人都拥有合理数量的账户（5～150个），其技术显然将与那些负责数千或数百万名客户的人有很大的不同。我们在讨论高接触、低接触和技术接触模式时已经详细探讨了这一点。在最高层面上，所有模式的驱动指标都是一样的，它们基本上也是公司层面的指标——留存率、流失率、向上销售率等。如果你正在管理负有客户成功经理责任的团队，你需要更深入地了解他们的指标。留存率、向上销售率和流失率是正确的长期指标，但它们是滞后指标，不是特别具有预测性。更多关于这个问题的内容，请看后面的"高接触"部分。

在客户成功的初级阶段，我们仍然处于这个阶段，衡量指标真的就像婴儿辅食一样，形态模糊。我们已经与客户成功经理进行了数百次甚至数千次并不深入的一对一谈话。我们问了一些"好"的问题，希望能帮助他们，例如：

- 客户总体情况如何？
- 是否有客户面临流失的风险？
- 在过去的60天里，你一直在与客户X合作应对一些挑战，是否取得了进展？
- 客户Y流失了。你本可以采取什么不同的做法？

- 我可以如何帮助你？

这些都是合理的问题，可以问某项业务的续约负责人和整个客户成功的负责人，但这些问题的答案都不可量化。这又是一个客户成功管理解决方案可以发挥极大作用的地方，他们有能力改变你的一对多状态，谈话听起来更像下面这样：

- 你的客户平均健康得分比团队其他成员低6分，看起来拉低分数的是执行中的关系处理。让我们制订一个计划来改变这种状况，从得分最低的客户开始。
- 你有3个有风险的客户要在未来90天内续约，让我们看一下你针对这些客户的行动计划。
- 你的向上销售率比排在你之后的第二名客户成功经理高出10%，这太棒了，我希望你先汇总几页材料，我们先回顾一下，然后在下一次团队会议上分享，帮助其他人提升业务水平。

不难发现，在这些一对一的谈话中，对管理者和员工来说哪些表达显然更有效。就像所有的学科一样，只有在有明确的衡量指标的情况下，积极的管理才行之有效，使你能够管理结果，指导过程。随着客户成功学科的成熟，有效管理团队和个人的能力也在不断发展，这种能力以推动业务价值的具体衡量指标为基础，这点非常重要。

高接触

在高接触模式下管理客户成功人员与管理销售代表非常相似。对于销售代表来说，只有一个指标是真正重要的——你卖了多少钱？在某些时候，这就是决定成败的唯一衡量指标。但是，一个好的销售副总裁会等待一个季度，甚至12个月，来观察销售代表的业绩如何，以确定他们是否优秀吗？当然不会！在这一过程中，他们会关注很多他们认为是未来成功指标的东西。其中一些更可衡量的指标是：

- 销售漏斗规模。

- 销售漏斗增长。
- 销售漏斗变动。
- 电话数量。
- 会议数量。
- 创建和发送的方案数量。
- 预测的平均交易规模。

其他还有很多，当然，也要观察和指导一些更主观的事情，如提供标准销售话术的技巧、克服异议的能力等。每项工作都有一些高度可量化的方面，也有一些不太容易评估的因素。

客户成功也不例外。我认为决定单个客户成功经理或整个团队质量的关键指标是净留存率，同时考虑了总留存率和向上销售率。我以前说过这一点，现在我再次强调一遍。成功的客户会做两件事：（1）他们作为客户持续与你合作（如果是订阅制，就是续约）；（2）他们从你那里购买更多的产品。如果客户成功的工作是使客户成功，而这正是成功的客户所做的，那么净留存率就是衡量客户成功的指标。对他们来说很重要。然而，就像销售代表一样，你可能不想等到12个月后才看到客户成功经理的整个业务记录的净留存数据。你一定想在续约或向上销售活动之前，提前衡量那些能帮助你预测客户成功经理是否成功的指标。就像客户关系管理系统对于销售一样，客户成功管理解决方案可以为客户成功做到这一点。如果没有自动化客户成功管理解决方案，你也可以手动跟踪其中的多项内容：

- 整个业务的健康评分。
- 健康评分趋势。
- 客户成功经理的直接参与程度。
- 触发行动的数量（调查得分低，没有使用产品）。
- 完成的触发行动的数量。
- 识别的向上销售机会。

- 销售机会的数量。
- 积极地保持关系活动的数量（参考资料、案例研究等）。

当然，也有一些主观因素需要关注，如产品知识深度、善用其他资源的能力等。

对于高接触客户成功团队来说，再也没有借口进行松散的一对一谈话了。我们需要迅速确定并利用高度可衡量、高度可操作的指标，帮助个人改进并推动公司取得积极成果。

低接触

我们所说的关于高接触模式的一切在低接触模式中也同样适用。在创建有效的团队或项目方面，以及对客户产生积极影响方面，挑战和机会并存。

从很多方面来说，层级越低，模式的构建就越关键，因为你不能依靠关系来赢得胜利或了解客户。如果我是一个拥有5个客户的高接触客户成功经理，我可以非常准确地告诉你我每个客户的健康评分。我理应知晓这些重要信息，因为我持续地与他们保持沟通。但如果我有200个客户，而我被迫以更低的接触模式运作，我将更依赖于可以自动生成报告的客户指标。在这种情况下，客户成功管理解决方案几乎是必不可少的。但如果暂时没有自动化解决方案，以下的许多内容也都是可以手动跟踪的。下面的列表是高接触列表的延伸：

- 调查评分。（通常被纳入健康评分，但也可以单独跟踪，特别是当你还没有制定健康评分的话。）
- 电子邮件参与。（客户对直接来自你或你的营销团队的电子邮件会有什么反应？）
- 支持请求的数量。（这可能不是衡量客户成功团队或个人的最好办法，因为这可能不在他们的控制范围内，不过可以帮助关注有问题的客户。）
- 发票。（满意的客户会按时支付账单。）

因为最终是以客户表现来衡量客户成功团队的,所以任何能帮你了解客户各方面表现的指标都可以用来衡量客户成功人员的工作(只是程度不同)。全部追踪是不现实的,但要尽量跟踪选定的指标,对客户有大致的了解,并对团队的做法提供一些洞察力。

技术接触

对于技术接触来说,一个利好因素是客户群规模很大,这使得实施各项测试更容易。在这种模式下,你与客户的互动几乎全部是由技术驱动的,电子邮件是一个主要工具,你可以很容易地做一些A/B测试,以确定什么是最有效的。比如,当客户到了周年纪念日的时候,你可以安排一次干预。你可以发送内容完全相同但主题不同的电子邮件,一个主题是"祝贺",另一个主题是"生日快乐"。然后你只需观察打开/退出/取消订阅率,看看哪个主题更有效。

在许多方面,技术接触客户成功团队会像营销团队一样运作,他们的互动也主要是数字化的(网站、电子邮件、网络研讨会等)。这就引出一个结论,即他们可以通过类似的方式进行衡量。与营销团队一样,技术接触客户成功团队应该根据他们接触的有效性来衡量。这意味着要衡量以下内容:

- 电子邮件参与率。
- 网络研讨会出席率。
- 社群参与度。
- 用户组参与度。

对于营销团队来说,衡量其成功的最终指标是开发潜在客户。对于客户成功团队来说,最终的衡量指标是客户健康分数。客户成功团队的客户健康分数与销售团队的销售漏斗类似,这并非巧合。简单地说,销售漏斗是未来行为的预测器,如成交的可能性、成交的时机、交易规模等。销售漏斗是销售副总裁预测的主要输入。客户健康分数也为客户成功副总裁提供了同样的洞察力。准确的健康分数有助于对未来客户行为进行很好的预测，如续签概率、向上销售的可能性、风险水平等。最后，客户成功团队所做的一切都应该是为了建立忠诚度，而忠诚度从长期来看是由净留存率来衡量的，从短期来看是通过健康评分来衡量的。

客户成功这门学科正在迅速变化，就像一个孩子正在经历成长高峰期。变化最快的领域是对客户的衡量和管理，以及对这些客户负责的团队的进步。要想成为会议桌旁有话语权的"成年人"，还需要以同样的势头继续发展，以便让首席财务官和首席执行官看到成果。

第十四章

法则10：全公司自上而下的承诺

尼克·梅塔（Nick Metha），Gainsight首席执行官

相关度

	低	中	高
B2B/SaaS公司	★	★	★
订阅制公司	★	★	★
现收现付公司	★	★	★
B2C公司	★	★	★
传统公司	★	★	★

执行摘要

客户成功不仅是一个部门或一个组织，还是必须渗透到整个公司的一套完整的哲学思想。在大多数商业历史中，只有两件事真正重要：制造产品和销售产品。我们相信，现在是第三个核心过程——客户成功出现的时候了。

客户成功不仅仅是流行语。它长期存在，而且将越发重要。客户成功做得好的话，会给你的业务带来真正的价值。就算你现在还没有开始运营客户成功，估计很快也要开始了，因为没有它你将无法生存。幸运的是，起步并不难。但是，客户成功要从公司高层开始，而且需要全公司自上而下的承诺。

客户成功听起来像一句老生常谈，没有什么新意。这么多年来每每听到首席执行官说"客户就是上帝"，然而他们的实际操作却背道而驰时，我们很容易对新的客户成功活动持嘲讽态度。

在这条法则中，我希望你能理解以下四点：

1. 什么是客户成功（真正意义上的）？
2. 为什么客户成功是必然趋势？
3. 客户成功如何推动价值？
4. 客户成功从哪里开始？

什么是客户成功（真正意义上的）

由于许多B2B公司创建了带有客户成功管理或首席客户官等标签的团队，你可能认为客户成功是一个部门。

正如销售既是一个团队，也是一项跨职能活动一样，客户成功也是全公司的事情。从字面上看，客户成功包括将公司的方向从产品或销售转移向客户成功。

在大部分的商业历史中，公司都专注于两个核心过程：制造产品和销售产品。在客户成功活动中，我们主张有第三个核心过程：客户成功。简单地说，如果你把赌注押在客户成功上，那么你的企业（在销售和利润方面）也会随之成功。这是一个很大的赌注，它需要客户成功、财务、市场、销售和产品团队的支持，因此，需要全公司自上而下的承诺。如果你是首席执行官或高级管理人员，那你要为这种投入定下基调。

在客户成功活动中，所有的业务问题都围绕着客户成功而重新构建。

- 产品：哪种功能能够真正帮助我们的客户？我们的解决方案如何帮客户实现他们的目标（而不仅仅是展示产品）？
- 销售：哪些客户可能适合我们的解决方案（哪些客户会很快离开我们）？
- 营销：哪些信息与我们提供的成功和价值相一致（而不仅仅是流行语）？
- 财务：哪些指标反映了客户的真正成功和价值（而不仅仅是新的销售）？

为什么客户成功是必然趋势

好消息是，你不需要在这里过多地考虑假设的状况。客户成功是经济巨大变化的自然结果。

- 全球化和技术已经降低了企业的准入门槛。
- 较低的准入门槛使新进入者能够颠覆几乎每个既定的类别。
- 新进入者创造了低摩擦的商业模式。
- 低摩擦的商业模式使客户可以轻松尝试和购买——有较短期定价（按月或按年）；细化消费（每分钟、每个CPU周期、每个用户、每次点击）；以及更容易部署（云和移动）。
- 低摩擦的商业模式使得尝试购买的客户更容易说"再见"并流失。
- 客户有权力，客户有选择。
- 客户会选择留在那些能提供他们所期望的结果和成功的供应商那里。事实上，客户将开始对供应商有所期待，期待供应商主动关注客户成功，因为越来越多的供应商会这样做，如针对消费者的应用程序（如Uber

在这方面做得非常好。

这不是一个是否会发生的问题，它必然会发生。问题是，当它发生时，你的企业是否会做出足够快的反应并生存下去？

客户成功如何推动价值

从积极的一面来看，尽早拥抱这个机会的公司将通过关注客户成功而取得巨大的成果。

- 增长。面对更少的流失率和更多的向上销售的机会，专注于客户成功的企业会增长得更快。而成功的客户会成为宣传者和推荐人，从而带动更多的新客户。从长远来看，仅靠新业务是无法抵消流失带来的漏斗效应的。
- 估值。根据Altimeter Capital的报告《订阅业务的估值》（2014年10月），公共订阅业务的乘数与客户成功和留存直接相关。"金额续约率（Dollar Renewal Rate，DRR）是订阅业务估值的最重要指标。"简言之，华尔街也注意到了客户成功。
- 差异化。由于不是每种类型的公司都专注于客户成功，客户成功管理可以成为一个有意义的差异化因素。客户知道，随着时间的推移，产品和服务会变得商品化。从长远来看，一家公司用来推动客户成功的业务流程和团队才是真正重要的。一流的公司往往通过恰当的方式谈论客户成功过程来传达销售信息。

客户成功从哪里开始

如果你认可上面所陈述的内容，你可能正在想："我到底该如何实现全公司自上而下的承诺"？从哪里开始呢？"以下有几个建议。

- 定义成功。为了创建以客户成功为中心的文化，你可以采取的最重要的步骤之一是明确成功对客户的意义。许多公司销售可用于多种情况的通用型产品，如果你是首席执行官或高级管理人员，你应该启动一个跨职能流程，为你的产品确定典型用例，并定义在每个典型用例中成功对客户意味着什么。有一个简单的方法来思考这个问题，如果你问客户："我们公司的成功对你们意味着什么？"他们会怎么说？没有定义目标，就很难让公司围绕这个目标团结一致。

- **围绕成功对齐目标。** 接下来，审查你的组织，确保每个职能部门都知道必须做什么来支持客户成功。客户成功团队可以是发起进攻的四分卫，但他们需要每个部门的支持。这可能意味着：
  - 每月与产品团队一起审查客户成功反馈。
  - 定义和完善销售质量标准。
  - 与营销和客户成功团队定期审核信息传递情况。

- **倾听客户成功团队的意见：** 如果你是一名高级管理人员或首席执行官，你可能会被来自客户、合作伙伴、投资者和员工所带来的无数关于业务的信号所淹没。你需要确保信息的一个关键部分来自客户成功团队，如果你还没有创建客户成功团队，则需要从客户成功实践结果中获得信息，因为他们是客户群体的"眼睛"和"耳朵"。对客户成功问题进行定期审查，在每次执行会议、每次董事会会议和每次关键的战略决策中，保证都要有客户成功管理人员参加。对待客户成功管理人员的意见要像对待销售主管的意见一样认真。

- **客户成功优先级：** 这是一个焦点问题。企业的资源是有限的，必须做出权衡。让客户满意的产品功能是否总是被放在优先的位置，而不是被演示功能抢占了资源？实施自助服务的项目是否被推到了渠道合作伙伴推广的后面？对客户成功经理的培训是否因对销售人员的培训而推迟？如果你想推动客户成功，那就要把它放在优先位置。

- **赋予客户成功团队权力：** 同样，如果你已经创建了一个团队来推动客户成功，请用具体行动来支持他们。以下一些需要考虑的事情：
  - 确保客户成功主管的头衔与销售主管的头衔处于相同级别。

- 当客户升级到管理层时，要通知你的客户成功经理。
- 尽可能让客户成功经理在客户面前当"好人"（例如，最好由客户成功经理告诉客户，你同意他们的合同变更或路线图请求）。
- 明确向公司其他部门表明客户成功经理代表客户的观点。

- **衡量客户成功**：如果没有达成一致的衡量指标，客户成功将永远不会被认真对待。为业绩结果制定指标，包括流失率、净留存率和其他量化指标，确保每个人都清楚这些指标的具体含义。同时，创建一些早期预警指标，如健康评分、采用评分和净推荐值，以了解客户成功趋势。

- **客户成功报告**：接下来，使这些指标随处可见。把它们在全体员工会议上展示，贴在公司墙壁上。在董事会会议上讨论客户成功的时间与讨论销售的时间一样多，在董事会材料中加入重要的客户成功的内容，通过这一切，尽量向董事会表明你对待客户成功的认真态度。

- **以客户成功为导向的激励机制**：公司要制订激励计划用以推动行为的转变。因此，如果你想推动客户成功，就要采用激励措施来推动。考虑在公司奖金计划中增加客户成功的指标（如净留存率、净推荐值或健康评分）。

- **挑战公司**。如同推动公司销售增长和实现季度目标一样，花同样多的精力推动公司实现客户成功的目标，如留存率、上线率、满意度指标或采用目标。

- **庆祝成功**：客户成功并非轻易达成，它并不总是可控，而且很多客户极具挑战性。大多数公司都有为激励销售人员的好传统——锣鼓、香槟、旅行、有趣的赌注。也要为客户成功人员这样做，准备客户成功管理"锣鼓"，并发出信号：客户成功是全公司自上而下的承诺。

补充评论

对于那些认真对待客户成功的公司来说，这条法则的价值怎么强调都不为过。从某些方面来说，它不仅仅是十大法则中的其中一条，实际上它是所有其他法则的基础。与企业中的任何其他团队相比，客户成功团队更需要其他团队的承诺。我说的是承诺，而不是帮助。帮助有时也是必要的，但这个词意味着它是一种反常态的，只有在特定情况时才出现的应对措施。这样想是不正确的。对客户成功的真正承诺在第一次营销活动之前、针对第一个潜在客户之前、在产品中写下第一行代码之前，以及在第一次销售电话发生之前就开始了。这就是"十大法则"的本质，它阐明了伟大的经常性收入公司为了维持优质表现，需要在整个公司内进行怎样的思考和行动。这不是事后的想法，也不是在问题出现时收拾残局的团队。这是一种从高层开始并渗透到整个公司的哲学。也只有这样，它才能成为一个与所有其他部门共同进退的部门，以确保公司的重点是为客户推动业务成功。

首席执行官一定要全力以赴，否则这一切都不可能发生，同时，公司董事会也必须同样全力支持，否则首席执行官不可能全力以赴。客户成功活动的一个令人愉快的现实是，投资者会对相应的结果越来越感兴趣——高留存率、更高的向上销售率、高客户满意度——作为创建一家盈利公司的必要步骤，也推动了对客户成功的早期投入。当然，好消息也意味着首席执行官要在技术和人员方面的投入上做出明智的决策。这也从另一个角度解释了为什么客户成功必须是自上而下的。

首席执行官推动客户成功的方法清单很长，我在这里要提到的最后一个是关于公司文化的。因为伟大的公司已将客户成功刻在其DNA中，客户成功哲学需要成为公司文化的一部分。众所周知，文化大都由人力资源团队负责，但实际上主要是要由公司老板创建、强化和塑造的。让客户成功成为公司文化的一部分，对于比较成熟的公司来说往往比较困难，因为这可能是对公司建立方式的一次巨大转变。诸如此类的变化需要从高层逐步向下推进，成为公司奖励和激励机制的一部分。我见过的最好的例子之一来自一家非常成功的、现已上市的SaaS公司，在该公司的高管奖金计划中，清楚地列明了首席执行官的优先事项。每季度的高管奖金只根据两个指标来发放：新业务预订和续约率。要为该计划提供资金，需要在这两个指标上达到最低的门槛。这释放出的信息很明确：对我们的业务来说，客户保留与新客户开发同样重要。

正如我们在第二章探讨的，客户成功的影响需要在销售和营销、产品管理和开发以及服务环节被感受到。其中的每个环节，包括客户成功，都是这个链条上的同等重要的环节。客户成功负责人和首席执行官对现有客户的持续关注会产生一定的压力，推动公司以积极的方式发展。来自高层的监督、指导和承诺对于创造正确的平衡来说非常宝贵的。作为首席执行官（如果你是）或你的首席执行官（如果你不是），请思考以下5个问题。问问首席执行官是否真正专注于客户成功：

1. 他是否敢对高于均价的交易说"不"，就因为让客户真正成功的机会太小了？
2. 他是否愿意为解决当前客户的挑战而推迟重要产品的发布？
3. 客户成功负责人被他信任吗？
4. 路线图中是否包含只能满足现有客户需求而不能帮助销售更多产品的部分？
5. 他是否像参与关键销售交易那样经常参与跟进关键客户的情况？

显然以上都是"非黑即白"的问题，实际上商业决策经常发生在中间的灰色地带。但用这些是非问题强迫回答"是"或"不是"，即使仅仅是理论上的，也往往能帮助看清实质。如果你作为首席执行官对每个问题的回答都不是清晰快速的"是"，那么你就需要考虑你是否真正关注客户成功。如果你是一个非首席执行官的高管，并且不确定首席执行官对每个问题的回答是不是肯定的，那么你应该仔细考虑这对你和你的公司意味着什么。我并不是说，因为你不确定首席执行官如何回答每个问题，你就注定会失败，但值得思考的是，这意味着什么，以及它可能对你有什么影响。

高接触、低接触和技术接触

这一法则并不因你与客户打交道的模式变化而变化。在任何情况下，成功都高度依赖于董事会和首席执行官的承诺，以及客户成功团队与公司其他团队的协同性。因此在每种模式中需要考虑的权衡问题可能会有一些变化。

高接触：多聘用一位客户成功经理来管理最重要的客户，而不是多聘用一个承担销售任务的销售代表。

低接触：通过减少客户成功经理工作量推动增量预订，而不是通过增加销售配额。

技术接触：建立属于客户的门户，升级营销自动化解决方案。

每次的权衡取舍都关于资源投入客户成功部门还是另一个部门。我并不是说每次都要投资客户成功部门，而是想指出，无论你采用何种接触模式，都需要做出艰难的投资决定，而且首席执行官很可能要参与其中。对客户成功的关注和长期承诺将体现在公司每个月必须做出的数百个决策中。

最近，吉姆·斯蒂尔（Jim Steele）与我分享了另一个关于这个主题的故事，也很有指导意义。吉姆在Salesforce工作了13年，曾任首席客户官和全球销售总裁。在2003年第一次Dreamforce客户大会的前一天晚上，高管团队与马克·贝尼奥夫聚在一起，检查会议议程和所有会议上的讲话。与大多数软件供应商举行的会议一样，议程中都是产品介绍，旨在突出产品功能和公司价值。在审查进行到一半的时候，贝尼奥夫做出了一个决定，这个决定为整个公司未来几年的发展奠定了基调。他决定将所有产品介绍删除，改成让客户分享产品使用反馈。贝尼奥夫没有在这里跟客户大肆吹捧Salesforce多棒，而是选择让客户开口，Salesforce倾听。不仅如此，当轮到每个客户讲话时，贝尼奥夫还明确要求，所有的反馈必须是Salesforce产品的负面信息，要讲产品、流程和人员方面哪里做得不好。没有一个客户能用简单的两句好话就能应付。

我当时不在现场，但我猜测，做这个决定应该不容易，它是基于贝尼奥夫的"客户至上"原则而产生的。现在回想起来，这似乎是自然而然正确的选择，但在当时，会议前全部时间和精力都倾注在产品介绍上，突然要放弃产品介绍，我确信这个决定并不简单，也不是毫无风险。但对客户来说，无疑是影响深远的，对Salesforce来说，意义也许更加深远。把客户放在第一位听起来不错，但执行期间做决定时并不总是易如反掌。这就是为什么它需要成为企业文化和企业DNA的一部分，这样，每种情况与其说是单一的决定，不如说是我们做事的方式和基本原则。

第三部分

首席客户官、科技和未来

第十五章

首席客户官的兴起

当组织结构发生变化时，特别是当新的部门出现时，新的头衔往往也会随之而来。IT部门在企业中占据重要位置后不久，首席信息官（Chief Information Officer，CIO）这个头衔就开始流行起来。今天，它已经成为一种常态——每家有一定规模的公司都有一个首席信息官。当考虑到世界上几乎每家公司对技术的依赖性，特别是当考虑到保护公司关键信息所涉及的巨大责任时，你就会理解首席信息官的普及是必然结果。云计算的存在只是起到了一定的促进作用，因为它已经成为每家公司的IT基础设施的一部分，是大量关键业务数据的来源。毫无疑问，首席信息官将继续存在下去。

时间将告诉我们，正在成为客户成功整体行业中重要职位的新头衔——首席客户官（Chief Customer Officer，CCO）是否也是如此。由于我们前面概述的所有原因，客户成功肯定是行业内所长期需要的，首席客户官这一头衔很可能也是如此。但是，这个头衔实际上意味着什么？主要职责是什么？为什么客户成功活动使它变得如此突出？让我们来探讨一下。

维基百科是这样定义首席客户官的："首席客户官是在以客户为中心的公司中负责与公司客户建立全面关系的高管。"

云计算以前的首席客户官

这是一个很好的定义，正如你所见，从逻辑上讲，世界上任何一家公司都需要这一职位/头衔。这并不是一个新的职位/头衔，但直到最近订阅海啸将客户的重要性提高到了一个全新的水平，人们才开始关注这个职位/头衔。云计算以前，有一些公司会通过首席客户官的角色来公开声明客户对它们有多重要。"有一位高管专门负责使客户旅程和体验变得更好"——听起来是一个好主意，对吗？如果做得好，并且得到高层百分之百的支持，那就不仅是一个好主意，可以说是伟大的想法了。

但是，要想产生真正可衡量的影响，面临着诸多挑战。主要的障碍是，在订阅未发生时，首席客户官几乎没有任何直接的运营责任，因此，他们也不大关注底线收入或盈利指标。这并不是说他们不够努力、不够积极，只是很难量化。

让我们用一个很简单的案例来说明一下。在订阅业务以前，首席客户官的重点通常是围绕客户体验（Customer Experience，CX）来定义的。大多数公司真正希望的是做生意能更容易，它们希望所有的客户接触点都是顺畅无摩擦的，并给客户留下积极的印象。每个客户都需要经历的接触点之一，就是供应商的开票过程。根据产品的复杂性，发票机制可以简单，也可以复杂如噩梦。手机账单就是噩梦版发票的例子，想想AT&T花了多少时间和精力向客户解释发票，一定很多。负责整体客户体验的首席客户官很可能会抓住发票流程这个让客户恼火的源头，并寻求改善。对于大公司来说，这将意味着巨大的工作量。所有的发票准确、简单、及时，对客户来说是有百利而无一害，没人会对此提出异议。但是这需要大量艰难的工作才能实现，能给我们带来什么回报？给客户提供更好的体验吗？这是肯定的。能提高公司收入吗？也许吧，但很难衡量。盈利能力能提高吗？可能不会，但同样很难衡量。现有客户会花更多钱购买产品？有可能，但问题是怎么证明是你促成的呢？

所以，你看到了挑战。我知道很多人在过去担任过这一职位，而且效果很好，他们的努力确实改变了客户的体验，改善了客户对公司的看法，增强了客户对公司的信任。但是，如此努力地工作，做了这么多好事，却无法将其与董事会衡量首席执行官的事情联系起来，真令人沮丧。最终导致了这样的局面：这个职位需要高薪，大多数首席执行官不愿意承担保留这个职位对应的成本和风险。现在，如果他们不愿意这样做，你可以指责他们不以客户为中心。但身为打工人，当董事会要求首席执行官对收入、盈利能力、产品质量和市场份额负责，而首席客户官无法将自身成就与上述指标联系起来时，那么选择不将首席客户官这一职位添加到高管中也是能够理解的。

对我们所有人来说，客户体验已经成功地改变了成千上万家公司与客户的互动方式，但极少有重要到设置首席客户官职位头衔的案例。正如我们在第二章中提到的，客户体验和客户成功是同一个拼图的两个部分，而且至少在某种程度上是重叠的，如都是使用调查问卷来获取前瞻性信息和客户反馈。

在大多数情况下（但不限于此），客户体验通过客户满意度调查来衡量。在前面的发票案例中，项目很可能从调查开始，询问客户对供应商开票过程的满意度，进而深入调查关键因素——准确性、简单性和及时性。这成为项目的基准，然后用同样的问题进行项目后调查，并对结果进行比较，以量化收益，并证明工作的合理性。这是用来确定项目有效性的合理方法。客户体验和客户成功之间会出现重叠，因为客户成功也会通过调查来帮助了解客户健康状况（客户成功法则4）。也许不能代表故事的全部，但来自客户的直接反馈肯定是客户健康总体情况的一部分，并将帮助客户成功团队确定与客户互动的优先排序。客户体验与客户成功的目标其实是一样的，那就是改善客户健康和客户体验，从而提高忠诚度——它们在组织上可以合二为一。

在上云前，甚至直到今天，在非订阅制公司中，首席客户官的角色主要被认为是负责营销工作的，甚至被认为是首席营销官的替代者。并非巧合的是，客户体验通常被看作市场营销工作的一部分。这都是另一波大趋势的积极信号，伴随着可便捷触达的海量信息带来的巨大力量，许多公司的营销部门正在将营销活动绑定在公司的基本面上。完成销售并不意味着营销终结。

今天的客户被赋予了强大的信息获取能力，他们已经不能满足于被简单地视为买家了，他们希望被倾听、参与，甚至被视为合作伙伴。这已经成为营销副总裁、首席营销官或首席客户官的一个崇高目标，也为同样渴望对客户有更多的洞察和了解的其他部门提供了巨大的利益。在其他部门还没有对客户进行战略思考的情况下，市场营销部门接住了这个"球"并与之一同前进。客户支持和服务部门每天与客户有数千次的互动，也有类似的机会，不过它们的战术重点是成功解决客户问题和完成服务项目所需，而非专注于战略或长期。

现实就是这样，当千禧年到来的时候，订阅、云端储存、SaaS和社交媒体都以迅雷不及掩耳之势涌入我们的意识中，一切都开始不一样了。

新型首席客户官

我看到客户成功几乎在企业的各个部门成长起来。这在销售部门非常常见，至少在早期订阅制公司，销售副总裁通常是那个负责续约流程和续约任务的人。同样常见的是，客户成功在更广泛的服务组织中形成，因为客户成功团队最初的关注点和努力往往看起来很像客户咨询和客户支持的组合，同样需要很多技能。由于前面讲到的原因，客户成功在营销部门成长起来也比较常见，尽管不如销售或服务部门那么常见。甚至我还看到过客户成功作为产品团队的一部分出现。这里的逻辑也很清楚，产品必须是为解决客户的需求而构建的，没有人比客户成功经理更了解客户的需求了。但是，正如你在职业生涯中可能观察到的，特别是在小公司，组织架构往往是围绕着个人构建的，而不是简单地基于惯例。但随着时间的推移，通常会逐步达成共识，最佳实践开始出现。对于客户成功来说，这一趋势是向服务方向发展。

我很谨慎地说向服务方向发展而不是完全从服务出发。向服务方向发展的原因非常简单：客户成功确实被视为一种售后角色，因为大部分的努力和参与都发生在潜在客户成为客户之后。然而，我们一直在讨论这个问题，订阅经济有许多细微差别，其中之一是没有售后这一说——一旦最初的销售完成，所有的努力都是为了确保下一次销售，无论是续约，还是向上销售。可以说，在订阅或现收现付的经济模型中，每项活动都是售前活动。回到当前的主题，售后这个词语不会消失，大家都明白，它意味着"在最初的销售之后"，而这正是客户成功的所属领域。

售后组织往往是相当成熟的，因为长期以来售后的核心一直是企业的必要支柱：

- 专业服务。
- 培训。
- 客户支持。
- 实施/客户引导。

即使是首席执行官，能有效管理直接报告的下属数量也是有限的。因此，随着时间的推移，售后组织往往会被合并。这通常意味着会从内部晋升一名服务高级副总裁或直接从外部聘用，以管理所有上述部门。更常见的情况是，客户成功成为这个更大的服务组织中的一个单独的部门，而且，正如我们在第二章中所阐述的，客户成功往往会成为整个服务组织的总称。

但是，因为组织的名称改变了，组织的领导者的头衔也相应改变了，由曾经的服务高级副总裁变成客户成功高级副总裁，接下来将发生什么？本来没有什么不对，只是当服务组织内也有个客户成功部门，很可能也有一个副总裁领导这个子部门时，这就可能造成混乱，导致在描述整个服务组织时出现谁先谁后的问题，这当然不是将某人的头衔改为首席客户官的最佳理由，但绝对是理由之一。如果把这一点与对承担公司整体留存人数的责任结合起来，伴随着客户成功职能的增加，你就可以开始创建相当有说服力的案例，把这个角色添加到高管中。

我们通过图15.1和图15.2的内容，描述了售后组织的演变。

图15.1　传统售后组织

图15.2　新型售后组织

对于那些没有遇到过这种类型的组织的人来说，这根本不像一个销售高级副总裁在监督四个不同的销售小组：

- 企业。
- 中型市场。
- 中小型企业。
- 渠道。

并不是说这是一件容易的工作。但这四个小组的主要关注点和衡量指标是相同的——销售产品。服务高级副总裁（或首席客户官）在图15.2描述的组织中负责五个小组，但这并不是说拥有更多的部门或更多的人，重要的是责任的广度，这是由执行的活动类型和相关的衡量指标决定的。接下来你将看到，这些小组中的每一个都是独立的，它们在做什么，如何做，以及如何被衡量。这是评估"首席"一词是否能用在该负责人头衔中的影响因素之一。

专业服务

主要衡量指标——利用率

几乎每家软件公司，以及许多其他公司，都会有一个提供专业服务或咨询的部门。这个部门由富有经验和拥有产品和/或领域专业知识的人组成，客户可以有偿使用。也可能是一名顾问，他对如何有效地使用甲骨文公司的发票产品有深入的了解，也可能是上门为你修理漏水水槽的水管工，他们并不会向你推销软件或水槽，而是在销售他们的专业知识。简而言之，这就是我们通常所说的专业服务或咨询。

衡量这项业务成功与否的主要指标是利用率。这基本上意味着：在所有可以计费的时间中，有多少时间被计费了？如果水管工每周工作40小时，如果他能开出其中30小时的账单，就会比只开出20小时的账单有更高利润（更多钱）。假设他有更多的工作可以处理，他的主要任务是尽量减少不可计费的时间，增加计费的时间。这对每个顾问来说都是一样的。对于管理专业服务业务的人（以及他的老板）来说，这将是他每天关注的数字，也是他应该负责的数字。

培训

主要衡量指标——交付的产品数量

每个人都知道什么是培训，所以我们就不再重复了。多年来，改变的是交付机制。课堂培训仍然在适当的情况下进行，但是，越来越多的虚拟培训正在成为常态，按需培训是必须的。事实也是如此。毫不奇怪，有很多技术选项可以帮你在想要选择使用的任何渠道上进行培训。

这里的关键还是要指出这个职能部门内的角色有多么不同，以及应该如何从整个团队的角度衡量。培训基本上是作为一个产品开发团队来运行的。收集需求，构建产品，然后是产品制造、销售和交付。团队的生存能力取决于两点——产品的质量（学生是否以积极的方式学到了他们想学的东西）和产品的销售数量。并非所有的培训机构都是为了赚钱，但随着公司的成熟，培训往往成为收入的来源。无论是否产生了现金回报，"交付的产品数量"可能是培训团队的正确衡量指标。另外，你也可以从客户的角度来衡量，使用"培训的客户/用户数量"这样的指标。无论哪种情况，它都与专业服务的管理和衡量方式有很大不同。

客户支持

主要衡量指标——效率

客户支持是故障修复部门。客户支持团队负责接听客户电话或处理客户电子邮件，这些客户觉得产品有问题，并期待公司根据问题的严重程度做出合理的响应。在软件领域，客户支持团队是指积极帮助客户解决问题的团队。早期的沟通渠道主要是电话，因此客户支持部门也被叫作"呼叫中心"。今天，客户支持已经发展为一个独立部门，团队成员通过电子邮件及电话与客户互动。社交媒体也已成为沟通渠道的一种，一些客户支持团队甚至通过Twitter受理客户的案件。

客户支持常常是必要的，它的存在只是因为不可能总是交付完美的产品。世界各地都有呼叫中心，可以帮助客户解决各种问题，如帮助你把为新生儿购买的婴儿床组装起来，帮助为你即将到来的欧洲之行制订国际呼叫计划，或者帮助你解决刚刚在运行报告时发现的错误。

在所有这些情况下，客户支持都是一个成本中心，而且很可能一直如此。在大多数情况下，客户支持也是一个相对被动的部门。这只是一个事实而已，我们不能用好坏来衡量它。衡量一个成本中心的方法是通过效率指标，如"每个代表每天完成的问询数量"或"处理的呼叫总数"，这些指标告诉你，你是否从投资中获取了最大的收益。通常，标准的客户支持不是由客户单独支付的，因此尽量减少为每个客户提供支持的成本将是首席财务官和那些领先的支持团队的优先事项。这一切都与效率有关。

实施或客户引导

主要衡量指标——价值实现时间

正如我们在第十一章中深入讨论的那样，客户引导或实施团队是公司价值实现时间的关键驱动因素之一。除非首先做好这一点，否则你的产品就无法产生任何价值。客户引导团队成员与专业服务团队成员位于同一个小组里是很常见的，因为他们的技能几乎都可以互换。但是，随着时间的推移，大多数公司出于两个原因将这两个小组分开：

- 在客户引导过程中衡量和提高项目完成的及时性是非常关键的。
- 打包客户引导服务比打包专业服务更有可能，在专业服务中，大多数工作都是按小时完成的。

由于客户引导服务几乎总是初始销售交易的一部分，因此它们往往被打包成固定价格，使其更容易销售，并且不拖累销售周期。项目完成时间或价值实现时间是推动客户引导包改进（和盈利能力）的关键指标。把这个团队作为一个独立的小组，可以让你开始跟踪这些指标的改善，这是团队有效性的关键。最终，你可以说这是衡量利用率或效率的另一种方式，大多数人都会同意，及时且高质量的客户引导对客户成功和留存是如此关键，所以需要有单独的小组和衡量指标。

客户成功

主要衡量指标——留存（续约率）

正如我们深入研究的那样，客户成功完全不同于前面讲的其他组织。在某些方面，它是将其他小组联系在一起的黏合剂。客户有问题且超出了客户支持的范围，可以找客户成功小组。客户需要咨询一些专业知识，以证明他们的续约是合理的，但还没到专业咨询的程度，也可以找客户成功小组。客户接受了培训并完成了客户引导，但还是需要一些小的推动和调整来强化客户体验，仍可以找客户成功小组。同时，客户成功作为留住客户的小组，也可以推动其他小组在各自的工作中做得更好、更快。这真的是一个良性循环，客户将从中受益匪浅。

目标和衡量指标是总留存率、净留存率、续约率或类似的指标，你可以用忠诚这个词来概括这一切。客户成功，无论是高接触模式、低接触模式，还是技术接触模式，都是为了建立客户忠诚度，因为忠诚的客户会留在现有的供应商那里，并从他们那里购买更多的东西，就是这么简单。

因此，这是五个不同的部门在做五件非常不同的事情，并通过五种非常不同的方式进行衡量。如此广泛的责任需要巨大的智慧、技能和经验来管理和领导。我认为，首席客户官这个角色的责任至少等同于营销和销售业绩总负责人的责任。事实上，这两个角色应该是同级别的，二者在公司内部应该拥有同等的权力。我们之前已经谈到了这一点，但值得重复的是，在一个成熟的订阅制或现收现付的公司中，来自现有客户的收入/预订量应大大超过来自新客户的收入/预订量。图15.3显示了在一家中高速增长的SaaS公司中，这些数字是如何随着时间的推移而变化的。

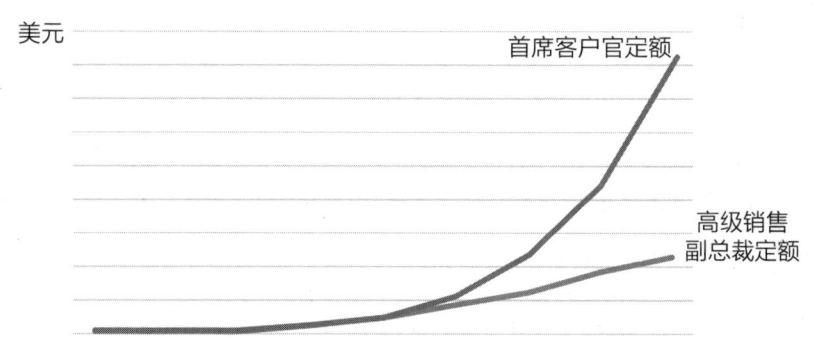

图15.3　高级销售副总裁与首席客户官定额比较（中高增速的经常性收入业务）

到目前为止的讨论解释了首席客户官的兴起，并为这个头衔存在的合理性提供了理由。但故事还没有结束，与软件开始吞噬世界一样，客户成功也在吞噬企业的其他部门。这并不难理解。随着现有的客户群变得越来越有价值，负责培养和发展客户的人也变得越来越有价值。客户成功已经成为一个漩涡，将其他部门的一部分吸进来。这并不是对权力的渴望，而是对多个行业的许多公司发生的权力转移事实的一种承认，是订阅经济的另一个神器。

还有三个部门（销售、营销、销售咨询）和组织中的其他部门正在感受客户成功的推力，并加速了首席客户官的兴起。不同的企业会有不同的结果，但作为以客户成功为中心的企业的一部分，这些部门只有两种可能性：影响或吸收。让我们仔细看看这三个部门，以了解正在发生什么以及原因。

销售

我之前说过，在订阅或现收现付业务中，没有所谓的售后服务。每项活动都是售前活动。简单地说，这是因为总是潜伏着另一笔销售，无论是实际的续约，还是客户选择退出，或者某种形式的向上销售。销售过程永远不会结束，它只是换了一套"制服"。考虑到这一事实，以及大多数首席执行官希望有人负责净留存率（续约率和向上销售率）的现实，在客户成功部门中增加销售职能是符合逻辑的。原因如下：

1. 为了客户成功经理保持其可信赖的顾问地位，不被任何形式的销售谈判所影响。

2. 当涉及维护和增长客户群的价值时，首席执行官要卡住要害。

3. 因为客户成功经理会掌握任何即将续约的客户的线索，并能帮助销售代表准备好续约对话所需的历史和背景资料。

4. 因为客户成功经理是销售代表向上销售线索的最佳来源，可以帮助销售代表为机会做好准备。

简言之，负责净留存的人，无论头衔如何，都有权利要求获得资源，包括达成这一量化指标所需的人员，如完成交易配额的销售代表。此外，推动续约和向上销售的销售代表主要是与客户成功团队协同，因为他们对必要的细节非常熟悉，能够与客户进行对话。

即使销售职能没有进入客户成功部门（被吸收），客户成功经理也会对销售过程产生重大影响。事实上，一个好的销售代表会发起并建立与客户成功经理的关系，了解他们在这个过程中提供的价值。在许多方面，拥有好的客户基础的销售代表会以看待销售顾问的方式看待客户成功经理，并在必要时利用他们完成交易。因为协同作用，一部分销售代表走向客户成功是不可避免的。客户群中推动续约和向上销售的团队将与客户成功团队紧密相连。至少支持销售团队存在于另一部门中的说法越来越少了。

营销

在任何一种体系下，让首席营销官向客户成功副总裁报告都是没有意义的。但是，通常营销中有一部分工作是以"客户"这个词开头的，应该合理考虑一下这个职能与负责客户服务过程其余部分的团队一起合作是否有意义。让我们先来看看客户营销团队的典型职责，以及他们如何潜在地参与到客户成功中或受其影响。

- 电子邮件营销：电子邮件的内容、发送时间都受到客户成功的很大影响，以确保每一次接触都尽可能相关。
- 参考资料管理：将既定的潜在客户与正确的客户参考资料相匹配，获取的所有必要信息都将存于客户成功管理档案中，包括行业、规模、用例、健康评分、参考频率和最后一次参考完成情况。
- 社区：内容和直接互动往往是客户成功经理责任的一部分。
- 网络研讨会：客户成功团队需要在产品和领域专业知识方面提供内容并进行参与。
- 用户组：邀请谁参与，鼓励客户参与，将是客户成功团队的责任。
- 客户峰会：议程、内容、提议的发言人和参与人员，都将由客户成功团队提供。

就像以客户群为基础的销售一样，我们有理由认为客户营销团队的大部分协同是与客户成功团队有关的，而不是与营销的其他部分。负责客户留存的首席客户官有权要求配备实现留存指标所需的工具和人才。如果不包括营销产生需求的部门，没有一个首席收入官会担任这个角色。如果你要对公司的新业务业绩负责，你一定会要求控制整个销售漏斗，而不仅仅是销售漏斗的下半部分。同样的理念也可以应用于客户成功和首席客户官，如果你要求首席客户官负责整个客户旅程，并对来自客户群的销售结果有预期，那么拥有所有的客户接触点，包括之前列出的通常属于客户营销的那些工作内容，就是一个合理的要求。请记住，在成熟的订阅或现收现付业务中，一定要保持对资金流向变化情况的关注。图15.3提醒我们关注这样一个现实：在相当短的时间内，来自现有客户的预订百分比超过了新业务的预订百分比，然后现有客户预订百分比迅速加速，甚至达到新业务预订百分比的6~8倍。在这种情况下，需要授予管理人员与其责任水平匹配的权力。

客户营销可能不会像续约和向上销售职能那样迅速进入客户成功部门，但它已经朝这个方向发展了，而且影响力每天都在增加，估计也会很快被吸收进来。

销售咨询

这是三条道路中人迹罕至的一条，六周前甚至不会出现在这个名单上。但是，更多积极进取的首席执行官正在将这个一直以来都是销售的一部分职能转移到客户成功部门。原因很简单，也很符合逻辑。参见第五章的客户成功法则1，"向正确的客户销售"。

正如我们所讨论的，有许多方法可以确保公司执行这一法则。在留住客户方面激励销售副总裁，如赋予客户成功副总裁对规划的否决权，以及其他一些权力。我们没有提到的一点是把销售部门中的一个重要部分的所有权交给与销售决策共存的人。这是一个大胆的说法，肯定会遭到大多数销售副总裁的激烈反对，但很容易看到其中的逻辑。这就好比把质量保证职能从工程副总裁手中夺走，并把它置于客户支持部门之下。假设领导层是有能力的，而且与工程师的必要沟通渠道没有中断，这可能是一个明智的举措。新产品发布职能的所有权应该给谁呢？糟糕的版本发布出去，哪个部门承受的痛苦最多，哪个部门就应该被赋予这个权利。

无论组织逻辑如何，首席执行官发出的这一信息是很有力量的——我们将优先考虑长期留存和客户成功，而不仅仅是实现我们的季度销售目标。

在这个全新的世界里，假设上述三个部门的部分职能都进入客户成功部门，最终形成的组织结构是这样的（见图15.4），没有人会不同意由专门高管来负责覆盖内容之多、业务影响如此之大的一个部门。

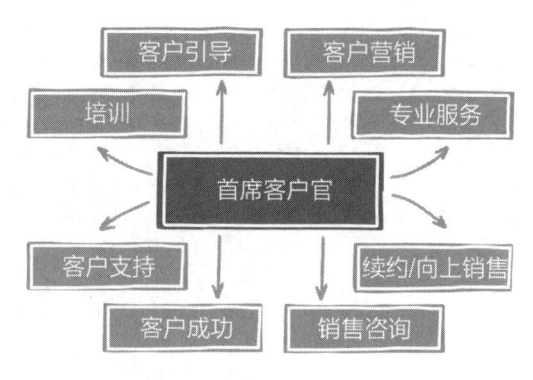

图15.4 未来的首席客户官组织

我们最初只是根据企业中传统的售后职能提出了首席客户官兴起的理由。但现在我们又增加了一种可能性，甚至是一种理由，即将续约和向上销售、客户营销，甚至是销售咨询都置于客户成功部门之下是有意义的。就像SaaS和订阅制已经将所有的权力从供应商转移到了客户身上一样，同样的风口正在将企业的组织权力从新客户获取转移到客户成功上。而且，它可能永远不会转变回来了。技术已经使它成为可能，而潜在客户和客户都已经被它宠坏了。顺便说一句，这不正是世界应该运作的方式吗？难道客户不应该比供应商有更多的控制权吗？在零售业和大多数以消费者为导向的企业中，这当然是可行的。

不管你喜不喜欢，客户都将再次成为"上帝"，或者他们现在至少在走向神坛。这使得负责"上帝"健康和幸福的人——首席客户官——对供应商至关重要。

今天，并不是每家公司都有首席客户官，而且许多公司永远不会有，但客户成功活动的势头正在加速这一角色的兴起。

第十六章

客户成功技术

当一门新的学科变得司空见惯,并且从业人员开始聚集在一起创建相关的部门、团队和组织时,相应的技术肯定会随之而来。客户成功就属于此种情况。随着越来越多的人担任客户成功经理或类似头衔或职位,围绕如何执行日常策略、职责的工作流程和最佳实践也开始融合。一旦发生这种情况,技术就有了发展的空间,并有望改善工作流程和员工的生产力。

客户成功,无论是以高接触模式还是以技术接触模式进行,都取决于数据。事实上,它是将数据转化为信息,然后将信息转化为行动。但它始于数据——大量的数据。

大量的客户信息

想想看，B2B公司及更多的B2C公司对他们的客户有哪些了解：

- 统计数据——行业、地域信息、公司规模等。
- 他们成为客户多长时间了。
- 他们购买了什么。
- 什么时候购买的。
- 他们为购买的每件产品支付了多少钱。
- 发出的每笔账单——日期、产品、金额、条款。
- 收到的每笔付款——日期、金额。
- 每次客服支持电话——时间、原因、严重程度、响应时长、解决时长。
- 给客户发送的每封电子邮件以及反馈（打开邮件、发送失败、取消订阅、点击通过）。
- 客户参加的每场活动/网络研讨会。
- 给客户寄出的直邮营销资料。
- 网站访问量和流量来源。
- 客服支持门户访问量及采取的行动。
- 每一次培训课程——通过课堂或点播。
- 每一次用户调查的发送、收回及反馈。
- 产品是如何被使用的。

如果你是一家订阅制公司或现收现付公司，你同时也会知道：

- 原始合同价值。
- 当前合同价值。
- 合同的增长率。
- 完成续订的数量或未行使退出权的数量。

如果你是一家SaaS公司：

- 客户在使用产品过程中采取的每个行动（浏览的页面、点击、运行的报告等）。

随着时间的推移，这些信息将汇成一个惊人的、庞大的数据库，而数据将以一种非常合乎逻辑的方式融入客户成功的世界——你对客户了解得越多，你就能更有效地管理他们。记住客户成功法则4（第8章，"不断监测和管理客户健康"）。显然，没有数据就无法做到这点。客户健康评分最终只是对离散数据集的预定义分析，然后将其合并为单个评分。

通过技术能够为客户成功带来的价值可以概括为以下几个关键领域：

1. 优化客户成功管理时间。

2. 使每一次客户接触更智能。

3. 推动可扩展性。

4. 改善合作、沟通和可见性。

5. 更好的团队管理。

让我们逐一深入了解一下。

优化客户成功管理时间

大多数客户成功团队寻求的第一项价值主张是建立早期预警系统。通常情况下，客户流失会触发对某种机制的需求，无论是内部的还是现成的，以提供客户健康状况的可见性，特别是处于流失风险中的客户。在没有任何基于活动的信息的情况下，对于一家订阅制公司来说，客户交互的优先级通常由两种典型的众所周知的数据驱动：续订日期和年度经常性收入（或总合同价值）。第二种数据作为客户价值的代表，是那些没有明确续约动作的公司优先考虑的因素，如按月更新合同或现收现付的公司。客户价值，不管它对你意味着什么，都是超越订阅制并对所有类型的公司都很重要的东西。对于"谁是你最有价值的客户"这个问题，大多数首席执行官至少会有一个大致的答案。如果没有其他信息可利用，这就成为事实上的优先顺序。在任何情况下，积极管理客户的人最终都会想出一些确定优先顺序的方法以优化时间。仅根据一个固定的通话时间表，并依靠与所有客户的个人关系的日子已经离我们远去了。请参阅第9章，客户成功法则5——"不能再依赖个人关系建立忠诚度"来了解关于这一困境的更多见解。

问题显而易见，仅凭客户价值，就算加上续约日期，也不足以作为判断优先级的工具，来识别和区分迫切需要关注的客户和可能不需要花费你任何时间的客户。现在我们迫切需要更多的数据。这些数据通常可以分为两种：（1）产品使用数据；（2）其他客户互动数据。

- 产品使用数据：大家都同意，如果只能挖掘一个数据来源，那就只能是产品使用数据。客户健康状况的最佳指标和客户未购买行为的预测指标存在于每个客户如何使用产品中。但是，要获得这些数据是有难度的，想要根据这些数据判断趋势则更加困难。
- 其他客户互动数据：包括客户呼叫支持、支付（或不支付）账单、回应（或不回应）用户调查、参与营销信息等。这些数据几乎总是分散在各个独立、互相分离的系统中。完美的客户经理必须登录并解读来自多个系统的数据以确定其外联活动的优先顺序，并使每次活动的价值最大化。

理想情况下，你肯定想要获取全部数据，但这往往是一个循序渐进的过程，所以需要你逐一去完成。可以确定的是，我们需要更多的数据，以便在正确的时间与客户进行正确的互动。对于纯粹的数据，Excel或客户关系管理系统可能就足够了，除此之外，我们还需要一些系统驱动的分析方法，为特定的数据点或数据集提供背景环境，甚至建议对应的行动。这样，客户成功管理解决方案才可以为客户提供高价值回报并使其快速制胜。

在此简单说一下，我们没有对任何特定的技术解决方案进行评估，也没有阐述任何一个方案具体可以做什么。我们只是在找出客户成功团队遇到的问题，以及技术是如何帮助解决问题的，无论是通过内部生成的解决方案还是购买第三方软件。而且，由于客户成功仍然处于起步阶段，客户成功管理解决方案是在客户成功学科之后才出现的，因此变化的数量和复杂性很难预测。可以这样说，应用于客户成功的解决方案将在未来几年内迅速完善。

回到优化团队工作时间这个问题上。我们已经为大多数公司的现状描绘了一幅相当清晰的画面——缺乏信息和洞察力，而这两点有助于根据客户需求确定公司资源使用优先级的数据和洞察。这些数据有一部分存在于企业内部，更多的则可能存在于企业外部。将这些数据汇集到一个地方，对客户保持一致的评价方法，洞察数据的内在含义，并根据以上数据采取相应的行动，这将带给任何一家以客户为中心的公司巨大的飞跃。以前的情况常常听起来是这样的：

> 未来90天，我们有三个客户面临续约。从今天开始，我们就要和他们进行沟通，尤其是Acme，因为他们是我们最大的客户，我们必须确保不会失去其中任何一个客户。

现在的情况听起来则更像下面这样的：

> 在过去六个月里，我们有17位客户对关键功能的使用量下降了20%，而且在最近一次用户调查中，他们要么没有回应，要么给我们打了负分。我们需要联系每一位客户，从本季度即将续约或仍处于与我们合作的第一年的那四个客户开始。我们需要优先考虑Acme公司，因为他们计划在9个月内升级合同，合同价值增加5%以上。
>
> 本周的重点是有P1或P2类支持需求的7位客户，他们的需求解决方案已经延时10天，并且最近的账单已逾期超过30天。
>
> 还有五位客户，负责这五位客户的执行主管已经跳槽了。我们的用户拥护者在最近一封营销邮件后取消了订阅，我们需要尽快与他们谈谈。
>
> 有超过30000名客户甚至没有尝试过我们最新版本中的协作功能，需要给他们发一封电子邮件，邀请他们观看培训视频，并参加下周关于这一主题的网络研讨会。

将整合的、可操作的数据汇集到一个系统中，以触发和跟踪每一次客户接触

（无论是面对面接触还是技术接触）。这就是确定客户互动的优先级并优化团队时间的方法。

使每一次客户接触更智能

虽然价值主张与第一点不同，但解决方案是相同的，即易于访问的高质量信息。在缺乏充分的信息的情况下，大多数客户互动采取的是电话沟通的形式。

> 您好，约翰，我是丹，您的客户经理。今天是本月第三个周四了，所以我打电话来看看最近怎么样，有什么需要我跟进的吗？

今天，如果我们这样打电话，客户恐怕会拂袖而去了。我们应该知道客户最近的状况，包括他们是否以及如何使用我们的产品。即使没有详尽的使用数据，我们仍然有足够的信息使电话沟通比上一个例子更有价值。电话沟通不应该更像下面这样吗？顺便说一句，这个电话沟通并不需要任何使用数据。

> 您好，约翰，我是丹，您的客户经理。非常感谢您参加了我们上周的网络研讨会，我想亲自跟进看看上次的会议您是否需要更多的资料或和支持？我还注意到，过去两周您就报告问题发起了三次支持请求，有哪些报告问题需要我来跟进一下？

显而易见，这个电话沟通很有价值，同样显而易见的是，如果没有一个可以整合这些碎片信息的地方，那么四处搜寻这些信息的痛苦可想而知。更加困难的是去量化对这些信息化置之不理的损失。坦率地说，大多数客户成功经理或客户经理都很忙，以至于没有时间去登录三四个系统，挖掘有助于提高下个电话沟通质量的信息。所以结果很简单，如果需要那么麻烦的操作，他们干脆不做。

不做信息搜集的结果就是导致大量无效的电话沟通。这并不是因为你的员工不想尽善尽美，而是因为他们必须优先考虑如何使用他们的时间，而且通常情况下，实际发生的客户接触行为要比接触的质量优先级更高。显然，为了使团队更高效、更智能,无论是高接触、低接触还是技术接触,你都需要把一些重要的与客户健康有关的信息汇集到一处容易接触到的地方。

这个解决方案的价值也远远超出你的客户成功工作。解决方案为公司中每一个与客户沟通的员工带来了价值。如果你的每一次客户沟通都是由信息驱动的,那不是更好吗?想一想以下几个例子。

- 客户支持人员:一直在与客户沟通的员工是公司的客服代表,主要信息来源是他们的解决方案。他们可以很容易地获取与客户相关的信息,如客户还有多少待处理案件,在过去30天里解决了多少案件,每个案件处理的优先级和严重性,平均解决时间,等等。以上这些信息都很有用,但如果他们还知道当前的客户健康评分及趋势、未完成的行动(而不是案例)、最近的调查结果、积极/消极的使用趋势,以及逾期的账单情况,岂不更好?每次客户接触都是难得的、珍贵的经历。公司里的每个人都需要对其进行最大化利用。

- 产品经理:他们不经常与客户交谈,但也想知道客户是如何使用产品的(如果信息可获取),以及这与整个客户群对产品的总体使用情况相比如何,此外,客户拥有哪些其他产品,何时购买的,等等。

- 专业服务:公司顾问一直在各个项目中与客户进行互动,他们也会在更全面地了解每个客户的过程中受益匪浅。

- 销售人员:无论是一直管理自己客户的企业代表,还是通过续约或向上销售挖掘新的潜在的机会的销售代表,对客户健康状况的深入了解都是至关重要的。也许更重要的是,给客户打电话时永远不要一无所知。没有什么比因为对高优先级的支持请求毫不知情而搞砸了一通销售电话更糟糕的事情了。

- 营销人员:通常由谁来管理推荐项目、案例研究项目和用户群体?答案是营销部门。他们需要充分了解客户的健康状况和活动,以便很好地履行这些职责。正如我们在第十五章中所详细阐述的,这就是营销部门中的客户营销职能与客户成功的联系越来越密切的原因之一。
- 高管：首席执行官最不喜欢的事情就是被蒙在鼓里了。同时，也没有员工希望是因为自己导致首席执行官被蒙在鼓里。想要理解将全部正确信息整合在一处的价值，最佳方法之一就是观察首席执行官在准备打电话前慌乱搜集信息的样子。这种情况发生几次之后，就足以证明购买或创建一站式解决方案的必要性了。

这个解决方案通常被称为客户的360°视图，而客户成功技术实际上第一次使这个梦想成为现实。客户关系管理系统曾经声称过同样的说法，但事实证明，除非付出巨大的努力将信息导入客户关系管理系统中，否则客户关系管理系统很难做到。解决这个问题很有必要，价值是巨大而深远的，而不解决这个问题的机会成本也是巨大的，但更危险的是，这类问题常常不容易被发现。

推动可扩展性

在商业词典里，我想不到使用频率比"可扩展性"更高的其他词汇了。当人们谈论可扩展性时，技术几乎总是答案的一部分。对于客户成功来说，事实上只有两种方法可以管理不断增加的客户群。

- 增加人员。
- 引入技术。

当然，正确答案实际上是第3种方法，即两种方法的结合。对于大多数B2B公司来说，客户成功至少有一部分是由人驱动的，这可能确实是真的，人力始终是任何商业运作中最宝贵的部分。为了提高盈利能力，你不能随着客户的增长而线性地扩大人员规模，至少对于那些不单独收费的部门来说是这样，不单独收费的情况通常发生于标准客户支持部门和客户成功部门。这两个部门对于高留存率和客户满意度都是必要的，所以每一项交付基准通常都与SaaS合同捆绑在一起，提供给传统企业或本地部署软件社区的每一个客户。

鉴于这一现实情况，如果想提高生产力和盈利能力，必须将技术应用于该学科。客户成功解决方案至少应使生产力提高25%~30%。该数据通常是通过每个客户经理管理的客户数量或每个人负责的销售总额来测算的。如果我是一个高接触客户成功经理，并且拥有很棒的客户成功管理解决方案，那么我就可以在保证服务质量的前提下将我能够管理的客户数量从25个增加到30个，甚至是35个。如果我是一个管理1000个客户的技术接触客户成功经理，合适的技术可以使这个数字翻倍或更多。如果这一切都与技术有关，那么客户的数量就无关紧要了。你认为Verizon公司在每月增加100万客户时，会担心他们的客户电子邮件促销活动不能完成吗？当然不会，他们只需发送更多的电子邮件就能达到目标了。

技术解决方案中能够提高生产力的方面是相当明显的，我们已经谈到了其中的几点：

- 优先级——不接触不需要接触的客户，这是一个很好的加分项。
- 有效性——信息驱动的洞察力使每次沟通更有效。
- 协作——我们接下来会详细讨论这个问题，但使信息共享更容易也是一个加分项。
- 可访问性——关键信息不再隐藏在电子邮件中，而是同所有人共享。
- 主动性——比起救火型应对，主动应对所需工作量迅速降低。

对于企业生存来说，也许没有什么比可扩展性更重要，这就是为什么要在技术上进行大量投入。通常情况下，几乎所有事情都是通过手动方式完成的，但智能的技术应用则为企业的方方面面带来了效率、准确性和可扩展性。

改善合作、沟通和可见性

随着客户群规模的增长，管理客户的团队规模也在增长。即使你可以有效地分配资源，你仍然不得不适当地增加团队人员。更多的客户，更多与客户接触的人，更多层的管理架构，以及更多的部门/职责分离都带来了更多的挑战，这是无法绕过的事情。当规模扩张发生时，对更好的协作和沟通的需求已经等同于甚至超过了对更高生产力的需求，这也是技术的另一个完美应用。系统，顾名思义，可以把很多事物结合起来。这些"事物"可以是做类似工作的人、做这些工作所需的信息、每项任务的状态以及相关的管理洞察和结果。所有这些事物都应该被合理地系统化。

工作流可能是一个被过度使用的词，这点很像可扩展性。但它被经常使用是有原因的。它很重要，在客户成功技术的早期，人们几乎只关注分析方法。分析全部都是关于数据的，而且只关于数据。供应商在其产品名称中使用了分析这个词（后来改变了），因为它们觉得这是最终目的。但市场总是拥有最后的发言权，而不是供应商。市场最初接受了一切都是关于分析的说法，唯一比谈论分析更好的是谈论预测性分析。但是，这被证明是一个偏离讨论中心的话题。分析确实很重要，现在也是如此。同样正确的是，预测性分析是一种合理的追求，并随着时间的推移为客户成功提供巨大的价值。但是，它不应该成为一家公司或其产品的焦点，这也适用于那些在公司内部创建解决方案的人。在客户成功方面需要解决的核心问题不是分析的问题，如果是这样的话，那估计早就被解决了。我们并不缺乏出色的分析解决方案，从Business Objects到Birst从Good Data到Tableau，这些都是很好的产品，但它们并不能代替与其共存的特定角色解决方案。需要解决的核心问题，就像客户关系管理系统一样，是协作和沟通的问题，这个问题需要通过开发客户成功团队日常工作的流程解决方案来解决。

我提到客户关系管理系统，因为它是这个价值主张的一个很好的类比。我打算对它进行一些扩展，因为每个人都了解销售是如何运作的，所以它总是能成为一个很好的比较对象。由于我对Salesforce最熟悉，在这里我将用它作为所有客户关系管理系统的代表。Salesforce是一个分析工具吗？对于那些不知道答案的人来说，答案是"不是"。或者更准确的回答就是 "不是"。Salesforce中有分析工具吗？当然有。在我们讨论这点的时候，它正在被完善和推进吗？绝对是的。有没有人购买Salesforce产品纯粹是为了做分析？不可能。可以通过很多不同的方式从Salesforce获得价值，尤其是现在它已经成为一个了不起的平台，成千上万个其他应用程序都建立在这个平台上。但是，其最初的价值主张曾经被称为销售自动化（Sales Force Automation，SFA）。为了实现销售自动化，Salesforce以及所有的客户成功经理，为销售团队创造了一套管理和跟踪他们工作中接触到的全部信息的方法，所有这一切这都是为了完成交易。在Salesforce中，这可以归结为四个方面（对象）：（1）线索；（2）联系人；（3）客户；（4）机会。换句话说，了解和管理销售漏斗所需的一切。销售最终是为了管理达成交易的机会。这些都是在没有客户关系管理系统的情况下完成的。客户关系管理系统只是把一些结构性和原则性的内容融入了这个过程中，这也为公司创造了四个有巨大价值的成果：

- 可预测性。
- 前瞻性。
- 可重复性。
- 可视性。

想要达成这些成果并非易事，总是伴随着痛苦的付出，去问问那些公司里虔诚地使用客户关系管理系统的销售代表，他们可能要花大把时间把数据输入系统，然后在系统里管理他们所有的流程。但为了公司更大的利益，这是流程中必不可少的一部分。另外，如果他们不这样做，他们的副总裁可能会威胁不支付佣金。

客户成功也需要这四个特征。唯一不同的是，它是关于现有客户的，而不是潜在客户。那么这四个特征在售后领域中如何应用？

- 可预见性：一个拥有所有数据并跟踪与客户成功经理角色相关的任务工作流的系统，使得未来的结果具有可预见性。
- 前瞻性：与销售一样，客户成功必须预测续约、向上销售和客户流失情况。只有使用正确信息并适当利用历史数据的系统才能帮助并完善准确的预测。

- 可重复性：只有当系统中的个人工作流程被跟踪记录时（参考销售漏斗管理），才能确定哪些工作是有效的，哪些是无效的，这样才可以重复有效的并丢弃无效的。
- 可视性：客户关系管理系统在管理层对个别交易或整个公司的漏斗管理和预测的可视性方面都特别出色。优秀的客户成功管理解决方案将为客户提供同样的洞察。

我提到了可视性，这是该价值主张的第三个支柱，另两个是协作和沟通，我们围绕着这两个话题进行了初步的探讨，但并没有做更细致的讨论。简单地说，协作和沟通与工作流是携手并进的。一个完整的工作流引擎包括沟通功能，它允许信息和评论的自由流动，以使所有各方保持同步。这方面的一个例子是Salesforce的Chatter产品，该产品支持产品内沟通，这样就可以在同一个环境中捕捉信息，而不会被埋没在个人的电子邮件中。客户成功管理系统通常会利用现有的技术，如Chatter或Yammer，当然也可以构建自己的技术。适当的产品内沟通可以使首席执行官在想到客户的时候不至于问："Acme的最新情况如何？"前面提到的对客户的360°观察解决了部分问题，但那些最近接触过该客户的人的具体评论才会给讨论画上句号。产品内沟通可以通过评论区来完成，但大多数人都认为评论区作为优秀的长期解决方案还有很多缺点。

协作和沟通有相似之处，但又有很大不同。协作不仅仅是评论，也是一种分享、分配和合作完成具体任务和活动的方式。在客户关系管理系统中，这可能包括创建和存储报价或提案的方法，然后你的老板可以进行编辑和完善。基于需要将任务和行动委托给他人的目的，客户成功管理系统将需要同样的功能，甚至可能更多。客户成功，就其性质而言，会让团队以外的人也参与其中，以解决来自客户的挑战。销售工作则更加自成一体，虽然首席执行官和其他高管可能会参与到某些特定的交易中，但具体的任务并不经常被委派给销售团队以外的人。这并不是说这种情况从来没有发生过，只是在客户成功管理中相对更少见。客户成功经理经常需要其他协助，以推动客户取得成功，这可能意味着要让产品经理参与进来讨论产品某个部分如何运作的复杂问题，或者讨论未来的某项功能。这也可能意味着让客户支持代表参与解决某个特定的问题。这还可能意味着将高管的对外联络工作委托给他们的副总裁甚至首席执行官。当然，过程中也会经常涉及工程师的临时参与。在任何情况下，客户成功管理解决方案必须允许围绕任何特定的任务或活动进行必要的共享、委派和协作。

随着团队和公司的发展，协作和沟通变得越来越重要。并不是说它们的重要性超过了生产力，而是为了提高生产力，它们变得很必要。

更好的团队管理

诚然，客户成功管理技术的主要目的是帮助团队更有效地管理客户。然而，同样正确的是，如果解决方案是足够全面的，并包括上一节所述的工作流程，那么这个系统对于管理团队或许同样有效。

让我们再次将客户关系管理系统作为一个例子。客户关系管理系统，至少在它们完全被用作销售自动化的时候，是被设计来帮助管理销售流程的。它们提供了销售管理架构和规则，使得交易在架构内并通过该流程完成。销售主管依靠客户关系管理系统来告诉他什么时候要向营销部门施压，以争取更多的销售线索（好像他们没有哪天不这样做），让首席执行官知道风险在哪里，并对预测进行总体管理。这就是为什么客户关系管理系统如此具有黏性，它最终对首席执行官和首席财务官的作用都是无法估量的。

虽然这是最初的设计和意图，但很快它的附加价值就被发现了——客户关系管理系统有助于管理团队，在这句话中用"有助于"这个词是合适的。客户关系管理系统已经成为销售主管的主要管理工具。除了完成交易，每个销售代表的销售活动和进度是否在正确的轨道上？销售副总裁可以在客户关系管理系统中找到所有相关的信息：

- 拨打的电话。

- 参加的会议。
- 销售漏斗扩大。
- 提出的方案。
- 漏斗的动态。
- 停滞的交易。
- 已完成的交易数量/销售金额。
- 完成交易的天数。
- 平均销售价格。

如果你要管理一个销售团队，这些信息则珍贵无比。每一项数据都会告诉你非常关键的信息。更有价值的是，它可以将团队内所有成员的数据进行比对，这使你能够据此制定团队标准，创造竞争，让工作指导更有针对性。它也使得销售主管可以发挥每个销售代表的专业领域特长，并利用他们的技能来带动整个团队提升。每个团队都是由各种优点和缺点组成的，领导者的工作是将优点最大化同时将缺点最小化。在这个过程中，客户关系管理系统是他最好的帮手，在一对一的沟通中，很少有不把它放在首位的情况。

我知道我在反复谈论客户关系管理系统和客户成功管理系统之间的类比，但很明显，出色的客户成功管理解决方案将以与客户关系管理系统相似的方式取得相同的成功。这一切都围绕着源自工作流程的核心价值主张。如果客户成功管理系统成为客户成功经理工作的一部分、他们的待办事项列表、行为跟踪器、优先级引擎及沟通和协作工具，这便意味着衡量他们的效率和指导他们的工作所需要的一切都在同一个系统中。客户成功管理系统追踪重要活动的能力与客户关系管理系统相同，活动本身是唯一的变量：

- 拨打的电话。
- 参加的会议。
- 触发的行动。
- 已完成的行动（按类别）。

- 已完成的季度业务复盘。
- 完成的其他里程碑。
- 续约/向上销售结果。
- 客户健康得分。
- 客户满意度得分。
- 发送/打开/点击的电子邮件。
- 创建/更新的客户计划。

在客户成功的短暂发展史中，绝大部分客户成功经理的一对一服务是没有实质内容的。诸如"你的客户都满意吗""有任何客户面临风险吗""我能提供什么帮助"等问题占主导地位。但是，出色的客户成功管理解决方案改变了这一切，使客户成功经理和主管的工作都得到了明显改善。毕竟，优秀的员工希望有明确、可衡量的目标，他们要对这些目标负责，当他们达到或超过这些目标时，就会得到奖励。优秀的领导者也希望自己和团队有明确、可衡量的目标，这样他们就可以对表现出色的工作进行判定和奖励。而且，像销售主管一样，他们希望明确整个团队的优势和劣势以做出应对。在第十三章客户成功法则9"通过硬指标推动客户成功"中，有更多关于客户成功的指标。

有效管理团队的另一个方面是清楚地了解团队的能力，为了最大化工作效力，在公司的成本限制范围内增加团队人员，在这个过程中，客户成功管理解决方案将是非常有用的部分。正如我们之前提到的，客户成功与销售一样，是收入驱动型部门。这意味着增加团队人员的理由是收入或交易额的增加，"团队中的每个人都很忙"这种理由将不再被首席执行官认可。你需要清楚地阐明每额外增加一名客户成功经理所带来的价值，只有客户成功管理解决方案所提供的洞察力能够帮助你跟踪所有重要的可衡量因素，从而帮助你完成这项任务。

这些是客户成功管理技术能够为团队带来的关键价值贡献，但这个清单还远远不够详尽。我们还没有提到报告、仪表盘、用户调查、数据整合、可视化、电子邮件功能、群组分析、客户规划、客户关系管理整合、外部数据跟踪，以及其他全功能解决方案的必要组成部分。请记住，客户成功管理只发展了三四年的时间，今天可用的工具只是冰山一角。

出色的客户成功管理技术解决方案还有一个好处，正因为客户成功是一个非常年轻的部门，还在奋力争取在高管会议上真正拥有一席之地。而这些席位大都根据多年来的传统价值而设定。它们属于销售副总裁、首席营销官、首席财务官、首席技术官、工程师主管、首席运营官、运营副总裁、首席信息官等。正如我们在第十五章中详细讨论的那样，权力转移和首席客户官的兴起正在许多公司发生，这种情况正在逐步改变客户成功的地位。但是，能够使客户成功负责人量化其价值并为此提出客观结果的技术，将是这一过程的重要因素。这并不是一个新的想法，几乎所有其他主要部门都有特定领域的应用程序帮助其管理业务和团队，量化评估结果，并明确额外的需求。客户成功只是为这个领域提供了一个新的切入点。底线是，主要部门需要被充分授权的负责人，而被授权的负责人需要技术的支持。这些在客户成功的新世界里正在迅速发生。

第十七章

我们该何去何从

这就是我们谈论飞行汽车的地方，对吧？每个展望未来的故事不都有飞行汽车吗？在本书中，也许那些飞行汽车实际上是谷歌的自动飞行汽车。当然，这辆飞行汽车载有"客户成功机器人"，以每个人一分钱的成本，来到我们产品的每个客户身边，指导他们如何完美地使用和获得最高的投资回报。客户流失将成为遥远的记忆，每个客户都将成为终身客户，未来总是无限美好。

好了，是时候从梦中醒来了，在现实世界中多花一些时间。毫无疑问，未来将给我们生活的各个方面都带来巨大的变化，客户成功也不会被抛在后面。事实上，由于客户成功仍然处于起步阶段，加上对技术的依赖，其变化的速度可能会大大快于大多数学科。

试图预测未来什么会改变和什么不会改变是危险的事情，尽管简单地说"一切都会改变"总是很容易。可以肯定的是，我们在本书中讨论的许多客户成功要素将继续蜕变和成熟,而其他许多要素将在不同时期拥有它们的位置。如果本书在几年后还没有完全过时,我会感到惊讶和失望。更伟大的事情还在前方,以下是一些可能进一步发生变化的领域:

1. 客户成功将继续成长,其重要性将超过SaaS。

2. 首席客户官作为一个角色/头衔将继续展示其价值。

3. 客户成功学科将变得更加明确和完善。

4. 作为一个部门,客户成功将变得更加注重运营,减少对关系的依赖。

5. 企业将认识到并量化客户成功的价值。

6. 对客户成功经验的需求将继续超过供给。

7. 大学将开始教授客户成功学课程。

8. 技术变革将迅速加快,客户成功解决方案将成为必需品,而不是可有可无的东西。

9. 因为有客户成功经验而成长起来的首席执行官将变得很普遍。

10. 客户成功运营将变得与销售运营一样合理和必要。

11. "一对多的客户成功经理"将成为职位描述,成为一种被高度重视的职位。

12. 围绕客户成功展开的聚会将不再稀缺,将有大量从事客户成功的人,我们都会认识一些。

13. 除了更多的初创公司,很多大公司也将进入技术市场。

14. 一些现有的技术供应商将成为行业头部企业并上市。

15. 在IPO敲钟的舞台上,客户成功副总裁的身影将频频出现。

16. 上市公司财报会议将持续关注如何保留客户,"客户成功"字眼将更高频出现。

17. 客户成功这个词将出现在《信息周刊》、《福布斯》、《财富》或其他类似出版物的封面上。

18. 整体客户流失率不会下降，因为更换供应商的损失会随着客户成功实践的改进而迅速减少。

19. 主流的管理咨询公司将围绕客户成功创建实践方法。

20. 众多关于这个主题的书籍将会出版。

客户经济

随着SaaS公司的成熟，几乎每家公司都试图成为经常性收入公司，很容易预测到客户成功的价值和可视性将继续上升。在经常性收入企业中，客户成功是一个必要条件，因此，它将永远在聚光灯下占有一席之地。但是，对于其他类型的企业，在话语权从供应商转移到客户的驱动下，也要接受一些客户成功的理念和实践。不过，请记住，客户成功只是次生的浪潮，而不是主要的浪潮。主要的浪潮是向经常性收入商业模式的转变，它将客户置于最高地位。同时，由于社交媒体和易获取的大量信息的存在，客户（企业和消费者）将继续在市场动态中获得更多的权力。任何一个供应商都无法掩盖自己的失败，而它成功的故事将得到迅速传播，无论是否有公关团队。毫无疑问，这是一个属于客户的时代。事实上，我将在左霆的"订阅经济"基础上更进一步，创造一个新的、更广泛的术语——客户经济。

在客户经济中，客户将拥有越来越多的权力。在互联网时代，由于信息变得比以前更容易获得，我们已经看到了这种情形。这一趋势肯定没有走到尽头，海啸在接近海岸时高度才会增加，这就是为什么它们的破坏力如此之大。订阅制的海啸仍在发展中，它离海岸的距离、最高点和破坏力都还有很长一段路程。在软件领域，我们已经看到了冰山一角，但这场海啸将不限于对一个市场的破坏。软件行业已经被订阅制和作为交付工具的网络大规模颠覆。鉴于此，我们可以很容易也很合乎逻辑地推断出，其他几乎所有行业都将被颠覆。我们只需看看被Uber和Lyft颠覆的出租车行业，以及被Airbnb颠覆的酒店行业，就知道这种情况正在我们眼前发生。每一次这样的行业颠覆都对客户有利，因为它们为客户提供了更多以及更好的选择，没有什么能阻止这一点。如果客户看到更好的选择，他们就会去拥抱它。政府和工会可以尽情地与Uber对抗，但是它们不会取得最终的胜利。客户只要团结在一起，总是会赢。

因此，如果出于有利于客户的目的，每个行业都将被颠覆，那么每个行业都将不得不把更多的注意力、精力和投资转向客户，这就是客户成功的本质。到目前为止，已发生的事情是了不起的，但我们不能放松，仍然还有很多事情要做。那些适应得最快的人将生存下来，接受客户成功的人会利用它，而不是被它吓跑。你几乎只有这两个选择。你可以选择成为Waldenbooks，与亚马逊和互联网作斗争（并且输掉），或者你可以成为Barnes & Noble，去拥抱互联网，在自己的领域与亚马逊竞争，并且生存下来。世界上的每个行业，包括你所在的行业，客户正变得越来越重要，而且越来越有权力。现在是时候开始认真思考客户成功的问题了。

理想的客户成功的现状

与其幻想飞行汽车和客户成功机器人，不如谈谈今天的理想客户体验更实际，更有帮助，尤其是在许多公司刚刚开始接触客户成功的时候。从本质上讲，完美执行的客户成功对大多数人来说还很遥远。让我们深入了解一下，看看未来可能是什么样子的。

虚拟供应商：Wingtip软件公司。Wingtip是一家SaaS公司，为中小型企业和中端市场客户提供在线培训解决方案。公司已经经营了五年，稳健的增长使其准备在2015年年底实现1600个客户的规模以及4000万美元的年度经常性收入。整体平均销售价格现在是25000美元，但还在上涨，这个数字在年初时是21000美元，第四季度将超过35000美元。Wingtip已经不再销售低于10000美元的年度合同，但账面上仍有大约200个这样的客户。在高端市场，Wingtip已经开始向大型企业客户推进，目前拥有15个年度经常性收入超过15万美元的客户。在投资者的坚持下，同时由于业务依赖于客户成功管理，公司很早就开始对客户成功进行投入。

客户成功副总裁是公司的第23号员工（现在公司总人数为320人）。他负责所有售后职能，包括客户引导、培训、客户支持、专业服务和传统的客户成功工作。他的团队总人数为110人，其中21人属于传统客户成功团队，他们做了以下职能划分：

- 13人是中端市场客户成功经理，其中2人专注于前25名客户，而其他11人分别管理约50名客户。
- 4人是中小型企业客户成功经理，他们以集中模式管理600个客户。
- 1人负责创建所有客户成功经理使用的一对多程序，并以纯技术接触模式管理剩下的客户。
- 2人是总监，其中一位负责中端客户市场，一位负责中小型企业/技术接触客户。
- 1人是客户成功运营人员，很快就会增加到2人。

虚拟客户：Financiality是一家技术和服务公司，为银行和经纪人提供数据分析工具和咨询。公司购买了Wingtip的解决方案，因为需要一个工具来帮助公司轻松创建和跟踪按需进行的产品培训。Financiality在2014年第二季度末从Wingtip购买了产品，签署了一份为期一年的年度经常性收入为29000美元的协议，外加一次性15000美元的中端市场客户引导包。

Financiality属于Wingtip的低接触客户类型，这意味着Wingtip计划通过一对一接触和自动接触相结合方式为Financiality提供客户体验。但是，现实往往与计划不一致，到目前为止，实际体验是这样的：

- 2014年6月30日——Financiality与Wingtip签署合同。
- 2014年7月1日——Wingtip的客户关系管理系统中的相关内容被自动推送到客户成功系统中，并根据工作量和循环算法自动匹配合适的项目经理和客户成功经理。
- 2014年7月1日——代表Financiality签署合同的公司教育部门高级总监乔·史密斯（Joe Smith），收到了Wingtip首席执行官从他们的客户关系管理系统中自动发出的一封个性化的电子邮件，欢迎他加入Wingtip大家庭。邮件中还介绍了Wingtip负责客户引导的项目经理香农·琼斯（Shannon Jones），并简要描述了预期的后续工作内容。

- 2014年7月1日——香农通过电子邮件联系乔，安排项目启动会议。
- 2014年7月2日——在双方签署合同后，乔收到了来自Wingtip自动在亚马逊发出的感谢礼品。根据销售代表在客户关系管理系统中的选择，该礼品是一个优质的钥匙链，上面刻有Wingtip公司的标志和乔的名字。
- 2014年7月2日——香农通过研究Wingtip 客户关系管理系统中关于Financiality的信息，以确定在启动项目之前她是否有任何问题要问销售团队。鉴于目前他们仍处于合作的甜蜜期，所以她选择继续推进工作而暂不启动交接会议。
- 2014年7月2日——香农收到乔自动回复的邮件，乔目前正在休假直到7月14日返回工作。
- 2014年7月2日——香农立即将此客户引导项目标记为风险状态，因为服务协议规定完成日期是在合同签署后的8周，而项目开始日期已经延迟了2周，这使得按协议日期完成变得不太可能。
- 2014年7月15日——乔回应了香农关于召开项目启动会议的请求，他们将会议安排在7月16日。
- 2014年7月16日——香农和乔以及他的两个关键团队成员举行了项目启动会议并审阅了项目计划。他们对计划做了一些调整，但双方都同意了几个关键的结点，其中包括9月5日项目上线的日期。
- 2014年7月16日——香农在Wingtip客户成功系统中更新了项目关键的结点日期，并仍将该项目标记为风险状态，因为预计的上线日期已经超过了协议规定的日期。
- 2014年8月14日——五个关键结点中的第三个结点成功按计划完成。客户成功系统自动向乔和他的项目团队发送了一封电子邮件，向他们介绍了客户成功经理玛丽·哈里森（Mary Harrison），并告知他们在接下来的几周里，随着项目接近上线日期，玛丽将参与到未来的关键会议中。

- 2014年8月15日——玛丽开始在客户成功系统中监控Financiality的产品使用情况，并设置了一套标准规则，如果该规则被触发，系统将自动发送电子邮件通知她。有些规则是基于风险的（如客户使用量下降25%），有些是基于潜在机会的（如Financiality超过80%的账号处于活跃状态）。她还在客户成功系统中创建了客户健康评分功能，该功能在考虑到客户购买日期和计划使用量的情况下将开始追踪Financiality的整体客户健康状况。

- 2014年9月5日——计划中的所有项目都已完成，双方召开了项目上线会议。因为香农要把Financiality项目完全交接给玛丽，所以他们共同主持了会议。Financiality签署了项目完结书，玛丽正式从香农手中接管了该项目的工作。

- 2014年9月8日——在完成项目上线后，乔收到了一份来自Wingtip客户成功系统自动发送的项目上线评估调查问卷，乔做出了回应，并给项目打了5分（最高5分）。

- 2014年9月8日——由于项目满意度高于4分，客户成功系统将Financiality的风险标签移除，使其整体健康得分上升到78分，这在第二季度的整体评分中处于非常高的水平。

- 2014年9月30日——合同签署后90天，乔和Financiality的所有Wingtip用户收到了客户成功解决方案自动发出的Wingtip的首次净推荐值问卷调查。

- 2014年10月7日——玛丽收到了客户成功系统中的通知，一名用户对调查给出了较低的4分，玛丽立即跟进该用户并帮助解决了问题。

- 9月11日到11月3日——Wingtip客户成功系统发出了三份不同的通知，有Financiality的新用户已经登录Wingtip系统，但在接下来的七天内浏览的页面少于三个。这触发了系统自动向每个用户发出电子邮件，向用户介绍了一些系统使用提示和技巧，以及"Wingtip入门"视频培训的链接。随后客户成功系统会跟踪这三个用户的反应动作，他们都打开了电子邮件并点击了培训视频。此后，这三个用户在接下来的一周内的使用率显著增加。

- 9月23日及之后——当每个用户达到50次登录和500次浏览的指标时，Wingtip的客户成功系统都会自动通过电子邮件发送给他们一张10美元的星巴克电子卡。
- 2014年11月17日——玛丽收到一个通知，Financiality在过去七天里已经发起了五个支持请求。这是一个危险的信号，她马上与乔进行了沟通，并与她的支持主管安排了一次审查会议以确保解决所有问题。
- 2014年12月8日——玛丽进行了一次视频业务执行审查（Executive Business Review，EBR），以审查项目上线后90天内的进展，并计划未来90天需要完成的关键目标。第一次EBR是线上进行的，玛丽向Financiality解释，未来的EBR他们都将收到相同格式的PowerPoint幻灯片，其格式与客户成功解决方案自动发送给他们的格式相同，并有一个关于未来90天预计达成目标的自动问卷调查。

我意识到这样说有点乏味，但客户使用新产品的前90天是如此重要，了解通过正确的工具和流程为客户创造什么样的体验是必不可少的。还要记住，最大的客户流失风险是在第一次续约时，或者在客户生命周期的早期。从第一天开始就管理好客户体验是非常关键的。

在不深入了解上述所有细节的情况下，一些可能会或肯定会在第一年与该客户发生的额外活动包括：

- 在每个支持请求被解决之后，自动发送问卷调查。
- 每90天发送一次自动的业务执行审查报告。
- 在续订前90天发送另一份净推荐值问卷调查。
- 自动通知客户即将到来的续约，并提供续约报价。
- 由额外的风险或机会触发而自动发送的电子邮件。
- 因为已经过了第一个90天，偶尔与玛丽一起或与可能参与项目的另一名客户成功经理一起做拓展服务。一对一的服务需求是由项目的风险或机会的性质决定的。

- Wingtip的高管对Financiality进行的年度拜访。
- 当续约交易发生时自动发出的另一份礼品。

如果再次回顾第一年的流程，你会发现它并不完美。项目上线过程开始和结束得都很晚。伴随着较低的调查得分和很多的支持请求，许多风险也随之而来。但这些风险都得到了快速和有效的处理，这也是客户期望的。此外，在这个过程中也有令人高兴的时刻。我相信，除非出现异常情况，Financiality极有可能至少再续约一年，前提是Wingtip的产品为其提供了真正的商业价值。

对你们来说，可能我描述的情景感觉像一个白日梦，这就是为什么我把它放在本章中。这一切在今天都是可以做到的，所以从这个意义上说，它不是未来的情景。但我敢说，这个情景对于大多数公司来说仍然很遥远。

星巴克与客户成功

为了避免你仍然觉得客户成功只适用于B2B和SaaS公司，让我以个人经历和对客户成功的分析来结束本章。

我喜欢星巴克。我虽然不喜欢咖啡的味道，但我喜欢星巴克。我知道你们中的许多人不喜欢星巴克，甚至可能因为某种原因对其有强烈的负面情绪。我的理解是，那些咖啡专家（自命不凡的人）不青睐星巴克咖啡，但更倾向于Peet's、Philz、Caribou、Tim Hortons，甚至Dunkin' Donuts。我在这里不是为了争论咖啡的质量和口味。正如我所说，我不喜欢咖啡的味道。顺便说一句，咖啡因对我一点影响都没有。然而，我有没有提到我喜欢星巴克？我来分享一下我喜欢星巴克的原因，看看你是否同意这六个特征中的某些方面可以归类为客户成功。

1. 星巴克的店铺无处不在，所以在任何城市的办公场所附近总有一家星巴克适合会面。

2. 星巴克在每家店铺都提供免费的Wi-Fi，所以无论何时当你需要Wi-Fi时，它都是办公室或家庭以外的办公场所。

3. 在星巴克总是有适合坐下的位置，而且通常这些位置都非常舒适。此外，经常提供户外座位。

4. 无论在店里待多久，你都不会有任何压力去购买东西。

5. 店员总是很友好，甚至似乎不遗余力地表现出友好。至少有三家我经常光顾的星巴克，他们都知道我的名字以及我通常点什么。

6. 每家店铺都有同样的产品、同样的价格（除了机场）。

这只是一份初步的清单。正如你们所知，熟悉是一件非常好的事情，特别是当你旅行时。尝试新事物很有趣，但熟悉的事物会让我们想起家，给我们信任和安慰。这就是为什么麦当劳如此受欢迎，即使某些人认为在麦当劳吃东西是很疯狂。对我来说，无论在哪里旅行，我都很容易找到一家星巴克去吃早餐，将它作为午后的休息地方，或者方便与人会面的地方。

对我来说，所有这些事情汇聚起来就是客户成功。人们首先产生了行为忠诚，因为在星巴克总是觉得很方便。而且，至少对我来说或对数以百万计的其他人来说，也产生了态度忠诚。我已经多次用"喜欢"这个词来描述我对星巴克的忠诚。这是定义态度忠诚的关键词。而且，正如我们所讨论的，客户成功的核心就是产生态度忠诚。态度忠诚是很难得的，正如我们提到的，它首先是高成本的，其次很难获得。你知道有谁喜欢他常去的加油站吗？你知道有谁喜欢他常去的药店吗？你知道有谁喜欢他常去的邮局吗？你可能会说："嗯，这不公平，因为这些都是提供相同产品或服务的日常商品。"我会说："那咖啡呢？有什么食品，可能除了可乐，比咖啡更像一种日常商品吗？"你每天开车经过多少个地方，在那里你可以买到一杯咖啡，而且花的钱要少得多？星巴克的店铺却随处可见，常常有很多人排队等候点餐。还有其他你能说出名字的品牌会有排队的情况出现吗？毫无疑问，我想到的关于态度忠诚的最好的品牌是苹果。如果你的公司是星巴克，而你的品牌客户忠诚度已经可以与苹果的客户忠诚度相比，你会情不自禁地每天都去做这样的比较。

如果只考虑客户对咖啡的需求或渴望，星巴克会花更多的钱去开带有座位的店铺吗？当然不会，那样成本是很高的。他们会为了户外座位花钱买上千把绿色遮阳伞吗？当然不会，这样成本也很高。如果星巴克仅仅提供咖啡，那么每家店铺都会成为一家汽车餐厅。它不会为了提高态度忠诚度而在客户成功方面进行投资并从中获得收益。在我写这篇文章的时候，星巴克的市值还差一点就达到810亿美元。这比Costco的市值还要高出25%。

请记住，我们不是在谈论客户服务，我们谈论的是客户成功。客户服务只意味着确保饮品的质量，确保客户所购买的东西，并在合理的时间内准备好。而为客户提供休息的空间、提供免费的Wi-Fi，并能够记住客户的名字，这不仅仅是客户服务，而是客户成功。

星巴克还做了一件事来增强它的大众吸引力，也强烈吸引了我，这扩展了它在客户成功方面的视野。星巴克创建了常客计划，并将其与最新技术结合起来，创造了一个杀手级组合。

第一张星巴克卡于2001年11月向公众提供。在接下来的8个月里，超过400万张星巴克卡被激活。作为对比，在12月底（圣诞节），可能会有更多的卡被激活。无论如何，星巴克卡已经变得无处不在，这也许是历史上最受欢迎的礼物。它建立了客户忠诚度，而且吸引了许多尚未成为常客的新客户。这绝不是什么新的想法，但在市场营销上这的确是天才的做法。

然后，星巴克又把忠诚度项目向前推进了一步，把星巴克App植入智能手机中。早在Paypal钱包、苹果支付或安卓支付出现之前，星巴克已经将客户忠诚度项目数字化，允许客户在手机上登录星巴克卡。星巴克在每家店铺都投资了条码扫描仪，这样我就可以用手机支付了。今天，在星巴克所有的消费中，有20%是用移动设备支付的。如果这还不够，星巴克还做了一件有些人可能认为是狡猾的事情，它开始对我的每笔消费进行奖励，星巴克称之为"奖励之星"。每购买12次，以及在我的生日这天，我就会得到一杯免费饮品。奖励听起来不多，但它牢牢地锁住了你。就像当你在美联航获得一定数量的里程后，在其他航空公司预订航班变得越来越难。如果我打算坐下来喝杯咖啡，为什么不在一个有家的感觉的地方喝，而且在那里消费还可以得到奖励？现在每周都有促销活动——买一杯咖啡得三颗星，为朋友买两杯就会得到六颗星的奖励，如此下去，常客计划总是有效的。如果不这样做，星巴克就不会存在，对吗？这是将客户的零售体验加以扩展，使其成为订阅制的方式。不久之后，我相信我可以每月订阅一次星巴克，让我无限制地享受我的喜好。

忠诚度项目数字化也只是一个开始，该应用程序还允许我在星巴克卡余额低于一定的金额时自动充值，这消除了有意识的支出，这是世界上每家公司都希望对其客户做的事情。在某些方面，它甚至比订阅更好——各种各样的好处，却没有任何限制。每一杯饮品和每一种食品都已经被提前支付了。今天，我还可以从应用程序中提前订购，这样我的饮品在我到达那里时就已经准备好了，而星巴克的外卖配送也离我们不远了。

当然，忠诚度项目的真正魔力在于，作为消费者的我们认为自己在受益（我们确实在受益），而真正的利益是属于商家的。我在这里说的不是经济利益，我指的是信息。我们不必四处寻找就能发现那些可能比我们预期的更加了解我们的公司。Facebook、亚马逊、谷歌以及那些我们使用的浏览器很快就会出现在脑海中。想一想星巴克拥有的关于我和其他数百万人的信息的价值。我确信，星巴克可以根据它提供的热饮和冷饮的比例，告诉你全国每家店铺外面的温度。星巴克还可以根据当天营业额下降的情况来衡量该地区的风暴强度。

如果极端地去思考这件事，这种信息是危险的，甚至可能是非法的。我经常想，美联航是否知道我愿意为一个靠窗的座位额外支付69美元，因而故意告诉我，在我预订的航班上只剩下中间的座位，即使这不是真的。我不是说这种事情一定会发生，我只是说说而已。当星巴克向我发送促销信息，让我购买我最喜欢的饮品时，它很可能已经预测到了我的行为，这并不难做到。而它可能也知道我愿意离开我的舒适区多远以获得奖励的星星。我会买我从未尝试过的东西或我只喝过三次的东西吗？凭借其交易的数量，星巴克可以每天进行此类实验。如果它想知道某件事情，它就会知道。

我们又回到了态度忠诚。我对星巴克建立的忠诚度使我愿意分享我本来不会分享的信息。它还说服我让星巴克向我推销其所有的促销活动（如果你愿意，也可以说是垃圾邮件）。它甚至说服我在每次买饮品时直接从我的银行账户上扣钱。如果客户成功的艺术是创造态度忠诚，那么星巴克已经通过像我这样的数百万名客户创造了态度忠诚并获得了极大好处。

首先我承认，不是每个人都喜欢星巴克。但我想分享星巴克的客户成功故事，因为我认为它比让B2B供应商销售一些你永远不会用的软件更容易理解。然而，B2B供应商的客户成功挑战与星巴克或联合航空公司的非常相同——投资于人才、技术和流程，创造能带来态度忠诚的客户体验。一旦一家公司做到了这一点，就为整体的成功铺设了一条黄金大道，因为态度忠诚是能够持久的，不会因为一次糟糕的经历而消失。记住，关键词是"爱"。几乎总是要犯一连串的错误才能把"爱"变成"喜欢"或"不在乎"，甚至"讨厌"。态度忠诚就像你银行账户中的存款，你可以根据需要提取，除非你无节制消耗，否则不会被耗尽。而那些已经投资于客户成功并认真对待的公司不太可能将其忠诚度账户耗尽。

在客户经济中，客户成功并非一个很酷的想法，也不是一件很容易做到的事情。但它是必要的，你的客户期待它，就算现在还没有这个想法，他们很快就会有的。有越来越多的专业知识和技术可以帮助你迈出第一步，或者帮助你开发出行业领先的流程，以提供最佳的客户体验。这不是一门很复杂的学科，它甚至不是一个新的想法，它只是一个属于它的时代已经到来的想法。

致力于客户成功是困难的，执行的成本也很高。但它已经是许多行业必不可少的，而且很快就会成为你的必需品。你可以抵制它或拥抱它，这完全取决于你自己。我建议你拥抱它，我真诚地希望本书中的一些见解和实用建议能够在你前行道路上帮助你，我祝愿你在旅途中好运。

后记

让企业持续健康发展的"第三大核心"

如果想了解客户成功的理念，组建客户成功团队，又或者个人想从事客户成功，就一定要从阅读《客户成功：减少流失和增加复购的秘密》开始。

我最初读的是这本书的英文原版，从国外邮寄过来用了一个多月的时间。后来这本书对我的职业方向产生了非常大的影响，让我致力于从事客户成功方向的工作。通过这本书，我认识到"客户成功"的真正含义，它不仅仅是口号上的"让客户成功"，更是一种探索如何让客户与企业共同成功的理念和方法，是企业经营理念的转变。

在商业历史上，只有制造产品和销售产品这两件事是真正重要的。但在科技迅猛发展的时代，商业模式发生了变革，客户能够选择的机会（产品或服务）也越来越多。因此，想要获得忠诚的客户（持续合作），企业必须开始关注"客户成功"，这已成为让企业持续健康发展的"第三大核心"。如果企业要可持续发展，必须让新客户愿意选择它们，同时还需提高老客户的留存率和销售量（向客户销售更多产品和服务），这三个"齿轮"才可以共同发挥作用，实现企业的长期发展。可以说，"客户成功"直接影响着企业的增长、估值和长期发展。

从2013年开始出现"客户成功"这一概念，至今已有十年时间。在中国，"客户成功"的发展从最初被认为只是将"客户服务部"改个名称而已，到如今越来越多的企业开始设立独立的"客户成功部"，并且从最初只有客服、技术支持、实施等职位，逐渐扩展至现在的客户成功经理、解决方案顾问、技术支持顾问、续约顾问等多种职位。此外，这场变革还促使企业在全公司范围内将"客户成功"这一理念渗透到销售、产品、市场营销、人力财务等方方面面，并制订了相应的计划进行相应的转变。例如，在某企业，人力资源部门的名称调整为"员工成功部"，从实现人力资源管理的权利部门到帮助员工走向成功的部门转变，重视人才的筛选、任用和培养，企业意识到员工是企业在客户处的代表，当员工获得好的体验和价值感，认同企业的经营理念、文化，熟识产品，才能帮助客户成功，企业才能成功。

客户成功是一种经营理念，企业中不一定设置独立的客户成功部门。客户成功也不是一个岗位、一个部门的事情，从客户成功的视角出发，每一个岗位、部门服务好内部客户（企业组织）和外部客户（外部客户），企业必将走向成功。

如做好客户成功，本书作者通过实践提出了十大法则，每一条都值得深入的研究与践行。我结合客户成功的实际操作总结了以下三点：一是如果企业的客户具有一定规模，就要分析客户的组成、留存情况、交易情况等，从而学会寻找到与产品、服务、企业匹配的"正确的客户"；二是需要分层，设定不同的服务模式和方式，将资源有效利用；三是通过客户成功服务标准化、客户成功指标设定与跟踪、客户成功技术支持等缩短客户获得价值的时间，提升客户获得成功的概率，降低服务成本，实现客户与企业的双赢。客户成功最终将成为企业经营的重要理念，并成为企业全员对客户的承诺。

任何企业的持续发展都需要引入"SaaS 企业"的经营理念，不仅是客户成功。以目前最常见的"会员管理"为例，更加重视"会员"的运营、体验、反馈，增加复购率；企业从帮助分销商成功的角度出发，组建分销商学习与成长中心，帮助分销商从产品售卖到企业人才培养，再到企业管理经验进行系统辅导；人力资源部门到员工成功部的转变等亦是客户成功的做法。

客户成功的理念依然在发展和转变中，我相信这一理念将在全世界传播开来，尤其是在客户成功理念被引入中国后，其发展将影响世界对客户成功理念的认知。像产品经理、销售经理一样，客户成功经理也必将发展成为所有企业都会设置的职位。

我有幸在2019年加入字节跳动飞书客户成功团队。字节跳动飞书平台在2019年成立之初就组建了客户成功团队，团队秉持"客户成功"理念，"成就客户"是团队重要价值观之一，从2019年4月飞书平台正式进入企业级软件服务市场以来，从产品到客户成功服务赢得了客户的一致好评。

本书的中文版对于中国客户成功的发展将起到至关重要的促进作用。感谢高成资本对本书的引介，感谢出版社的邀请，使我有幸为本书撰写后记。让我们一起学习客户成功的理念，成就客户，成就企业，成就个人！

泡芙（Monica）

飞书企业效能顾问

CSMClub客户成功成长中心发起人

反侵权盗版声明

电子工业出版社依法对本作品享有专有出版权。任何未经权利人书面许可，复制、销售或通过信息网络传播本作品的行为；歪曲、篡改、剽窃本作品的行为，均违反《中华人民共和国著作权法》，其行为人应承担相应的民事责任和行政责任，构成犯罪的，将被依法追究刑事责任。

为了维护市场秩序，保护权利人的合法权益，我社将依法查处和打击侵权盗版的单位和个人。欢迎社会各界人士积极举报侵权盗版行为，本社将奖励举报有功人员，并保证举报人的信息不被泄露。

举报电话：（010）88254396；（010）88258888
传　　真：（010）88254397
E-mail：　dbqq@phei.com.cn
通信地址：北京市万寿路 173 信箱
　　　　　电子工业出版社总编办公室
邮　　编：100036